陆 华 著

北京市应急物流
新体系构建研究

中国财富出版社有限公司

图书在版编目（CIP）数据

北京市应急物流新体系构建研究／陆华著 . --北京：中国财富出版社有限公司，2024.11. --ISBN 978-7-5047-8245-8

Ⅰ.F259.271

中国国家版本馆 CIP 数据核字第 2024HR1514 号

策划编辑	朱亚宁	责任编辑	王　君	版权编辑	李　洋
责任印制	梁　凡	责任校对	庞冰心	责任发行	杨恩磊

出版发行	中国财富出版社有限公司			
社　　址	北京市丰台区南四环西路 188 号 5 区 20 楼		邮政编码	100070
电　　话	010－52227588 转 2098（发行部）		010－52227588 转 321（总编室）	
	010－52227566（24 小时读者服务）		010－52227588 转 305（质检部）	
网　　址	http://www.cfpress.com.cn	排　版	宝蕾元	
经　　销	新华书店	印　刷	北京九州迅驰传媒文化有限公司	
书　　号	ISBN 978-7-5047-8245-8/F·3752			
开　　本	710mm×1000mm　1/16	版　次	2024 年 12 月第 1 版	
印　　张	16	印　次	2024 年 12 月第 1 次印刷	
字　　数	287 千字	定　价	58.00 元	

序　言

当今世界，突发事件的频率较高，影响范围不断扩大，对生产经营活动和人们生活的影响越来越大，对相应的应急系统能力建设提出了新的挑战和更高的要求。由于突发事件涵盖自然灾害、事故灾难、公共卫生事件以及社会安全事件等多个领域，应急系统的结构和运行日趋复杂，必须进行较为系统的研究和制订周密的建设与运行方案。

目前，我国自然灾害多发，同时社会经济发展迅速，突发事件波及的范围和影响的人口规模均较大，处置突发事件面临前所未有的巨大挑战，传统应急模式已难以满足日益复杂的形势和人民对美好生活的更高追求。2019 年年末暴发并持续近 3 年的疫情，在物资供应能力和稳定性方面暴露了我国城市应急物流体系能力不足、管理理念落后、协调环节多难度大、运作效率低代价高等问题。在我国物资相对丰富的背景下，却出现了应急物资补给不及时、服务品质不高、保障服务不力、人民群众不满意等诸多问题，值得反思。

习近平总书记明确提出健全统一的应急物资保障体系的要求，并将应急物资保障作为国家应急管理体系建设的重要内容，由此指明应急体系建设的基本方向和应急能力建设的根本任务。

北京是我国的首都，在应急体系建设和运行质量方面应当走在全国前列。北京市"四个中心"建设战略的落实也对应急体系的建设提出更高的要求。同时，北京作为国际化大都市，其应急物流体系的国际化程度较高，全国性参与度较高，对国内外的影响巨大。因此，构建一个与大国首都和现代化建设相匹配的应急物流管理新体系，具有重要的示范和引领意义。

《北京市应急物流新体系构建研究》一书正是在这种背景下应运而生的。该书通过对北京市应急物流管理体系的系统性研究，通过应用整合复杂系统理论、互联网环境以及新技术（如大数据、云计算、物联网、人工智能）等先进手段，深入分析应急物流系统运行机理，梳理北京市应急物流服务常规与特殊要求，科学预测未来应急物流需求，提出跨部门的物流资源配置和组织管理模式，以推动北京市应急物流体系的创新和升级。

该书的研究对象为北京市应急物流新体系整体高效运行问题，明确科学规划设计城市应急物流系统、提高应急物流发展质量的目标，并在人工智能和大数据环境下，探索应急物流管理系统的构建路径和方法。通过对北京市应急物流管理系统的全面调研和问题分析，结合国内外先进实践经验，系统研究北京市应急物流服务需求和系统目标，重构适应北京市发展的应急物流新体系，提升管理质量和有效性。

该书的学术价值在于，补充、完善和丰富应急物流领域的研究内容，特别是在经济发展、社会进步、技术创新背景下城市应急物流体系的构建方面，具有系统性、方法融合性和模式创新性的特点。同时，通过理论与实践的结合，提出系统性解决问题的路径，推动碎片化、非集约化、多主体无序化的城市应急物流向整合、集约、高效的方向转化，形成全新的应急逻辑思路和有效途径，提高应急响应效率，最大限度减少灾害损失，提升对人民群众生产生活的保障能力，具有重要的应用价值。

该书不仅为北京市应急物流管理新体系的建设提供坚实的理论基础和有效的实践指导，也期望能在全国范围内起到示范作用，为我国应急管理事业的发展贡献力量。

该书对于关心和致力于我国应急管理事业的学者、研究人员、管理者及实践者们具有参考价值。囿于编者水平，书中疏漏、不足之处在所难免，请读者、专家批评指正。

2024 年 7 月

目　录

第一章　应急物流体系理论基础

第一节　应急物流的内涵

一、应急物流的概念

应急物流是指以提供重大疫情、严重自然灾害、军事冲突等突发事件所需应急物资为目的，以追求时间效益最大化和灾害损失最小化为目标的特殊物流活动。国家标准《物流术语》（GB/T 18354—2021）将应急物流定义为：为应对突发事件提供应急生产物资、生活物资供应保障的物流活动。和一般物流一样，存储、装卸搬运、运输、配送和信息处理等都是应急物流的功能性活动。

应急物流具有突发性、不确定性、弱经济性和非常规性特征。应急物流可以分为军事应急物流和非军事应急物流两种。军事应急物流主要面向战争，将国家、政治和军事利益放在首位。非军事应急物流以社会效益最大化为目标，服务受灾地区群众。根据突发事件造成的危害程度、波及范围、人员财产损失等情况，将应急物流分为特别重大（一级）、重大（二级）、较大（三级）和一般（四级）四个级别，并分别用红色、橙色、黄色和蓝色表示；依据突发事件的发生领域和造成因素分为自然灾害应急物流、事故灾难应急物流、公共卫生事件应急物流和社会安全事件应急物流。

我国应急物流建设包括应急物流的预警预报、应急物流的组织与实施、应急物流专业设施设备建设、应急物流信息系统建设以及应急物流法规制度建设等。倡导军民结合、一体联动，预警预报、快速反应，信息畅通、全程监控等是我国应急物流建设的重要理念。

二、应急物流的地位和作用

应急物流是现代物流新兴的分支领域，属于特种物流。为突发事件提供物资支援的应急物流，已经成为当今我国经济持续健康快速发展的重要保障力量，在科学发展、构建和谐社会的大背景下，应急物流日益得到重视。

（一）应急物流是国家安全保障系统的重要力量

后疫情时代，我国台风、洪灾、泥石流等自然灾害频发，生产事故、传染病疫情、公共安全等社会突发事件仍然较多，让全国上下深刻认识到应急物流的重要性。突发事件发生时，需要在短时间内集齐大量物资并将其运达现场，因此，救灾的水平、效果不仅取决于现场救援力量，也依赖于应急物流能力。一是快速抢救受灾物资和各类设施、设备，减少损失。二是及时补充物资，保障救灾活动顺利进行。三是快速供应物资，帮助灾区重建。四是维护社会经济秩序安定，稳定民心。完善的应急物流体系，可以源源不断地将救灾物资输送到灾区，补充救灾物资消耗，恢复救灾力量，成为救灾能力的推进器。良好的应急物流系统，是综合国力的重要组成部分，也是发展水平的重要标志，更是综合国力转化为救灾能力的物质桥梁。因此，应急物流是国家安全保障系统的重要力量。

（二）应急物流为应急管理提供强大的物资支撑

应急管理理论认为，突发事件分为四个阶段，分别是潜伏期、发展期、爆发期和痊愈期。应急物流在突发事件潜伏期做好物资储备、应急预案、法律法规和制度政策等各项准备，在发展期迅速启动应急物资调运的人力物力，在爆发期和痊愈期可高效调拨、配送、分发应急物资。应急行动大致可分为两类活动，分别是实施抢救的现场救援活动和提供物资保障的物流活动。国家实力需要在突发事件的四个阶段通过严密的应急物流运行组织转化为救灾实力，应急物资需要经过流通加工、组配、储存、配送、分发等多个环节，通过物流的桥梁作用为现场救援提供所需的物资供应。

（三）应急物流是团结民众抗击危难的重要手段

应急物流的首要任务和核心使命是"救灾为民"。近年来，我国经历了非典、汶川地震、洪涝干旱、冰冻灾害和新冠疫情等罕见突发事件和灾害的严峻考验，成效举世公认。应急物流作为团结民众抗击危难的重要手段，发挥了不可替代的作用。加强应急物流建设，构建应急物流体系，是防范和应对突发事件的重要保障和有力支撑。人民的力量是无比强大的，要保证应急物流工作顺利进行，取得抗击危难行动的最终胜利，需要调动人民大众的主观能动性和创造性，为实现快速应急物流提供各种方便，同时也需要群众的自觉性和爱心支持。在新冠疫情的防控工作中，应急物流发挥了非常重要的保障作用。

三、应急物流的保障内容

应急物流的保障是一个复杂的系统工程，应从应急物资筹措、应急物资预储、物资集配组套、物资紧急发运、物资分发配送、物资回收利用等环节提供全面系统的保障。

（一）应急物资筹措

应急物资筹措是应急物流的基础工作。应急物资筹措，主要靠库存物资调拨，但因为库存物资品类有限，所以还需要依靠动员、征用、社会捐献等渠道。应急采购也是弥补物资不足的方法之一。应急采购是采购机构在战争、自然灾害或其他紧急情况下，为满足保障任务而不能按常规采购程序进行的采购方式。应急采购一般按照组织商务谈判、签订合同、协调应急生产、检查产品质量、进行出厂验收、办理结算手续和组织物资的装卸发运配送等程序组织实施。采购的品种、数量、时限视上级要求和事态进展而定。组织高效可靠的应急采购，最主要的是要有货源渠道，掌握大量的资源信息。

不同类型的突发事件，应急物资筹措的重点也不相同。例如，地震灾害以 72 小时黄金救援时间为测算依据。主要的物资消耗规律如图 1-1 所示，根据这种消耗规律进行物资筹措。食品是始终要重点筹措的物资，而帐篷、药品、专用工具在一定时期后需求量就会大幅下降，应当采取分级、分期、分类的策略，有重点地组织筹措活动。

（二）应急物资预储

应急物资预储是确保应急物流快速响应并分发配送的基础，是应急物流

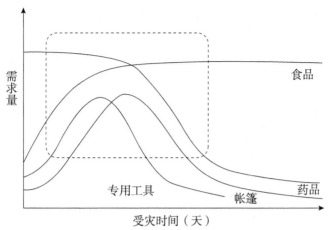

图 1-1　地震灾害中主要物资消耗规律

的核心业务之一。应尝试改变传统的仓储保管模式，配备高效率的分拣、拣选等设备，推广使用标准化的集装箱等，逐步实现基数化储存、标准化包装、规范化管理、配套化保障，提高预储物资活性，同时抓好物资入库、维护保养和轮换更新等工作。

一是应急物资入库。入库是应急物资预储管理的第一阶段，处于基础性的地位。入库时对物资的品种、数量、质量、配套等基本情况掌握准确，可为后续各阶段的管理工作奠定基础。

二是维护保养。维护保养也是库存物资质量管理的重要内容，应当高度重视应急物资的维护保养，在全面掌握库存应急物资品种、数量、技术参数等基础数据的前提下，科学统筹、综合计划，区分对象、把握重点，合理安排、周密组织，确保应急物资维护保养的时间、人员、内容和质量"四落实"。

三是应急物资轮换更新。物资轮换更新可保持和提高应急物资的质量状况等级，减少应急物资库存的自然损耗。可根据物资性质、存放周期、需求等情况，定期将预储物资与同类物资进行等数量轮换，防止储备性浪费。应急物资轮换更新应按照计划、准备、实施和总结的方法、步骤进行，做到科学计划、充分准备、周密组织。

（三）物资集配组套

物资集配组套是在任务明确、物资需求清晰的情况下，对物资进行配套集装，有针对性地把配齐的物资进行集装化包装。将应急物资组套成基数模块、任务模块等保障模块，将生产流通企业的应急物资调运到应集物流区域处理中心进行集配，集中装卸载，统一收发运。物资集配组套可提高物资补给速度，降低物资收派时的出错率。物资集配组套主要考虑的影响因素有：预计的时间，可能的方向、地点，可能的保障方式、保障规模，可能的人员装备数量种类，以及地理环境。因此物资集配组套的时机十分重要，过早、过晚均会影响物资保障：若集配组套过早，储存条件易发生改变，影响物资质量；若集配组套过晚，则会影响保障时效。

（四）物资紧急发运

应急物流的关键和核心是要在最短的时间内把物资运抵事发地域需求点。为了提高应急物流响应速度，应在全面提高装卸搬运作业效率的同时，着眼干线运输，以公路、铁路运输形式为主，紧急情况下运用航空运输形式。全面做好应急物资的紧急发运工作，确保应急物资在第一时间运抵事发地域需求点，及时有效地发挥应急物资的效用。

一是要做好运力的计划协调。重点根据区域内交通条件和应急物资具体属性，制定科学的运力调用预案，完善应急物资装载程序，与铁道、公路、民航等有关部门建立合作机制，开展调运演练，保证应急物资调运所需运力优先安排、优先调度、优先放行，保证应急物资能及时、安全、快速调运送达。

二是运输的组织要有序。突发事件发生后相当一段时期都比较混乱，因此需要强调运输的有序组织，使之为应急物流提供重要支持，并采取有效措施，提供全方位便捷服务，保证救援车辆的优先快速通行。

三是要重视物的押运移交工作。由于突发事件应对工作异常繁忙和急迫，易出现应急物资交接现场混乱的情况。因此，在应急物资押运过程中，要充分考虑各种可能出现的情况，必要时配备安保和器械装备，以防应急物资被不法分子哄抢；应急物资在出库、运输、抵达指定地点等环节，若遇特殊情况应及时上报。

（五）物资分发配送

物资分发配送是应急物流进入最终阶段，以配货、送货形式完成物流活动并实现资源配置的活动。

一是科学组织分发配送具有重要的现实意义。如2008年汶川地震发生后，绵阳九洲体育馆积压了大量社会捐助的衣物，任灾民随意翻捡取用，捐助的衣物因为没有及时精准地分发配送，发挥的作用非常有限。

二是弄清需求信息避免无序分发配送。汶川震灾中，一些企业及个人十分热心，主动运送物资到灾区，但这些物资难以分发到位。在后续的灾害救援中，对于应急物资分发配送的重视程度有所提高，运送物资的车辆到达灾区后，在路边的登记点进行登记，根据前方的需求到达指定地点，很大程度上避免了盲目无序的分发配送。

三是做好物资包装标识，确保有效分发配送。没有可靠牢固的包装，在装卸搬运、转运投送等环节可能会造成应急物资的大量毁损、变质、散落。没有清晰的标识，则难以及时准确配送，在野外进行垂直投送的应急物资可能掉落预定区域之外而难以寻获。特别是对于突发事件，强调科学应对、高效应对，更加需要运用自动识别等先进技术进行有效的包装和标识。

（六）物资回收利用

物资回收利用对充分发挥应急物资的作用效能，避免资源浪费，迅速恢复持续的应急物资保障能力具有重要的意义。2012年印发的《中央救灾物资储备管理办法》规范了救灾物资的回收程序和处理方式。应当在完成好应急物资保障的同时，对富余的或者是废弃的应急物资进行及时有效的清理回收，最大限度地提高物资的再利用程度，减少不必要的浪费，特别是要注重避免对事发地域生态环境的影响和破坏。应急物资回收利用要最大限度地利用报废物资的"剩余"价值。主要有以下三种方式：

一是调剂使用，对于已经发放但需求量已饱和的完好物资，可组织收集归拢，重新打包后调剂到其他需求点使用。

二是整理归还，对于已使用但具有再次修复使用价值的应急物资，可进行必要的修理补充和包装后，归还应急物资预储机构重新入库储存。

三是核销报废，对于过期变质、没有使用价值的应急物资，应当履行完整的手续，及时进行报废处理。

第二节　应急物流的类型及特点分析

一、自然灾害应急物流概念及特点

自然灾害主要包括洪涝灾害、干旱灾害、气象灾害、地震灾害、地质灾害、海洋灾害、生物灾害和森林草原火灾等。自然灾害突发事件来自人类还无法完全抵御的自然破坏力，是由完全的自然因素导致的，不在人类的掌握控制之中。自然灾害应急物流是为满足自然灾害救援的物资需求，以超常规手段组织应急物资从供应地到需求地的特殊物流活动。自然灾害应急物流在近几年的自然灾害救援活动中发挥了不可替代的作用。我国是世界上自然灾害较为严重的国家之一，近年来，相继发生了多次特别重大的自然灾害，造成了巨大的损失。

（一）不同的自然灾害具有不同的物资需求

自然灾害救援行动专业性强，每种自然灾害都表现出不同的破坏机理，要求参与救援的人员必须具备一定的专业知识和技能，有时甚至需要动用特种专业力量，根据灾害和险情的性质、特点、规模，科学施救，提高效率。相应地就会出现相对集中的专业化的物资需求。

一是物资类别的专业化。救灾应急物资一般可以分为防护用品、生命救助、生命支持、救援运载、临时食宿、污染清理、动力燃料、工程设备、器材工具、照明设备、通信广播、交通运输和工程材料13类。

二是物流运作的专业化。自然灾害应急物流保障运作方式不同于常态物流，是一种为了应对自然灾害的特殊物流活动。基于上述不同需求，自然灾害应急物流运作也呈现对应的专业性特征。不同自然灾害的应急物资需求如表1-1所示。

表1-1　不同自然灾害的应急物资需求

灾害类型	应急物资需求
洪涝灾害	沙袋、水泵、救生衣、食品、饮用水
干旱灾害	灌溉设备、水净化设备、食品、饮用水
气象灾害	加固材料、救生设备、防滑材料、应急照明设备
地震灾害	急救医疗设备、帐篷、毛毯、建筑材料、食品、饮用水
地质灾害	监测设备、预警设备、救援设备、避难所设施
海洋灾害	预警设备、高地避难所设施、食品、饮用水
生物灾害	医疗用品、防护装备、疫苗、消毒剂
森林草原火灾	灭火设备、消防服装、临时住宿、救援直升机

(二) 灾害救援具有紧迫的黄金时间限制

瞬间的灾害可能造成大量生命死亡和财产损失，但仍可能有大量的幸存者和可挽救的财产。地震等掩埋性灾害的黄金救援时间为 72 小时以内。若反应缓慢、处置不当，会造成无法弥补的重大损失。因此，灾害救援就是从时间手中抢生命、抢财产。要实现高效的应急物流，必须具备如下条件：

一是物流通道的畅达度，确保救灾物资的物流通道畅通无阻。

二是运载工具的高效能，确保运送救灾物资的运输工具高效、可靠。

三是运输组织的高效率，有了物流通道、运载工具，还要有科学高效的组织管理。

(三) 自然灾害应急物流呈现多元化特点

自然灾害应急物流常常是多方合作、广域展开。由于参与单位体系不同，处置能力和行动特长各不相同，对物资保障的需求也不同，呈现多元化特点。

一是物资需求多元，自然灾害应急物流面临多种多样的物资需求。

二是保障主体多元，自然灾害应急物流保障中有地方政府、企业、志愿者、受灾民众、军队、武警、公安消防、民兵、预备役等各种保障主体。

三是保障手段多元，根据灾害救援的实际情况，采取多种保障手段，有汽车、运输船、运输机、管道甚至人力运输等。

二、事故灾难应急物流及特点

事故灾难是指在生产、生活过程中，事故行为人出于故意或过失，违反治安管理法规和有关安全管理的规章制度，迫使活动暂停或永久停止，造成物质损失或者人员伤亡，并在一定程度上对社会或内部单位，或居民社区的治安秩序和公共安全造成危害的事故。事故灾难主要包括工矿商贸等企业的各类安全事故、交通运输事故、公安设施和设备事故、环境污染和生态破坏事故等。事故灾难有以下特点：

一是因果性。事故灾难的因果性是指，事故是相互联系的多种因素共同作用的结果。

二是随机性。随机性是指事故灾难发生的时间、地点以及事故后果的严重程度是偶然的，这同时也给事故的预防带来一定的困难。

三是潜伏性。表面上看事故是一种突发事件，但是事故发生有一定的潜伏期。事故发生前，人、机、环境等系统所处的状态是不稳定的，即系统存在事故隐患，具有危险性。

四是可预防性。事故是可以预防的，即任何事故，只要采取正确的预防措施，是可以防止的。认识这一特点对坚定信心、防止事故发生有积极作用，尤其是生产事故。

事故灾难应急物流具有复杂性和高风险性，需在紧急、混乱的环境中协调多种资源，确保救援物资和设备快速、精准、安全到达灾区，对管理团队的组织能力、应变能力和技术支持提出了极高要求。事故灾难应急物流有以下几个特点。

一是极强的紧急性。紧急性是事故灾难应急物流最显著的特点。灾难发生后，往往会造成人员伤亡、财产损失，甚至影响社会秩序。在这种情况下，应急物流的首要任务是以最快的速度响应，确保关键救援物资如医疗用品、食品、水等能够迅速到达现场，挽救生命、减少损失。为实现快速响应，预先制定的应急预案和一套清晰的应急指挥系统至关重要。在灾难发生时，应急物流需要根据预案快速启动并实施。

二是高度的不确定性。事故灾难通常具有突发性和不确定性。其发生的时间、地点、规模和持续时间都难以准确预测，导致应急物流在需求预测和物资调配上充满挑战。首先，需求不确定性。不同灾难的需求差异很大，可能会由受影响人群数量、灾难性质（地震、洪水、火灾等）产生不同的需求。应急物流需要根据灾情的实时变化，灵活调整物资调拨数量与种类。其次，交通和运输不确定性。灾难发生后，基础设施往往受到破坏，道路损毁或被封锁，交通条件恶劣，物流路径和到达时间都难以预测，增加了应急物流的复杂性。

三是资源的稀缺性与优先级。灾难环境下的应急资源往往是有限的，因此必须优先分配最急需的物资。此时，准确识别最紧迫的需求、合理配置有限的资源是确保救援效果的关键。在资源有限的情况下，须按照"先急后缓"的原则配置物资。例如，优先运送医疗物资和救援设备，紧接着是生活必需品。同时，有限资源需要最大化利用。例如，优先考虑多功能物资；利用应急物流中心或储备中心，通过就近原则合理调度物资，以确保资源得到最优配置。

四是多样化和特殊化的物资需求。事故灾难中的需求往往是多样化的，不同类型的救援活动需要不同种类的物资，并且各类物资对运输条件的要求差异明显。不同灾难的应急物资需求差异巨大。同时，某些物资对运输条件有严格要求。例如，药品需冷链运输以保证药效，食品需保鲜，避免二次污染等。这些增加了物流过程中的储运难度，也对应急物流的专业性提出了更高要求。

五是高风险性。灾区环境复杂且多变，可能面临次生灾害或余震等风险，物流运输和人员安全面临较高风险。运输过程中可能遇到基础设施破损、爆炸、火灾等风险。应急物流须预估风险，并在运输中采取严格的安全措施，如防护装置、避险装备和合理的线路规划。在进行应急物流时，确保救援人员的安全以及物资完好无损是重中之重，需要合理的运输装备、充分的安全知识和应急培训。

三、公共卫生事件应急物流及特点

公共卫生事件，主要包括传染病疫情、群体性不明原因疾病、食品安全和职业危害、动物疫情，以及其他严重影响公众健康和生命安全的事件。公共卫生类突发事件，通常是由客观因素中的病菌等引起的。不断发生的各种突发公共卫生事件对我国的国民经济和社会秩序造成了巨大的影响和破坏。每次灾难发生时都需要大量的应急物资，并需要通过应急物流系统将应急物资运达事发地点，对受灾民众进行紧急救助。公共卫生事件应急物流有以下几个特点。

一是需求的急迫性和多样性。在突发公共卫生事件时，短时间内需要大量的物资，从救灾专用设备、医疗设备、通信设备到生活用品等。同时，灾害往往还会伴随着运输系统的恶化，如道路拥堵、通行限制等，除了需要配齐各种需要的物品，还需要将这些物品及时送达事发地，这对物流的配送系统是个严峻的考验。

二是政府与市场共同参与性。应急物资可以由多种方式提供，主要包括政府提供公共物品、公益捐助、企业和个人自主采购满足自身需求等方式。与多头供应相对应的是多头储备，各自为政的采购与运输。针对这种分散性，需要对资源进行整合，以备不时之需。因此，面对重大灾害时应遵循政府、企业、个人相结合的原则。

三是应急救灾存在不确定性。由于人们无法准确估计突发事件的持续时间、强度大小、影响范围等，因此应急物流的内容具有不确定性。一般而言，在应急救灾开始阶段，人们对防护和医疗用品的种类、规格和数量都无法有一个确切的把握，各类防护服的规格和质量要求也是随着人们对疫情的不断了解而确定的。

四是应急物流需求存在非常规性。应急物流本着特事特办的原则，许多平时物流的中间环节将被省略，整个流程表现得更加紧凑，物流机构更加精干，物流行为表现出很浓的非常规色彩。例如，在应对非典、禽流感和新冠疫情时，为了满足医疗用品的需求，需要一个组织精干、权责集中的机构进行统一组织指挥，以确保物流活动的协调一致和准确及时。

四、社会安全事件应急物流及特点

社会安全事件，主要包括恐怖袭击事件、经济安全事件和涉外突发事件等。社会安全事件主要是由人的利益冲突因素与价值冲突因素造成的。在这类事件中，作为突发事件的策划者、组织者、参与者，他们在一定程度上可以控制突发事件是否发生、发生规模的大小、持续时间的长短、危害和损失的程度及带来的负面影响程度等。社会安全事件应急物流能够及时应对危害社会安全的突发情况，实施快速精确的物资筹措、存储、运输、配送，实现社会安全事件的快速平息，并尽快恢复和重建受到危害和破坏的部分。社会安全事件应急物流具有以下特点。

一是强大的应急物流对社会安全破坏势力具有巨大的威慑。当前，我国国内社会环境总体稳定，但是在局部地区民族分裂势力、邪教组织和黑社会恶势力以及各种社会矛盾激化导致的恐怖暴力犯罪仍然是社会安全不容忽视的因素。一些势力还得到了国际反华势力的支持、帮助和庇护，使国内安全形势更加错综复杂、严峻而紧迫。抑制这些社会安全破坏势力和潜在破坏势力，最根本的是打击这些势力的实力，包括武器装备、人员素质、物资保障等方面的实力。应急物流是整个实力的重要组成和物质基础。首先，应急物流是否能够满足"数量、质量、时间、空间"的要求，直接体现了打击社会安全破坏势力、维护社会安全秩序的实力。其次，应急物流的速度显示了维护社会安全的快速反应能力。例如，远程快速投送能力，能够快速从战略后方将物资抢运到事发地区，快速实现人与物资装备的结合，形成战斗力，同时形成一种威慑。最后，应急物流的实战准备显示了国家维护社会安全的决心。实战准备的过程是国家综合国力由威慑潜力向威慑实力转化的准备活动，显示了准备使用武力的战略决心，形成整体威慑态势，实现"遏制"或"控制危机局势"的战略目的。应急物流的实战准备主要包括战略物资筹措、大型民用交通工具征用与改装等。特别是在偏远地区，只有建立强大的物资储备和快速的应急物流，才能震慑境内外的社会安全破坏势力。

二是快速精确的应急物流是打击社会安全破坏势力的重要保证。快速精确的应急物流，是在适当的时间、适当的地点，为执法的武装力量提供适质、适量的装备物资器材。在社会安全事件中，突发情况的扩展速度，与执法的武装力量的反应速度有直接的关系。社会安全破坏势力与武装力量在力量上完全不对等，通常武装力量一到位局势立刻改观，更加凸显了应急物流快速精确的重要性。快速精确的应急物流，可以支撑和保证武装力量第一时间到达事发地点，快速恢复社会秩序，有效地保障人民生命财产的安全。1992 年 4 月 29 日，美国洛杉矶市黑人种族冲突在不足 24 小时的时间里急剧升级，危机事态造成社会经济损失达 10 多亿美元。在事后分析中发现，导致国民警卫队迟迟未到、这场种族骚乱迅速扩散的原因，是后勤准备不足，大多数分队没有面罩、警棍和弹药。由此可见，快速精确的应急物流是提高应对突发性社会安全威胁的能力的重要方面，甚至直接制约着武装力量快速反应能力的提高。

三是及时充足的应急物流保障有利于社会秩序的恢复和重建。武装力量依法保护社会安全的根本目的，在于着眼长治久安，协助维护社会秩序。武装力量在社会秩序的恢复和重建过程中，采取的行动主要有全面防范、化解矛盾、恢复秩序、事后重建等。全面防范是组织武装力量守护广场、车站等人员流动量大的公共场所、交通枢纽，居民区和城市繁华地段，加强对油库、变电站等重要库（站）以及政府机构等重要目标的警戒，防止破坏分子可能实施的袭击、破坏和暗杀等恐怖活动。化解矛盾是社会安全破坏分子煽动群众闹事时，组织武装力量平息事态，防止矛盾转化，需要进行大量而反复的沟通。恢复秩序是组织武装力量进行威慑性的武装巡逻，宣布宵禁，快速恢复正常的社会秩序，以保障人民的生命安全。事后重建是社会安全事件结束后，武装力量在政府的统一领导下，迅速对受损严重的政府驻地、居民区、企事业单位展开重建，以帮助其尽快恢复正常秩序。在上述行动中，都需要大量的物资器材，应急物流不仅要保障武装力量执行任务，而且可能担负对政府、社会团体和人民群众的物资保障任务。因此，强大的应急物流是实现社会秩序快速恢复和灾后高效重建的前提条件与重要保障。

第三节　应急物流的基本要素

一、应急物流组织结构

组织结构是指对于工作任务如何进行分工、分组和协调合作，表明组织各部分排列顺序、空间位置、聚散状态、联系方式以及各要素之间相互关系的一种模式，是整个管理系统的框架，是组织全体成员为实现组织目标，在管理工作中进行分工协作，在职务范围、责任、权利方面所形成的结构体系，是组织在职、责、权方面的动态结构体系。

应急物流组织是指专门从事应急物流经营和管理活动的组织机构，既包括组织内部的应急物流管理和运作部门、组织间的应急物流联盟组织，也包括从事应急物流及其中介服务的部门、军队以及政府应急物流管理机构。应急物流组织结构在一定程度上反映了计划、组织和控制物流活动的指导思想，决定应急物流活动的具体运作方式。精益的应急物流组织体系，应该是在政府的统一领导下，以应急物流指挥中心为核心，相关部门和社会组织共同构成的组织结构，具有分工明确、共同参与、快速响应等特点。应急物流指挥中心由领导、指挥和决策三个部分组成，对应的主体分别为政府、国家安全委员会及地方安全局、物流行业专业技术人员（专家），如图1-2所示。该中心对应急物流全过程进行组织、领导，对物流运作过程进行监督和管理，分析和鉴别反馈信息，制定运作方案，是应急中心的神经中枢。物流行业专业技术人员负责建立和完善应急体系，指导应急日常管理工作的开展，提供专业化、系统化服务。运行部门负责应急物流运作，保证整体运行效率，是应急物流运作体系工作的主要实施部门。现场指挥机构负责现场应急物流管理、突发事件预警与协调物流运作，及时将运作情况反馈给应急物流指挥中心。

二、应急物流运作机制

应急物流体系的运作与其所处的外部环境是交互作用的，必须与其外部的经济、社会环境协同发展。这需要应急物流体系建立与外部环境的交互模式与渠道，以完成资金、物资、技术、人员、信息等多方面的交互。从体系运作流

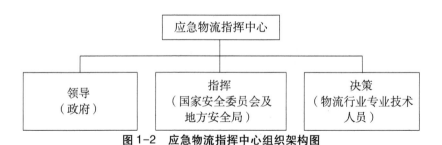

图1-2　应急物流指挥中心组织架构图

程的角度来划分，应急物流运作体系由应急物资筹措体系、应急物资调度体系、应急物资运输配送体系、应急物资回收体系等组成，如图1-3所示。其中，应急物资筹措体系负责应急物流流体的来源问题，包括应急物资储备中心、应急物资采购中心和应急物资接收中心；应急物资调度体系负责应急物流的流向和流程问题；应急物资运输配送体系负责应急物流的载体和流程问题；应急物资回收体系负责应急物资的回收处置和再利用，即逆向物流。应急物流体系需要政府和企业在行政调控、市场运作、法律保障、协调联动等运行机制下高效运作。

（一）行政调控机制

应急物流的行政调控机制是在紧急情况下，由政府部门采取的一系列行政手段和措施，以确保急需物资的供应、运输和分配，保障人员的生命安全和基本需求。一旦有突发事件发生，国家政府部门应及时做出指示并统一进行调度，力求最优化物资、资金、人员等资源要素的管理与分配。以下是应急物流行政调控机制的一些重要方面：

一是紧急状态宣布与授权。政府可以在紧急情况下宣布紧急状态，以行使特定权力。这可能包括调动军事力量、指挥资源调配、发布紧急指令等。这些权力的行使有助于迅速应对紧急情况。

二是物资调配和分配计划。政府可以制订物资调配和分配计划，确定急需物资的优先分配范围和对象。这有助于确保急需物资迅速送达受灾地区或紧急救援地点。

三是运输管制和通行权。政府可以对物流运输实施临时管制，确保急需物资的运输通畅。此外，政府还可以授予急需物资的运输车辆特殊通行权，优先通行交通路线。

四是物资库存与供应链调控。政府可以要求企业或组织加强物资库存管理，确保足够的储备供应。此外，政府还可以协调供应链中的各个环节，确

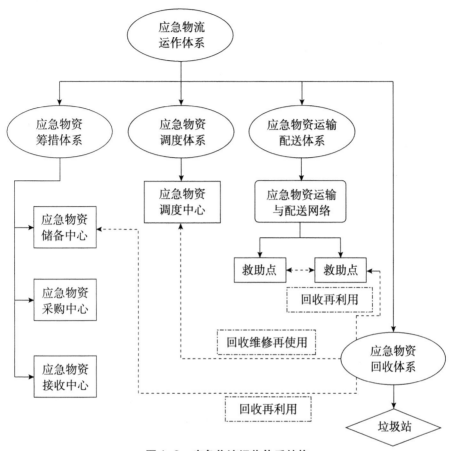

图 1-3　应急物流运作体系结构

保物资从生产到配送的流程畅通。

　　五是稳定价格与市场监管。政府可以采取措施控制物资价格的异常波动，避免价格过高。同时，政府也可以加强市场监管，打击哄抬物价等违法行为。

　　六是设施和资源调配。政府可以协调临时使用设施和资源，例如临时运输、仓储设备等，以满足紧急物资运输和储存的需求。

　　七是信息发布和协调。政府可以负责发布紧急情况下的信息，协调各个部门和机构之间的合作，确保信息的准确传递和资源的高效利用。

　　八是法律法规和政策支持。政府可以出台临时性的法律法规和政策，为紧急情况下的应急物流提供明确指导。这可能包括临时运输许可、豁免措施等。

　　总之，应急物流的行政调控机制是政府在紧急情况下的干预手段，以确保物资供应和运输顺畅进行。这些机制需要根据具体情况进行调整和执行，旨在紧急情况下维护社会的稳定和人民的生命安全。

(二) 市场运行机制

应急物流的市场运行机制是在紧急情况下,为了满足物资需求和应对突发事件,市场中各个参与者之间所形成的一系列协作、合作和调配机制。救援物资需求量较大,筹备时间有限且输送必须及时,需要政府发挥市场作用快速征集物资,利用政府与市场间的相互联系,建立以政府为主、市场为辅的模式。以下是应急物流的市场运行机制的一些重要方面:

一是资源调配协作。在紧急情况下,不同地区或单位可能出现物资短缺或过剩的情况。市场运行机制可以通过协调各个参与者,将资源进行合理调配。这可能包括将物资从丰富的地区调拨到急需地区,以确保资源的均衡分布。

二是物资供应链合作。应急物流市场运行机制鼓励供应链中的各个环节之间合作。生产商、供应商、物流公司、零售商等可以协同合作,加速物资生产、运输和配送,以满足紧急需求。

三是价格调控与稳定市场。在紧急情况下,物资需求可能激增,导致价格波动。应急物流市场运行机制可以采取措施控制价格过高,避免哄抬物价。这有助于确保急需物资的合理售价,同时维护市场稳定。

四是市场信息共享。应急物流市场运行机制鼓励各个参与者之间共享信息,包括供需情况、库存水平、物资运输情况等。这有助于实时了解市场状况,及时调整运营策略。

五是紧急采购与补充。应急物流市场运行机制可能会采取紧急采购措施,从可靠供应商处购买急需物资,填补供需缺口。这可能涉及临时合同、优先供应等安排。

六是危机应对计划。企业和组织可以制订危机应对计划,预先规划紧急情况下的物资采购、运输、仓储等方面的举措。这有助于提高应对紧急情况的敏捷性和效率。政府部门可以在紧急情况下加强市场监管,确保市场秩序和合规。同时,政府还可以发布指导性政策,鼓励企业积极参与应急物流,提供支持。

总之,应急物流市场运行机制在应急物流中发挥着重要作用,通过协作、合作和信息共享,确保物资的及时供应和分配。这些机制的设计和实施需要市场各方的积极参与,同时也需要政府的监管和指导。通过应急物流市场运行机制,可以更好地应对紧急情况,保障社会的安全和稳定。

（三）法律保障机制

应急物流法律保障机制确保突发事件发生时，物资能够快速、有效地运送到需要的地方，以支持救援、恢复和应对工作。这些法律机制涵盖了各个环节，包括物流运输、仓储、协调、资源调配等方面，以确保应急物流顺利运作。以下是应急物流法律保障机制的一些重要方面：

一是紧急状态宣布与授权。在灾害或紧急情况下，政府可以宣布紧急状态，以便行使特定的权力和采取必要的措施。这可能包括临时关闭交通、优先运输急需物资、调配军事资源等。相关法律赋予政府在紧急情况下采取必要措施的权力。

二是物流运输许可与豁免。应急物流可能需要临时豁免某些运输要求或限制，以确保急需物资能够迅速运送。相关法律规定了如何申请运输许可、免除某些规定，并确保在不牺牲安全性的前提下加速物流过程。

三是临时仓储和场所使用。应对紧急情况可能需要使用临时仓储设施或其他场所，以储存急需物资。法律保障机制可能规定了如何临时征用或租用这些场所，以及对其使用的管理和监督。

四是物资优先运输和通行权。在紧急情况下，急需物资可能需要优先运输，以确保其快速到达目的地。相关法律可能规定了急需物资的优先权，以及为这些物资提供通行权的安排。

五是法律责任与追究。法律保障机制还规定了涉及应急物流的责任和追究机制。这包括违反规定的处罚、未按要求提供急需物资的法律责任等。

总之，应急物流的法律保障机制旨在紧急情况下确保物资的快速调配和运送，为应对灾害等紧急事件提供支持，同时也要确保在这一过程中安全、合规。这些机制的设计和实施有赖于国家的法律体系和政策框架。

（四）协调联动机制

应急物流体系的主体涉及多个领域，例如政府部门、第三方物流企业、物资供应方和物资需求方等，因此协调联动机制的建立至关重要。应急物流体系需要整合市场供需资源，军队、国家和地方相关机构的资源。只有真正实现上述资源的综合利用，才能从服务水平、运作效率和组织能力等方面推动应急物流体系的多元化发展。为了实现这一目标，需要建立健全以下机制：

一是信息共享机制。应急物流系统的主体包括供给方、需求方、组织方、运作方和管理方。它们之间的信息共享主导着整个体系的方案设计、标准制定和贯彻实施。建立统一的信息平台，可以实现各主体之间的信息互通，有效协调资源调度和物资配送。

二是联动指挥机制。设立统一的应急物流指挥中心，统筹协调各部门和企业的应急响应行动。建立快速决策和执行机制，确保在紧急情况下能够迅速反应、精准调度。

三是资源整合机制。整合军队、政府、企业和社会各界的资源，形成资源共享和互补机制。在平时，建立战略储备库和应急物资储备点；在灾害发生时，能够迅速动员和调配各类应急资源。

四是协同合作机制。加强政府、企业和社会组织之间的合作，建立常态化的协同机制。定期开展应急演练，提高各主体的应急响应能力和协同作战水平。通过上述机制的建立和完善，应急物流体系将能够更有效地整合和利用各类资源，提高应急响应的整体效率和服务水平，确保在突发事件发生时能够迅速、高效地开展应急救援工作，最大限度地减少灾害损失。

三、应急物流资源保障体系

应急物流资源保障是开展应急物流的核心支撑要素，应着力为应急物流的高效开展提供设施设备等资源保障。应急物流资源保障主要包括以下几方面。

（一）人力资源保障

突发灾害应急保障对物资补给的需求量往往很大，要求大量的社会物流企业、专业物流人员、社会志愿者、军队武警公安队伍参与应急物流的各环节活动。应急物流的人力资源保障由三方面主体全部或部分参与实现。一是由解放军、武装警察部队等组成的骨干和突击力量，突发性严重自然灾害发生时，中央可紧急调动就近部队及其他相关部队投入救灾，服从现场救灾指挥部调遣；二是公路、水路、铁路、航空等交通运输部门组成的专业力量；三是社会物流企事业单位和志愿者等组成的群众力量。

（二）物质资源保障

应急物流的物质资源保障，由应急采购、应急储备与调拨、强制征用、应急支援等四种途径来实现。

一是应急采购。应急物资的紧急采购，由各级政府与市场企事业单位共同参与完成。

二是应急储备与调拨。应急调拨的物资等来源于中央和各地的救灾储备。从地域角度来说，我国采取集中储备方式，应急物资储备库由各级政府民政部门设置并管理，灾害发生后，受灾省份先动用省级储备，灾害严重时，向民政部申请动用中央储备，或酌情调用邻近省份的储备物资。从物资种类来说，我国实行分散储备管理，即衣被、帐篷等生活类救灾物资的储备由民政部门负责，药品、医疗器械，车辆，粮食等其他救灾物资分别由医药卫生、交通和粮食部门负责。

三是强制征用。强制征用物资是当灾情严重、情况紧急时，由政府强行征用生产流通企业的物资，事后按照规定进行补偿。

四是应急支援。应急支援的物资来源于国内外政府、企事业单位、人道组织、民间团体、个人的公益捐助。

(三) 基础性支撑保障

基础性支撑保障包括交通、物流基础设施、信息网络的保障和支持。

一是交通保障。重大灾害发生后，交通运输部门通常临时征用各类交通工具和混用公路、航空等多种运输方式，开设应急救援"绿色通道"，对灾区受损公路与铁路进行抢通与养护保通，以克服环境条件限制和加快物流速度，保障救灾物资和人员及时运往灾区。

二是物流基础设施保障。应急物流基础设施主要包括各类应急物流中心或配送中心、应急物流资源储备库等，其布局的科学性和合理性将直接影响应急物流运作效率，在具体选址方面需综合考虑交通量等因素，科学做出规划。

三是信息网络保障。应急物流信息网络保障贯穿所有物流环节，应急物流信息网络主要承担存储应急资源信息、实时动态监控、辅助管理决策等功能。由于灾害发生和演变的不确定性，及时、充分地获得信息，科学、准确地分析信息是应急物流科学决策和早期预警的前提，实时传递和发布信息是组织应急物流资源、进行指挥调度的基础。

(四) 公共财政应急保障

应急事件发生后，各级财政部门会采取资金拨付、减免税费等政策与措施来应对。如汶川地震发生后，财政部迅速启动财政一级应急预案，及时拨付抗震救灾资金用于灾民生活补助应急金、水库加固及堰塞湖治理、基础设施修复、棉被等物资的购进、中央储备粮和储备油调拨资金等项目。新冠疫情发生后，财政部也出台了一系列财税政策措施，坚决支持抗击疫情人民战争、总体战、阻击战。

（五）法律法规制度保障

应急物流中的法律机制是一种强制性的动员机制，旨在规范个人、社团和政府部门在非常时期的权利、职责和义务。具体来说，各级突发自然灾害应急物流管理中心的法律地位和职责范围，以及它与突发公共事件应急管理中心的关系，都需要通过法律法规进行明确界定。这种法律机制不仅保障应急物流体系有效运作，还能够确保在紧急情况下各主体各司其职，迅速响应。

为了增强法律法规制度的保障作用，需要从以下几个方面进行完善：

一是明确法律地位和职责。制定和完善相关法律法规，明确各级突发自然灾害应急物流管理中心和公共事件应急管理中心的法律地位和职责范围。确保各主体在法律框架内履行职责，提高应急物流管理的规范性和权威性。

二是规范应急响应程序。通过法律法规规范应急物流的响应程序，明确各部门在应急状态下的协调和配合机制。制定详细的应急预案，确保各部门在突发事件发生时能够迅速启动应急响应机制，保障物资及时调配和配送。

三是保障特殊人群权益。在应急物流法律机制中，应特别关注特殊人群的权益保障问题。制定专门的法律条款，保障在非常时期和特殊地点特殊人群的基本生活需求和人身安全，确保应急物资优先配送到最需要的人群手中。

四是建立应急物流法治环境。加强应急物流法治环境建设，增强全社会的法治意识。通过普法宣传和教育，提高公众对应急物流法律法规的认识，促进全社会依法履行应急职责和义务。

五是加强法律监督和执行。建立健全应急物流法律监督和执行机制，确保法律法规得到严格执行。设立专门的监督机构，负责监督各部门和主体在应急物流中的行为，确保依法依规开展应急救援工作。对于违反法律法规的行为，依法追究相关责任。

六是完善应急物资管理制度。制定和完善应急物资管理的法律法规，明确物资储备、调配、使用和监管的具体要求。确保应急物资管理的透明度和规范性，提高物资使用的效率和效果。

通过以上措施，可以实现健全的法律法规制度保障，为应急物流的顺利实施提供坚实的法律基础。这不仅有助于提升应急物流管理的规范化和法治化水平，还能够确保在突发事件发生时，各主体依法履职，快速、高效地开展应急救援工作，最大限度地减少灾害损失。

四、应急物流预案体系

应急物流预案是为应对各种突发事件制定的指导性文件，是组织开展物流保障活动的行动指南，也是突发公共事件预防和应急救援的重要组成部分。它在应急行动的管理和保障中起着关键作用。应急物流预案通常按照规范层级、涉及领域、执行环节、执行要求等进行分类制定。

（一）规范层级

从规范层级来看，应急物流预案分为国家层面的总体预案、各相关职能部门或行业领域的分类预案，以及各级地方政府的分级预案。国家层面的总体预案负责协调全国范围内的应急物流资源，提供全局性指导；各职能部门或行业领域的分类预案则针对特定领域的需求制定，确保专业化应对；地方政府的分级预案着重于地方实际情况，确保地方级别的具体实施。

（二）涉及领域

从涉及领域来看，应急物流预案可分为领域预案和内外协同预案。例如，从军事应急物流建设的角度，可以分为军事应急物流预案、地方应急物流预案和军地协同预案。领域预案着重于特定领域的应急物流需求，如医疗、食品安全等；内外协同预案则关注各级政府、军队、地方企业以及社会组织等之间的协调与配合，确保资源的高效整合和使用。

（三）执行环节

从执行环节来看，应急物流预案应根据不同阶段和环节的特殊要求制定。例如，可分为指挥协同预案、物资筹措预案、储运配送预案以及技术支持预案等。指挥协同预案着眼于应急指挥体系的建设和运作；物资筹措预案关注物资的采购、储备与调度；储运配送预案涉及物资的仓储、运输和配送管理；技术支持预案则提供技术手段的支持，如信息系统的建设和维护。

（四）执行要求

应急物流预案的制定是一项涉及跨层级、跨领域的系统性工作。有效的应急物流预案应当形成一个完整的体系，既要确保不同层级和领域间预案的连贯性和一致性，又要在预案中融入多手准备和多种措施，以应对各种突发情况。具体要求如下。

一是预案的连贯性和一致性。确保各层级和领域的预案相互衔接，形成整体的应急物流保障体系。预案的内容应具备良好的衔接性，避免出现漏洞或重复，确保各环节协调一致。

二是多手准备和多种措施。预案应包括多种应对措施，以应对不同类型的突发事件。考虑到可能的危险源和事件类型，应事先规划物流机构、人员、物资以及指挥协调的具体安排。

三是明确分工和任务。预案应明确各部门、机构和人员的分工与任务，确保责任落实到位。具体的操作流程和责任划分应当清晰明确，以提高应急响应的效率和效果。

四是持续更新和演练。应急物流预案应定期更新，结合实际情况和新的挑战进行调整。同时，通过定期演练来检验预案的可行性和有效性，发现并解决潜在问题，确保预案能够在实际操作中发挥作用。通过这些措施，可以建立一个环环相扣、配套衔接的应急物流预案体系，确保在突发事件中，能够做到事事、时时、处处分工明确、任务清晰、应对有法。

第四节　应急物流体系的演变方向

一、组织演进

应急物流是一种需要多部门密切配合、环节复杂且对时效性要求极高的救援活动。在过去，我国应急物流资源主要分散在各级政府部门，导致存在多部门职能分割、组织化程度较低和资源配置效率不高的问题。主要表现为"重临时组织，轻常设机构"。各级政府普遍缺乏专门的、常设的自然灾害应急物流管理部门和相关专业人员，政府应急管理体制也依赖于现有的行政设置。一旦灾害暴发，各个部门往往各自为政，响应迟缓，缺乏有效的组织、沟通与整合，导致应急物流的流向、流程在灾害初期显得杂乱无序。随着我国应急物流组织的不断完善和改进，现已基本建立起"政府主导、行业指导、企业参与、军民结合"的应急物流组织管理机制。

（一）政府主导

政府主导建立了"中央、省、市、县（区）"四级联动机制，形成了分级管理、属地管理制度。各级应急物流组织管理机构在突发事件发生后，负责明确应急物流救援的组织管理单位和工作职责，并根据实际情况提供协助。此机制确保了应急物流的高效调度和资源的合理配置，提高了应急响应的时效性和系统性。

（二）行业指导

行业指导充分发挥物流行业组织的平台和指导作用。行业组织负责制定应急物流相关行业标准，辅助政府制定应急物流政策，并承担行业培训和认证工作。通过这些措施，行业指导实现了应急物流组织管理的科学化和高效化，促进了应急物流操作规范的统一和质量的提升。

（三）企业参与

企业参与充分发挥了各物流企业在应急物流中的重要作用。物流企业在灾害发生时按照应急物流组织管理机构的统一指挥进行协作，负责具体的物资运输和分发任务。企业的参与确保了应急物流的快速响应和资源的及时调配，提高了整体运作效率。

（四）军民结合

军民结合充分发挥了军队、社会团体等在应急救援过程中的作用。军队和社会团体在应急救援过程中，依据应急物流组织管理机构的统一指挥和调配，参与物资运输、人员调配等工作。军民结合的模式，不仅增强了应急救援的综合能力，还提高了资源的整合与使用效率。

"政、企、军、民"应急物流系统运行示意如图1-4所示。

二、管理演进

在管理运行层面，目前的灾害救援应急物流资源管理中还存在应急物流资源相对分散等问题，各部门、各行业之间的协调合作机制需进一步强化，如物流资源共享、信息共享、指令互通、协同工作机制等。我国现有自然灾害应急物流管理示意如图1-5所示。

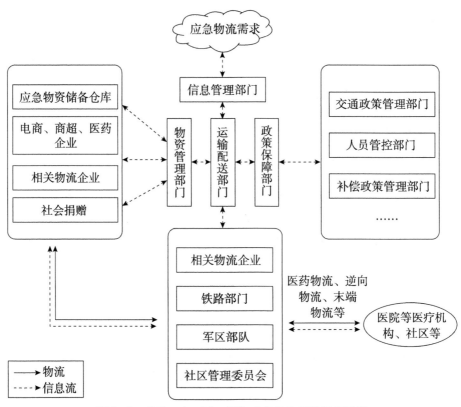

图 1-4　"政、企、军、民"应急物流系统运行示意

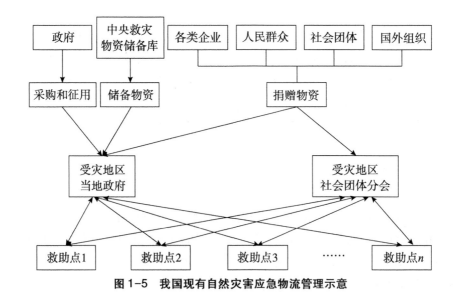

图 1-5　我国现有自然灾害应急物流管理示意

从物流技术管理层面分析，各行业、各部门基于自身定位，从不同业务需求出发，造成应急物流技术系统建设的行业规范和标准不兼容，致使资源共享率不高，因此，需要提升突发事件协同应对能力，构建共建共治共享的风险治理格局。

（一）整合资源，建设应急资源管理平台

目前，我国分别在国家层面和行业层面建设了国家突发公共事件应急平台、北斗卫星导航系统国家综合减灾与应急平台、国家地震应急指挥技术系统三大典型物流业务系统，汇聚国家、地方和社会的应急物资信息，以及应急物资生产企业和物流企业信息，利用大数据技术构建应急物资需求预测、供需匹配、智能调拨和物流优化等关键模型算法，提升应急物资管理决策支撑能力；对新采购应急物资实行"一物一码"，提升应急物资精准化管理和调度能力；加快信息化建设，建立应急采购物资品目库和供应商库，及时对接供需双方信息，最大限度实现公开透明和流程可溯，提高供需配置效率。

（二）建立"平战结合"的应急物资保障机制

自 1998 年建立中央级救灾物资储备制度以来，我国储备管理制度不断完善，已逐步建立起"中央—省—市—县"四级应急救灾物资储备体系，并将四级应急物流管理体系联网，建成全国性的应急物流管理体系。一旦发生地区性的突发事件，由该地区的应急指挥机构负责应急物流体系的指挥协调工作；若是全国性或跨地区的重大突发事件，则由国家应急指挥机构负责应急物流体系的指挥协调工作。

（三）健全应急物流标准

在运行管理层面和技术实施层面，制定突发性灾害应急物流体系整体的标准体系、运行管理标准、通用技术标准以及不同灾种应急物流体系中载体、流量、流程、流速等单元的技术标准等，以确保应急物流体系的运行效率。

一是要完善应急物资储备标准，确保从中央到地方的各级储备网络能够针对不同灾害类型进行科学合理的物资配备。

二是提升产能保障标准，通过优化产能布局和生产调度机制，确保应急物资的快速生产和供应。

三是加强调配运送标准，建立快速响应的物资调配体系，特别注重提高"最后一公里"配送的时效性和精准性。

四是发展科技支撑标准，利用大数据、云计算等信息技术提升物流系统的智能化和自动化水平。

五是推动法规和政策标准建设，通过法律法规确立应急物流的规范和程序。

六是实施应急物流能力评估标准，如 GB/T 30674—2014，对企业应对突发事件的物流能力进行评估。

七是强化信息化建设标准，整合数据资源，提升应急物资管理的透明度和效率。

八是制定应急物资全生命周期管理的一系列标准，包括分类、采购、储备、运输等环节。

三、技术演进

在技术应用实施层面，由于很多突发灾害具有瞬间破坏巨大，波及空间范围广，次生灾害可控性低、破坏性大的特点，很难准确、快速地获取灾害损失信息及灾区救援需求等信息，直接影响到应急物流体系中载体、流量、流程、流速、目标等基本信息的获取、设置和解算，其结果难以满足科学性、精确性、适宜性、机动应变性的要求，难以保障应急物流体系的空间均衡与时间均衡。例如，2008 年汶川地震发生时，我国应急物流技术较为薄弱，存在一些问题。尽管中国军队系统利用空中运输力量向灾区空运、空投各类救灾物资，但由于应急救灾经验缺乏，应急物流技术体系不够完善，空运技术、投送技术、包装技术、应急物资储备轮换技术等不够完善，出现了空投失败、物资损坏、物资供应不足等问题。2010 年我国青海省玉树地区发生 7.1 级地震，与汶川地震救援相比，玉树地震之后的应急响应能力得到了一定的提高。2020 年年初，武汉市新冠疫情严重，全国各地纷纷捐助，武汉红十字会仓库里物资堆积如山，但是仍然有多家医院物资告急，物资无法高效地精准配送。随后，九州通医药集团协助武汉红十字会管理物资，将其物流运营管理体系应用于红十字会负责的物资分类堆码方面，快速解决了物资积压的问题。经过多年发展，我国应急物流技术已取得较大发展。

（一）应急物流基础技术

在物流基础技术方面，应急物流系统中的包装技术和装卸搬运技术的机械化自动化信息化程度、送达物资的智能识别分拣水平大幅提高；移动式货架、自动化输送设备、自动化三维立体输送型仓库被广泛运用，单元货物的搬运活性也大幅提升，实现了装备、物资的三维立体自动化摆放、堆码、取出；结合各灾种和行业救援装备、物资的不同特性，以专用运载设备（飞机、铁路机车、轮船、汽车）的内部有效空间为本体，可设计输送及在途环节的摆放堆垛、集成蓝图和实施方案。物流仓储技术的进步和普及，将为我国突发性灾害应急物流系统节约时间成本、空间成本和资金成本，显著提高应急物流保障系统的应急保障能效。

（二）应急物流信息智能技术

在信息智能技术方面，区块链技术的应用可确保灾区的各种需求及各项操作记录公开透明且不可篡改，物资供应者及善款捐助者可了解物资和善款的流向；利用云计算、工业互联网等技术实现产需对接和订单共享，开展跨地域、跨行业资源的精准配置；基于物联网技术、5G 技术，可通过射频识别（RFID）装置、红外感应器、全球定位系统、激光扫描器等信息传感设备，使传统的自动化仓储物流技术系统实现物料的信息化识别、位置服务、状态监控（在储、在途）和远程信息化管理，对现场救援力量的分布及调度、救援装备的仓储和使用实现全方位的物物相联和协同管理，实现突发性灾害现场应急救援工作的自动化、信息化和协同化管理，提高现场应急救援处置能力和工作效率，为应急救援行动的安全、高效、精准实施提供可行的技术途径。目前，我国分别在国家层面和行业层面建设了三大典型物流业务系统，分别是国家突发公共事件应急平台、北斗卫星导航系统国家综合减灾与应急平台、国家地震应急指挥技术系统。其中，国家突发公共事件应急平台为应急物资和救援人员配备具有 BD/GPS 的定位导航终端，可实现对应急资源的实时位置监控和指挥调度；北斗卫星导航系统国家综合减灾与应急平台充分利用北斗卫星导航系统的定位、导航和短报文通信技术，实现应急物资的路径规划、信息采集上报、位置实时监控、运输车辆的自主导航、物资的可视化展示及资源调度管理等；国家地震应急指挥技术系统为各级应急指挥人员提供地震应急信息、现场灾情、指挥行动、救援路线等信息服务。

第二章　发达国家应急物流发展趋势

第一节　美国应急物流管理及发展趋势

一、政府设置应急机构的管理模式

美国是研究应急物流相对较早的国家，目前已经拥有较为完善的应急物流管理体系，形成了以"行政首长为领导核心，中央协调、地方负责"的管理模式。美国政府根据美国的实际情况，设立专门的应急物流管理机构，成立了世界第一个应对应急事件和灾害的组织，即美国联邦应急管理署（Federal Emergency Management Agency，FEMA），该机构分为联邦、州两级，实行集权化和专业化管理，统一应对应急事件，提出较为完备的应急计划。此外，美国十分重视救灾医疗，组建的远程医疗队分为可空运诊所、预防医疗、应急护理和野战外科分队四大模块，卫生装备机动性强、方便携带，实现了模块化，具有较强的独立保障能力，为救灾提供良好保障。美国应急物流运行体系如图2-1所示。

美国将应急事件按时间顺序分为两个阶段。在应急事件发生前，应急计划尚未启动，美国采用先进的高新技术，对各种防救灾工作进行预防和模拟演练；完善应急物流体系的应急预案，针对人口密集地区与人口稀少地区，制定不同的预案和救灾方式；预测天气、地质等信息，拥有完备的干旱预警系统，及时调整应急物资的储备数量与种类，规划应急物资配送路线，对应急物资储备中心合理选址；建立相应的治安组织体系，协助警方完成各种治安任务；在国际救灾方面，成立对外灾害援助办公室（Office of U. S. Foreign Disaster Assistance，OFDA）处理应急事件，支援国外开展救援工作。在应急事件发生后，美国政府立即启动应急计划，宣布进入联邦紧急反应状态，以当地政府为总指挥，按FEMA设置的层级顺序调用资源予以援助，一旦发生

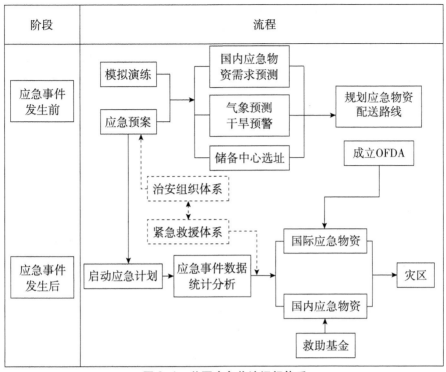

图 2-1　美国应急物流运行体系

重大应急事件，启用"总统灾害救助基金"。FEMA 对应急事件进行分析与数据统计，针对需求与预测结果，选取合理的应急物资和运输方式，按规划配送路线配送；转变治安组织体系为紧急救援体系，承担部分救灾工作；OFDA 根据运输距离选取就近仓库调拨应急物资至灾区，开展国际救援工作。

二、美国应急物流保障体系

目前，美国已经形成良好的应急物流管理体系和完善的应急救援系统，具备较为完善的组织、法律法规、政策、运输、资源和技术支持。

在组织上，设立 10 个区域应急物流机构和 2 个地方应急物流机构，并在首都设立总局机关，形成了以联邦和区域行政体系为主导，相关机构协同参与的管理模式（块块模式），但在应对规模较大、伤害程度较高的特大应急突发事件时，联邦权责分明的物资救助机制在调拨资源的程序管理上，体现出程序烦琐、协调性差等弱点，大大增加了反应时间。因此，在组织上，美国的应急物流管理体系还有待进一步完善。

在法律法规政策上，应急物流管理体系得到国家高度重视，国家颁布了《国家应急响应计划》《国家突发事件管理体系》等法律法规政策，详细明确各级政府之间的权责及关系、财政支持比例以及救助程序等。因此，该应急物流管理体系在法律法规政策的保障下将继续服务于美国。

在运输上，主要的负责机构有运输部、国土安全部、邮政管理局、国防部、总务管理局等，主要运作机构为交通运输协调中心和地方应急事件管理机构等，各部门各司其职，及时跟踪应急物资定向，获取运输装备，指导运输供应，调拨物资配置，一定程度上促进运输，提高运输效率，为应急物流乃至整个物流业发展提供借鉴意义。

在资源上，美国用于应急事件的资金充裕，施行分级管理制度，遇特大灾害可由政府直接提案，增加资金投入，保证资金充裕。美国联邦还设立专门应急工作组，负责应急物资运输及其服务，配合相关治安组织，保护生命，维护国家安全。

在技术上，美国采用卫星遥感监测、地理信息系统、互联网和移动通信等技术建立干旱预警系统，对气象、大环境进行充分监测，同时建立数学模型模拟危机管理，开发智能应急决策支持系统，对突发事件进行全程跟踪与管控，提出合理应急预案，借助可视电话、语音系统等通信手段，及时传达预警信号，可为我国应急物流管理体系提供新方法的借鉴。

三、美国应急物流运行特点

在应急物流运作中，美国的反应迅速，有效信息处理能力强，在世界范围内处于领先地位。在应急事件分析与数据处理上，能精准预测物资需求，合理进行物资归类，最大程度降低运输成本，缩短反应时间。

得到国家的高度重视。在面对自然灾害、军事冲突、社会安全事件等可能造成重大人员伤亡的应急事件时，美国政府启动应急计划的同时掌管一切应急物流管理事务，FEMA 实施集权化管理，统一应对与处理。由于美国应急物流运行体系符合其国情，FEMA 与其他 21 个联邦机构共同并入美国国土安全部，得到了国家的高度重视，成为该部四大主要分支机构之一。

保证应急预案完备。美国在应急事件发生前，采用先进的高新技术，强调事前预防和模拟演练，其中包括自救或互救等应急技能、自然灾害逃生技能、军事技能、人员疏散和应急物流演练等，以及公共安全及卫生教育，降低人员伤亡，缩短应急突发事件中人员疏散时间，提高各部门的协调性和救援效率，完善应急物流体系的应急预案。人口密集地区与人口稀少地区的不同应急预案，配合相应治安组织体系，保证应急预案完备，健全应急物流体系，为优化应急物流体系夯实基础。

缩短事件响应时间。美国将其应急物资储备中心分成三类。一是国家级应急物资储备中心，用于储备国内应急物资。二是海外通用应急物资储备中心，主要用于储备国外应急物资，其中由 OFDA 建设的应急物资储备中心有 7 个，均设立于海运发达港口或大机场，用于储备水箱、帐篷、手套、塑料薄膜、钢盔、防尘面具、尸体袋等基本应急物资。三是特殊应急物资储备中心，包括燃油、炸药等易燃易爆危险品，用于部分需要爆破的应急突发事件。应急物资储备中心多点、多类，极大程度降低运输成本，缩短应急事件响应时间，提高应急物资配送网络效率。

确保各级权责分明。美国法律规定应急物流管理权归当地政府所有，只有经当地政府确认为应急突发事件，并向上级请求援助时，上级政府才提供相应的应急物资予以增援，最终的应急行动指挥权仍属当地政府。当地方政府的应急物资不足时，州一级政府提供援助；当州一级政府的应急物资不足时，由联邦政府提供援助。该管理模式保证中央与地方政府权责分明、各司其职。

四、美国应急物流发展趋势

数字化与智能化。美国应急物流正在向数字化和智能化转型，实时数据监控与分析技术的应用成为其核心。物联网技术使应急管理机构能够通过传感器和其他设备收集天气、交通和库存等实时数据，通过云平台进行分析，帮助决策者快速评估灾害情况，制定应对策略。同时，人工智能和机器学习技术的引入，能够根据历史数据和实时信息，预测特定类型灾害所需的物资种类和数量，从而提前做好准备。未来，智能决策支持系统的应用将进一步提高应急响应的效率和准确性，帮助管理者在复杂情况下作出最佳决策。

无人机与自动化运输。无人机与自动化运输工具在美国应急物流中的应用日益增加。无人机适用于将医疗物资、食品和水等急需物品快速送达受灾地区，从而大大缩短救援时间。同时，自动驾驶货车将被越来越多地应用于应急物流中，通过预设的路线自动运输物资，减少对人力的依赖，提高运输效率，也为应急管理提供更灵活的解决方案。

跨部门与跨行业协作。通过建立多方协作平台，各级政府、私营企业和非营利组织可以整合资源，实现信息共享，确保在灾害发生时各方迅速联动，鼓励企业和个人在危急时刻提供资源，如临时存储空间、运输工具和志愿服务。各方能够高效协调和利用现有资源，提升应急响应的灵活性和效率。

可持续性与绿色物流。物流运输中将逐步推广低碳运输工具，如电动汽车和生物燃料，减少碳排放。政府可能会对采用清洁能源的运输公司提供补贴等激励措施。同时，在物资供应和灾后重建过程中，优先考虑使用可再生材料，确保重建过程符合可持续发展的原则，提升应急响应的环境友好性，为应急物流的长远发展奠定基础。

社区与志愿者参与增加。政府和非政府组织将通过培训和能力建设，提升社区成员在应急响应中的作用，确保他们具备急救技能、物资管理和应急疏散等方面的能力。同时，各地社区将制订和实施自己的应急响应计划，确保在重大灾害发生时能够迅速启动本地资源，保障居民的安全与物资供应。社区与志愿者的积极参与不仅提升应急物流的效率，也增强社区自我应对灾害的能力。

灾害预警与响应系统的集成化。通过综合应用气象、地质和交通数据，建立全方位的灾害预警系统，能够提前发布预警信息，帮助社区和应急管理机构做好准备。同时，自动化应急响应机制的实现将大大提高应急物流的效率。在灾害发生时，系统能够自动启动应急计划，快速调动物资，减少人工干预和响应延误，确保更高效地应急响应，最大程度减少灾害带来的损失。

增强现实与虚拟现实技术的应用。通过模拟真实的灾害场景，提升参与者的应对能力。应急管理人员和志愿者可以在安全环境中熟悉应急程序，增强在实际事件中的反应能力。此外，在灾害现场，增强现实技术能够为应急人员提供实时指导和信息，帮助他们更高效地进行救援工作，提升应急响应的科学性和实效性。

第二节　德国应急物流管理及发展趋势

一、主要依靠民间慈善组织的管理模式

德国的灾害预防救助工作采用分权化和多元化管理，形成"以民间慈善

组织为主要依靠，政府及多个负担不同任务的机构相结合"的管理模式，其中最高协调部门为公民保护与灾害救助办公室，其他协助机构为消防队、国防军、民间组织、志愿组织等。各级政府负责各自区域的应急物流管理工作，实行以政府管理为基础的模式，与美国的管理相似。德国是建立民防专业队较早的国家，全国约6万人参与民防工作，150万人参与消防、医疗等救灾工作，共设699个民防医疗队和35个覆盖半径35公里的急救基地，确保伤患12分钟内到达救治地点。此外，德国还有一家非营利性国际组织，即德国健康促进会，长期支持应急救灾工作，在应急物流管理上发挥巨大作用，每年可通过海陆空向80余个国家和地区配送300余万公斤物资，且30~60天就可送达目的地。德国应急物流运行体系如图2-2所示。

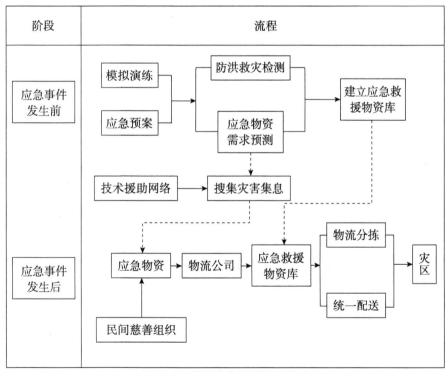

图 2-2　德国应急物流运行体系

德国主要依靠民间慈善组织管理。在应急事件发生前，德国虽不及美国拥有完善的干旱预警系统，但经历水灾后的德国采用先进技术，打造出较为完善的防洪救灾检测系统，提前预测应急物资需求，建立应急救援物资库。在应急事件发生后，应急物资将由专门的物流公司负责运输，在应急救援物资库进行分拣，统一配送至灾区，技术援助网络等机构将协助物资运输和供给，启用网络资源及时搜集灾害信息，迅速实现应急物资供应。与此同时，德国公民保护与灾害救助办公室调用一切人力资源参与救灾，民间慈善组织也会提供最大限度的资源帮助。

二、德国应急物流保障体系

在组织上，德国与美国的管理相似，主要以政府管理为基础，按区域管理，各组织机构相互配合，以民间慈善组织为主导进行应急物流管理。

在法律法规上，德国高度重视水灾方面的法规，规定防洪区不得违章停车，对各地下室及地下车库排水设施有严格的法律标准，保证德国应急物流体系发展符合德国国情需要。

在运输上，德国普遍采用直升机转运伤员，必要时启用空军进行支援，极大程度提高伤病人员存活率，缩短救援时间。

在资源上，德国的民间组织发挥巨大作用，参与救援人员多达 150 余万人次，且按地区组建专业抢救队、消防队、卫生队等，长期的高水平投资虽保证相关设施齐全、人员充足，但造成了一定的资源浪费，因此若长期发展该应急物流体系，需在成本上进行调整，使总体利益最大化。

在技术上，德国排水局采用先进检测车全面检查排水系统，实现高效迅速的检测目标。政府通过物联网、GPS、云计算等技术对应急物资进行实时监控，保证物资供应及时、效率最高，可为我国应急物流灾前准备机制的研究提供借鉴。

三、德国应急物流运行特点

联邦与州协同的多层次管理。德国的应急物流体系依托联邦和州政府的协调管理模式，联邦政府负责制定全国性战略和协调跨区域的资源分配，而州政府和地方机构则负责具体的执行与响应。在危机事件发生时，德国分级管理体系能够确保资源快速调动，形成高效、分层次的响应机制。

高度依赖公私合作模式。德国的应急物流体系中，公共部门与私营企业密切合作。私营企业的物流网络在应急情况下发挥关键作用，尤其是在供应链管理、仓储、运输和物资调度方面。许多物流企业在平时为商业服务，但在突发事件中能够迅速转变为应急物流服务的主要力量，帮助政府加速物资供应和分配。

先进的数字化与智能化技术支持。德国的应急物流在运行中依赖先进的技术，包括物联网、大数据、人工智能和地理信息系统，推动物流资源的追踪、仓储管理、路径规划和危机预测更加高效。例如，物流运营方可以利用实时数据来监控应急物资的运输情况，并根据需要快速调整。

灵活多样的运输网络。德国拥有多样化和高效的交通基础设施，包括铁路、公路、航空和内河航运，促使应急物流中的运输灵活且高效。特别是在铁路和公路运输方面，德国的物流网络能够快速响应，支持大规模物资的转移。在特定情况下，铁路运输被认为是高效、环保的应急运输方式，能够减少碳排放并提高运输量。

跨境合作与国际协调。作为欧盟成员国，德国应急物流在运行中经常依赖于欧盟框架内的跨境合作。通过与欧洲其他国家共享资源和信息，德国可以迅速调动应急物资并进行国际物流协调，尤其是在涉及跨国灾害或危机时，德国的物流网络具有高度的国际灵活性和联动性。

规范化与标准化的应急流程。德国的应急物流体系在运行中有严格的标准和规范，涵盖应急物资的调配、运输、储存和分发的各个环节，确保在突发事件中，不同部门、机构和企业之间的合作可以顺利进行，减少沟通成本和操作失误，提高应急物流的效率。

强大的资源储备和充足的资金支持。德国在应急物流运行中，有强大的物资储备和充足的资金支持。联邦和州政府定期进行资源储备，确保在危急时刻能够迅速调动物资。同时，政府有能力通过立法快速拨款，保证应急资金充足，确保物资的及时供应。

重视应急演练与培训。德国的应急物流运行注重应急演练和人员培训，定期进行跨部门、跨行业的联合演练，旨在检验应急预案的有效性，提高各级物流操作人员的应急响应能力，减少延误与失误。

四、德国应急物流发展趋势

德国应急物流的发展趋势体现出高度数字化、可持续化和国际合作的特点，同时在组织架构和技术层面不断优化，为应对未来可能发生的各类危机奠定坚实的基础。

数字化与智能化深度融合。随着物联网、人工智能和大数据等技术的广泛应用，德国应急物流正朝着更加智能化、自动化的方向发展。未来，智能仓储、无人驾驶运输和智能分配系统将显著提高物流效率，尤其是在应急情况下，实时数据监测和自动调配物资的能力将缩短响应时间和提高资源利用率。

可持续与绿色物流的全面推广。德国在物流发展中高度重视环保，在应急物流中也不例外。未来，低碳运输工具（如电动货车、氢能卡车等）以及铁路运输的比重将进一步增加。同时，物流设施的绿色设计和能耗管理也将成为发展的重要趋势，确保应急物流能够在快速响应的同时兼顾环保目标。

多样化与灵活的运输网络。德国丰富的交通网络继续优化，在应急物流中应用多式联运，根据灾害性质和地理条件灵活调配，提高物流的灵活性和应急响应速度。

强化公共部门与私营企业合作。公共部门与私营企业的合作将更加紧密。应急物流不仅依赖政府资源，还将引入更多私营企业的物流管理经验和先进技术。在危急事件中，私营物流企业的迅速动员能力和灵活应变优势将成为应急物流体系的有力补充，确保物资及时供应。

跨境合作与国际协调能力增强。作为欧盟的重要成员，德国应急物流将在欧盟框架下进一步深化跨境合作，特别是在应对区域性灾害或国际性危机时。未来的应急物流发展将更加注重国际资源的共享与协调，加强与邻国和国际组织的联动，以提升跨国应急物资的调配效率和协同响应能力。

应急物流的标准化与规范化水平提升。为更高效地应对突发事件，德国将进一步推进应急物流流程的标准化与规范化。标准化的物资储备、运输工具与仓储管理程序将进一步精细化，提升国内应急响应的效率，也将使德国更容易参与国际救援行动。

灾害预警与响应技术的升级。德国将加强气象监测、灾害预警和危机模拟技术的开发和应用。通过更完善的卫星监测、地理信息系统和应急决策支持系统，德国应急物流将实现更精准的预警和更及时的资源调配。

第三节　日本应急物流管理及发展趋势

一、救灾物资分阶段的管理模式

日本由于其特殊的地理位置，经常遭遇地震、台风等自然灾害，所以日本十分重视应急物流管理，形成了"以行政首长为领导，综合机构和中央协作，地方政府具体执行"的应急管理模式。日本的应急物流管理体系最大的特点就是对救灾物资分阶段管理。日本应急物流运行体系如图 2-3 所示。

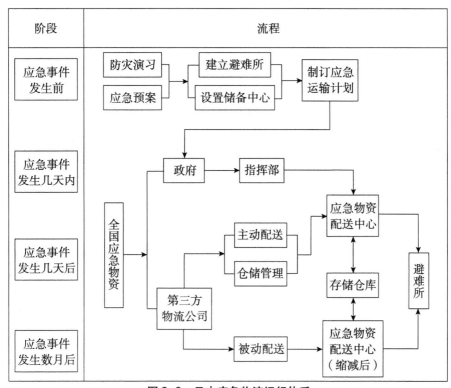

图 2-3　日本应急物流运行体系

应急预案完整化。日本地处地震带，火山、地震、海啸等灾害频发。在此背景下，其应急预案较完整，各地区都有相应的应急计划。在应急事件发生前，制订详尽的运输方案，每年在防灾日举行大规模的防灾演习，各级组织定期汇报防灾工作，编写救灾物流作业程序手册，按当地人口规模预先建立避难所，在避难所中储备水、被褥等基本生活物资，在大型体育场或学校设置储备中心，存储水、药品、食物等必需物资，确保灾害发生后的基本生活需求得到满足。

应急终端统一化。在应急事件发生后，日本采取储备中心和终端存储相结合的策略，将难民按组织规模聚集，形成统一的应急物流终端，将聚集地选在大型露天体育场等安全场所，以此提高应急物资配送效率，遇严重灾情可先从储备中心调取基本物资维持生活。

运输方式多样化。地震、飓风等自然灾害将严重破坏公路，海运与空运受灾影响小，因此日本在应急事件发生初期，合理利用相应资源，采用海、空相结合的立体运输方式，提高运输效率，缩短响应时间，实现救灾实时性。

救灾模式阶段化。应急事件发生后，配送应急物资成为首要任务，日本对应急物资进行分阶段管理，将其配送工作分成三阶段。第一阶段是应急事件发生几天内，该阶段由政府负责，主要是物资的收集、存放和运输，配送中心 24 小时工作，保证应急物资的供应，必要时军队将协助进行交通管制。第二阶段是应急事件发生几天后，该阶段灾情得到初步控制，此时由第三方物流公司负责，委托物流公司进行主动配送和仓储管理，从而提升配送效率，降低运输成本，选取 4 个配送中心，配送中心将每天的配送车辆控制在 50 辆以内，选取 2 个地点为存储仓库。第三阶段是应急事件发生数月后，该阶段仍由第三方物流公司负责，此时政府已经完全退出管理，物流公司采取被动配送模式，根据订单进行配送，逐渐减少应急物资的配送量。

二、日本应急物流保障体系

日本作为一个岛国，经常遭受灾害威胁，所以该国的应急物流体系构建得到了高度重视。

在组织上，日本的分级管理制度，将灾害按等级划分，一般灾害由地方管理，严重灾害由国家管理，基本形成从国家到地方的完善应急物资储备体系，制订了详细救灾计划和紧急运输方案，适用于日本国情，可以长期发展。

在法律法规上，日本重视法制化管理，拥有健全的法律体系，设置应急物流管理的法律法规约 227 部，其中《灾害救助法》明确了救灾方式和应急物资种类等。国家的高度重视促使该应急物流管理体系持续服务于日本，并为该体系的未来发展做好了保障。

在运输上，日本应急事件发生前对运输路线进行规划，利用海运和空运相结合的立体运输方式，制订运输替代方案，明确物资运输分工，采用统一终端模式，预先规划避难所和储备中心，提高运输效率，间接促进运输业发展。

在资源上，日本采用分散储备方式，将应急物资储备于社区或各大体育场，对保质期过半物资以较低价格出售，避免资源浪费的同时促进消费，确保全民在灾害发生后的基本生活保障。日本红十字会和以大学生为主的民间志愿组织组成社区防灾组织，并开展联动工作，第一时间参与救灾。

在技术上，日本根据应急物资性质采用越库（Cross-docking）方式将物资送至灾区。在分阶段配送时，借鉴供应链管理经验，采用供应推动和需求拉动相结合的模式，有针对性地供应物资，利用自备发电设备转运陆上滞留人员，避免陆上行人遇灾后的二次伤害，保证避难所电力充足，实现效益最大化，为我国应急物流理论技术子系统的研究做出一定贡献。

三、日本应急物流运行特点

日本应急物流体系具有政府主导、多部门协作、高度依赖社区与企业的参与、先进技术的支持、仓储与运输高效等特点，形成一个响应迅速、资源分配合理、抗风险能力强的应急物流网络。

政府主导与多部门协作。日本应急物流体系以政府为主导，多个部门和机构紧密协作。内阁府、国土交通省、消防厅等政府部门共同参与，地方政府在应急响应中也发挥关键作用。日本的应急物流以自上而下的协调机制为主，确保在危机发生时各部门能够快速行动，减少决策和执行的滞后。

高度依赖社区与企业的参与。日本非常重视社区和企业在应急物流中的作用。在社区层面，地方居民组织被动员起来参与灾害防治和物资管理，特别是在地震、台风等自然灾害多发地区，社区经常进行防灾训练。在企业层面，许多大型企业与政府签订应急合作协议，在危机中负责物资运输和仓储，形成政府、社区、企业三方协同的应急物流模式。

完善的灾害预警与应急响应机制。日本建立全球领先的灾害预警系统，包括地震、台风、海啸等自然灾害的早期预警机制。应急物流体系在接收到预警信息后，能够迅速启动应急响应，提前调动和储备物资。通过卫星监测、气象雷达和地理信息系统，日本可以快速评估灾害的可能影响范围，并及时调整应急物流资源的分布和调度。

高效的交通基础设施支持。日本拥有发达的交通网络，包括高速公路、铁路和港口设施，为应急物流的高效运作提供强有力的支持。在突发事件中，铁路和公路运输可以迅速将物资送达灾区。日本铁路公司（JR）与政府合作，在危急时刻保障应急物资的优先运输。与此同时，日本的应急物流体系还特别依赖其航空与海运系统，尤其在发生大规模自然灾害时，海上运输和空运的快速部署极为关键。

先进的仓储与物资管理系统。日本应急物流体系中的仓储管理高度现代化，依托自动化仓储技术、智能仓库管理系统以及物联网，能够快速追踪和管理物资。日本政府在全国各地设立战略物资储备仓库，确保应急物资能够及时供给。自动化与智能化的仓储管理极大提高物资调配的效率，减少人为操作失误。

应急物资储备充分、分布合理。日本重视应急物资储备工作，采取分散式存储方式，确保物资储备覆盖全国各地，尤其是在灾害高风险地区，重点加大储备。应急物资储备库存储食品、饮用水、药品、应急设备等，平时用于普通用途，一旦发生灾害能够立即转入应急用途，确保物流供应链不中断。

强大的技术支持与积极的创新。日本在应急物流中广泛应用先进技术，在地震和灾害预警系统、实时物流追踪、无人机运输等领域处于世界领先水平。无人机运输特别适用于灾害发生后道路受损严重的地区，可以快速将救援物资送达受灾区域。除此之外，卫星通信系统和灾害地图系统也帮助日本更好地评估和控制灾害影响，优化物流配送路径。

灾害应急演练常态化。日本在防灾方面有着长期的经验，定期进行全国性的应急演练。演练参与方不仅包括政府部门和相关企业，也包含民众，以确保在实际灾害发生时，所有相关方都能快速响应。通过常态化的应急演练，日本社会整体的灾害应对能力得以提升，形成从中央到地方、从企业到社区的全方位动员体系。

四、日本应急物流发展趋势

日本应急物流发展围绕技术驱动、绿色环保、社区参与等展开，提高应急响应能力。

数字化与智能化升级。随着科技的发展，日本应急物流正加速向数字化与智能化转型。物联网、大数据分析、人工智能等技术将更加广泛地应用于应急物流管理中，尤其是在灾害预警、物资追踪、仓储管理等环节。未来，日本将继续发展基于实时数据的应急响应系统，通过自动化调度和预测分析，提高应急物资的分配效率和准确性。

无人机和机器人技术的广泛应用。在应急物流中，日本将广泛应用无人机和机器人，尤其是在灾后交通受阻的情况下，无人机和机器人能够迅速将物资运送到灾区，加大对偏远或受灾严重地区的覆盖，提高灾后物资供应的可靠性与及时性。在未来的大规模灾害中，无人运输工具可能成为应急物流的重要组成部分。

可持续与绿色应急物流。应急物流中将更多地使用电动运输工具、清洁能源和低碳排放的物流方案。日本将继续发展铁路运输和新能源卡车等环保运输方式，以减少应急物流中的碳足迹，兼顾环境保护和高效物流需求。

社区参与和自主应急能力提升。增强应急物资的自主储备与管理能力，发展更多的社区级应急物流网络。通过定期演练和防灾教育，社区居民将更积极地参与灾害应对，并且能够在紧急情况下与政府和企业合作，确保物资的合理分配和有效使用。

灾害预警与应急响应机制的精细化。继续优化和升级其灾害预警系统，通过更精准的地震、台风、海啸等自然灾害的预警技术，提前部署应急物资。灾害预警系统将与物流供应链系统紧密整合，确保物资在灾害发生前能够更早地分配到可能的高危地区，进一步缩短响应时间并提高资源调度的灵活性。

跨部门协同的提升与自动化应急平台。继续推动不同部门和机构之间的应急协同，通过建立更加统一、自动化的应急物流管理平台，各部门可以在统一的信息平台上实时共享灾害信息和物流资源，多部门协同管理机制的数字化升级将有助于应急物资的快速调度和分配。

应急仓储与物资储备智能化。基于人工智能的智能仓储系统将能自动化管理物资的进出库、库存监控和保质期管理，并根据需求预测自动调整储备物资的种类和数量，显著提高物资储备的效率，避免过期浪费和物资短缺。

第四节　国外经验对北京市应急物流体系构建的启示

我国学者对应急物流的研究，主要集中在基础理论上，相比而言，欧美等发达国家在应急物流体系建设方面相对成熟和完善。基于以上对美国、德国、日本应急物流的分析，北京市应急物流新体系构建可从以下方面借鉴国外发达国家经验，加大北京市应急物流管理力度，健全应急物流法律体系，提升应急物资配送效率，促进社会组织参与和高水平信息化发展。

一、构建现代化应急管理体系是高效救援的保障

发达国家快速高效的应急物流运作，得益于现代化的应急管理体系的搭建。美国的突发事件处理体系 NIMS（National Incident Management System）对

危机的预防、沟通与信息管理、资源管理、指挥、日常管理和维护等进行系统的阐述和规范，具有很强的操作性。欧盟的应急响应中心 ERC（Emergency Response Centre），除了能够全天候值班，高效协调欧盟成员国的响应行动外，还能快速收集并分析实时风险信息，确保实时监控和即时响应各类突发事件。应急物流体系高效协调、权责分明可为我国应急物资应需实时到位提供保障。德国应急物流信息化水平极高，政府部门通过物联网、云计算、GPS 等技术对物资进行实时监控，德国健康促进会也会启动网络资源收集灾难信息，利用计算机捐赠管理系统迅速组织救灾物品配送到指定地点。通过信息化的控制模式，物流系统可在灾情发生的第一时间响应，调拨物资运达灾区。综上所述，德国应急物流社会组织参与度和信息化水平高，可为北京市应急物流新体系的构建提供借鉴。

二、健全的应急物流法律体系是应急物流的指南

美国和日本在标准化立法管理工作中，对应急物流制定强制性标准，对于应急物流的各个环节相互衔接制定规范标准，包括机械设备、交通工具以及灾后建设等。这些规范性标准的制定，保障救援过程井然有序，提升救援效率。美国《应急管理及规划标准》指出：应急物流的主要目的是恢复规划灾害地区，提升应急管理效率，将业务持续运行作为基础，结合实际情况，恢复基础设施，保障人民生命财产安全，制订处理方案。在日本，应急物流法律体系建设将政府作为主体，政府对一些突发灾害物流管理相关体系负责和管理。在应急物流立法方面，国外实践为我国应急物流标准化立法以及体系构建提供较大参考价值。日本《工业标准化》对应急物流标准、交通运载标准以及医疗器械标准进行具体规定。在灾后重建工作中，日本现阶段在不断完善业务连续性管理（Business Continuity Management，BCM）标准，提升应对灾害功能，减少企业损失。

借鉴美国与日本的高度标准化立法，北京市要从以下几个方面入手加以完善：一是在物资存储方面，需要结合物资的规模、种类、配送等进行，需要加强监督管理，不断完善体系，更新内容。二是在应急物流工作人员选用方面，需要针对工作人员的身体素质、学历及技术资格等方面制定标准。三是在基础设施和运输工具标准制定方面，需要与国际接轨，不断完善道路及车辆标准，保障在发生灾害时，车辆可以通畅行驶。四是在保障交通运输方

面，规定在紧急情况下，应急交通工具可以优先调度、优先安排，保障运输顺利畅通。依法设立社会交通运输工具紧急征用规范，保障在应急救援时，可以有充足的运输工具加以调配。

三、政企合作是提升应急物资配送效率的保证

应急物流本身低频，需求不可预估。在突发情况下，应建立合理冗余的应急物流体系，考虑政府与民企之间的分工配合，而我国应急物资主要借助军队、军用运输装备来运送，社会性资源未得到充分利用。可借鉴日本的应急物流三级制体系，充分利用第三方物流提升效率，如图 2-4 所示。

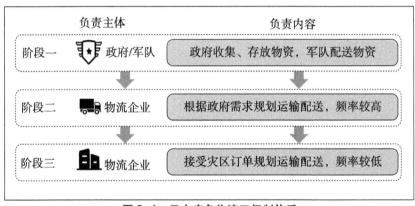

图 2-4　日本应急物流三级制体系

考虑到我国一线城市第三方物流企业发展已日渐成熟，利用其专业运输工具和运输体系整合应急救援物资的多头采购、装卸搬运、物资配送等工作可以极大缩短应急物资运输时间、优化应急物流过程，可采取分阶段专业化分工模式，先派军队进行初期配送，再由民营企业接手，分别根据政府需求与灾区需求分两阶段配送物资。应急物流体系依托于原有物流体系，政府只负责对每个区域的人员、物资进行配置，将供应链业务交给更专业的物流企业，从而大幅提升物资配送效率。

四、提升社会组织参与度是应急物流的必要补充

德国应急物流体系的特点为政府组织和民间慈善组织相结合。在应急事

件发生后，联邦内政部的公民保护与灾害救助办公室负责最高协调指挥工作，调度军队、警察及民间组织投入救援。德国最大的公益性组织德国健康促进会组织社会力量发挥重要作用。据统计，德国健康促进会每年通过公路、航空、水路向世界80多个国家和地区配送供给品达300多万公斤。

目前，我国应急物流模式是先通知指挥总部，再由其对各物流中心进行部署。在新冠疫情的社会应急物资捐赠统计与配送中，社会公益组织如武汉红十字会尚有极大的改进空间。此外，工信部建设了国家重点医疗物资保障调度平台，用于各类物资产能、库存信息的收集统计，及对物资运输的监控、调度。该平台的建设工作还需进一步完善，根据德国应急物流体系的启示，可利用信息化手段对救援物资储备及运输做长期统筹，保证信息公开透明，完善北京市各区应急物资供给信息系统，实现应急信息共享，从而保障应急物流通畅。

第三章　北京市应急物流发展现状及问题分析

第一节　北京市应急物流概况

一、北京市应急物流需求特点

在现代城市管理中，应急物流是保障社会安全与稳定的重要组成部分，尤其是在首都北京更显重要。随着城市化进程的加快，北京市面临的突发事件频率和种类不断增加，应急物流面临的多重挑战，对北京市的应急响应能力提出了更高要求。

一是突发事件频发与多样性。北京市面临的突发事件以人为因素引发的非自然灾害为主，涉及的事件类型多样，主要包括安全事故、公共卫生事件和社会事件等。随着城市建设的加快，建筑工地事故频繁发生，化学品泄漏和火灾等安全事故时有发生，公共卫生领域也面临重大传染病疫情和食品安全问题的威胁。这些突发事件的影响范围广泛，造成了巨大的社会和经济成本，给应急物流系统带来了不小的挑战，要求相关部门在响应和处理上具备更高的效率和协调能力。

二是危害程度高。突发事件的连发性和次生灾害的严重性，使损失放大效应显著。不仅使人员和财产造成直接损失，还可能引发社会秩序混乱、环境破坏和资源浪费。例如，重大安全事故可能导致大量人员伤亡，同时造成相关产业的停滞，进一步影响经济的正常运转。对于居民而言，突发事件可能打乱生活节奏，影响心理健康和社会稳定，因而，如何有效应对和减少这些损失成为亟待解决的重要课题。

三是协调处置难度大。北京地区的应急响应涉及众多机构，包括中央单位、地方政府、军队、社会组织等，人员和资源配置的复杂性增加了协调的难度。应急响应需要快速调动各方资源，但各机构的职能、权责以及运行机制的不同，往往导致响应过程中的信息不畅和资源错配。此外，城市内大量的流动人口使物资调配和安全管理更加复杂，如何在有限的时间内高效整合各方力量，是当前应急物流体系面临的重大挑战。

四是主要自然灾害与事故给应急物流带来了极大压力。在自然灾害方面，北京市依然面临风沙、浓雾、冰雪和暴雨等气象灾害的威胁。这些气象灾害不仅影响交通运输和人们的日常生活，还可能导致事故的发生。此外，地震和地质灾害的潜在风险亦须重视，尤其是在城市基础设施日益老化的背景下，保障市民安全显得尤为重要。环境污染、火灾等事故的频繁发生也给应急物流带来了极大的压力，要求相关部门提升应急响应的灵活性和适应性。

五是潜在致灾因素较多。新发传染病、食品安全事件、重大群体性事件和恐怖袭击等，均是北京市面临的主要潜在致灾因素。这些事件的发生概率逐渐增加，尤其是在全球化背景下，传染病的传播和食品安全问题的复杂性亟须引起重视。为了有效应对这些风险，北京市需要建立完善的应急预案和响应机制，确保在突发事件发生时能够迅速反应，最大程度地减少损失，保障社会安全和稳定。

二、北京市应急物流工作分解

北京市应急物流工作涉及多个部门及多个流程，并不是单一的部门去执行。本书通过整理《北京市突发事件总体应急预案（2021年修订）》《北京市突发公共卫生事件应急预案（2021年修订）》《北京市重点站区突发事件总体应急预案》《北京市"十四五"时期现代服务业发展规划》《关于加快推进韧性城市建设的指导意见》《加强首都公共卫生应急管理体系建设三年行动计划（2020—2022年）》等文件，将北京市应急物流工作分解，如表3-1所示。北京市的应急物流工作涉及应急管理的预警准备阶段、应急响应阶段及应急恢复阶段，主要包括前期物资准备、应急物资运输及配送、捐赠物资的发放等步骤。目前北京应急物流的各步骤分由不同部门管理，体制机制需要进一步完善。

表 3-1　北京市应急物流工作分解

总目标	工作阶段	一级工作	二级工作	组织部门
北京市应急物流工作分解	预警准备阶段	预防预警准备	地质灾害监测	市气象局、市地质矿产堪查院、市生态环境局、市国土局
			信息收集与分析	市规划自然资源委
			预报预警发布	市委宣传部
		抢险救灾资金准备	拨付救灾补助资金	市财政局
			管理、分配、监督救灾资金	市发展改革委
		抢险救灾物资准备	调用应急储备	市粮食和储备局
			应急采购	北京市政府采购中心
			社会捐赠	市民政局、北京市红十字会
			征用物资	区县以上人民政府
	应急响应阶段	应急物资运输	恢复损坏的交通	市交通委
			疏导灾区交通	市公安局、市公安局公安交通管理局
			公路、铁路应急物资运输	市交通委、中国铁路北京局、运输管理局
		应急物资配送	物资的分拣包装	民营物流公司
			按需分配救灾物资	民政部门、物流公司
		医疗救助	现场抢救	市卫生健康委
			院前急救	北京急救中心
			专科治疗	各级医院
		应急救援	营救受灾人员	北京卫戍区、武警北京市总队、市公安局、市消防救援总队
			安置受灾人员	市民政局
			转移物资	北京卫戍区、武警北京市总队、市公安局、市消防救援总队
	应急恢复阶段	房屋设施抢修重建	房屋重建工作	市住房城乡建设委
			设施设备抢修恢复	市水务局、市通信管理局、北京电力公司

续表

总目标	工作阶段	一级工作	二级工作	组织部门
北京市应急物流工作分解	应急恢复阶段	救济和捐赠活动	捐赠物资的发放	市民政局
			抚恤和补助工作	相关区县政府
			组织社会捐赠	市红十字会

三、北京市突发事件分类

北京市主要突发事件可划分为自然灾害、事故灾难、公共卫生事件和社会安全事件 4 大类、23 分类、51 种，如表 3-2 所示。

表 3-2　北京市主要突发事件分类

4 大类	分类	主要种类
自然灾害	水旱灾害	水灾
		旱灾
	气象灾害	气象灾害（暴雨、大风、沙尘暴、浓雾、冰雪、雷电、冰雹、高温等）
	地震灾害	破坏性地震
	地质灾害	突发地质灾害（滑坡、泥石流、地面塌陷等）
	生物灾害	突发林木有害生物事件
		植物疫情
		外来生物入侵
	森林火灾	森林火灾
事故灾难	工矿商贸企业等安全事故	危险化学品事故
		矿山事故
		建设工程施工突发事故

续表

4 大类	分类	主要种类
事故灾难	火灾事故	火灾事故
	交通运输事故	道路交通事故
		轨道交通运营突发事件
		公共电汽车运营突发事件
		铁路行车事故
		民用航空器飞行突发事故
	公共设施和设备事故	供水突发事件
		排水突发事件
		电力突发事件
		燃气事故
		供热事故
		地下管线突发事件
		道路突发事件
		桥梁突发事件
		网络与信息安全事件（公网、专网、无线电）
		人防工程事故
		特种设备事故
	核事件与辐射事故	辐射事故
		核事件
	环境污染和生态破坏事件	重污染天气
		突发环境事件
公共卫生事件	传染病疫情	重大传染病疫情（鼠疫、炭疽、霍乱、非典、流感等）
	群体性不明原因疾病	群体性不明原因疾病
	食品安全和职业危害	食品安全事件
		职业中毒事件
	动物疫情	重大动物疫情（高致病性禽流感、口蹄疫等）
	其他严重影响公众健康和生命安全的事件	药品安全事件

4大类	分类	主要种类
社会安全事件	恐怖袭击事件	恐怖袭击事件
	刑事案件	刑事案件
	经济安全事件	生活必需品供给事件
		粮食供给事件
		能源资源供给事件
		金融突发事件
	涉外突发事件	涉外突发事件
	群体性事件	上访、聚集等群体性事件
		民族宗教群体性事件
		影响校园安全稳定事件
	其他	新闻舆论事件
		旅游突发事件

四、北京市应急物资储备概况

应急物资一般指突发事件应急处置过程中所需要的保障性物资，既包括抢险救灾使用的物资、物料，如食品、药品、帐篷、棉被等，也包括应急救援使用的装备、器具，如照明灯、净水车、发电机等。北京市的应急物资目前没有统一的管理机构，由各责任相关部门负责管理。

（一）北京市应急物资储备层次体系

按照物资储备主体的不同，北京市应急物资储备层次体系由市级救灾物资、代储中央救灾物资以及区代储市级救灾物资三部分构成。市级救灾物资是指北京市财政安排资金或使用救灾捐赠资金，由北京市民政局购置、储备和管理，专项用于紧急抢险转移安置灾民、安排灾民基本生活及救灾人员防护装备的各类物资、民政部调拨给北京市安排使用的救灾物资以及经法定程序转为救灾储备的社会捐赠救灾物资。代储中央救灾物资是指由中央财政安排资金，由民政部购置，指定北京市民政局代为储备和管理的救灾物资。区代储市级救灾物资是指由市民政局根据救灾工作的需要，商市财政局后，委托区民政局代为储备管理的救灾物资。市民政局对区代储市级救灾物资行使所有权和调拨权。

（二）北京市应急物资储备机制

目前，北京市建立了平时服务与灾时应急相结合、实物储备与产能储备相结合的应急物资储备保障制度，实现应急物资的集中管理和统一调拨。在"十四五"期间，北京市将优化应急储备物资品种结构，高效组织生产、采购、仓储、配送、投送等全环节运行，加快北京粮油食品应急保障中心等重大项目建设，构建绿色智能的粮油仓储物流体系。建立京津冀应急物资协同保障机制，支持政府储备物资生产基地、存储设施在津冀蒙等对口帮扶地区布局。

（三）北京市应急物资储备资源分析

北京市储备的应急物资除应急用的工程设备外，主要分为三大类，分别是生活必需品、民生保障类应急物资、应急医疗物资，如表3-3所示。其中，生活必需品由北京市商务局负责。粮油、蔬菜、肉鱼蛋奶等民生需求物资的储备规模会依据季节、节假日和特殊公共卫生安全事件等影响因素有一定的浮动范围，主要依托农产品市场和大型的连锁超市进行储备。政府部门根据这些企业的应急保障贡献程度进行相应的补贴，北京市商务局在应急需求增加的情况下会开展点对点监测，便于保障物资顺利供应。民生保障类应急物资有帐篷、折叠床、棉衣被、应急灯、救生艇、雨衣等。在2018年以前，主要由民政部门负责管理，在应急管理部成立以后，区域职能也有所调整，具体接管保障类物资管理的部门也有一定的变动。应急医

表3-3　北京市储备的应急物资分类

分类	具体物资
生活必需品	蔬菜、肉类、粮油、方便面、矿泉水等

续表

分类	具体物资
民生保障类应急物资	帐篷、折叠床、气垫床、折叠桌椅、棉大衣、应急灯、救生绳、强光手电、救生衣、雨衣等
应急医疗物资	个人防护用品、采样工具、检测试剂耗材、消杀物品、便携式检测设备、信息化的流调工具等

疗物资由市区各疾控中心统筹各个医疗单位自行储备相应的数量，具体物资种类、规格、数量建档建册，定期统一报备疾控中心。

（四）北京市应急物资仓储管理情况

在统计的 375 个储备点中，市级物资储备点 62 个，占储备点总数的 16.5%，主要集中在城市功能拓展区和仓储物流集中片区，在远郊区设立的物资储备点不多。区县级物资储备点 313 个，占储备点总数的 83.5%，且面积普遍较小，大多是依托办公场地设立的小型和微型储备库。从面积规模看，100 平方米及以下规模的微型库，有 27 座，占总数的 50.9%；100 平方米至 500 平方米的小型库有 8 座，占总数的 15.1%；500 平方米至 1000 平方米的中型库有 5 座，占总数的 9.4%；1000 平方米以上的大型库有 13 座，占总数的 24.5%。从仓库管理制度建设情况看，各仓库均安排了管理人员进行日常管理，配备了基本的安全防护设施设备。

五、北京市应急物流设施概况

北京市应急物流设施主要指在应急事件突发情况下，用于应急物流的基础设施及应急物流运输车辆。

（一）应急物流基础设施

应急物流设施包括具有应急物流功能的站台、码头、交通航线和路线等各种固定设施，以及运输、库存保管、装卸搬运、包装等相关设备和工具等，这些设施构成了应急物流体系有效运作的物质基础。

北京市物流基础设施较为完善，但少有专门的应急物流基础设施，缺乏交通运输应急保障队伍和紧缺物资运输快速通道，市级层面配套的应急物流设施较少。但在必要时，会以政府名义向单位和个人征用应急救援所需设备、设施、场地、交通工具和物资，要求生产、供应生活必需品和应急救援物资的企业组织生产，保证供给。

（二）应急物流运输车辆

截至 2020 年年底，北京市共有民用载货汽车 51.6 万辆。2010—2020 年北京市应急运输车辆数据如图 3-1 所示。

图 3-1　2010—2020 年北京市应急运输车辆数据

北京市政府目前不具备自有应急运输车辆，基于北京市具有较多装备良好的物流基础资源的企业，因此，需要最大程度地集成社会物流资源，可考虑与相应的物流企业合作，以满足应急物流服务要求。鼓励建设"平战结合"的应急物资配送体系，选择规模大、服务质量好的物流企业，如中国邮政、苏宁物流、京东、顺丰等，签订"战略联盟"，作为应急配送的"后备轮胎"。当突发事件发生后，能够做到快速响应，立刻启动配送系统，保证应急物资配送渠道畅通，高效运行。

第二节　北京市应急物流组织机构

北京市应急物流的组织机构根据突发事件的类型组建和指定，没有专一的组织机构。目前北京市应急物流有 6 套从上至下的分级组织机构，分别为领导机构、工作机构、专项指挥机构、区及重点地区应急机构、基层应急机构、重大活动应急机构。

一、领导机构

在市委的统一领导下，市应急委组织指挥全市突发事件日常应对工作，统一指挥处置重大、特别重大自然灾害和事故灾难。市委应对重大突发公共卫生事件领导机构统一指挥处置重大、特别重大突发公共卫生事件。市委平安北京建设领导小组统一指挥处置重大、特别重大社会安全事件。

发生类似"7·21"特大自然灾害、新冠疫情等特别重大突发事件时，由市委、市政府作出处置决定和工作部署，根据需要成立领导指挥机构，加强统一领导、统一指挥，协调中央和国家相关专业应急队伍、专家、驻京部队以及装备、物资等应急资源提供支援。必要时，以市委、市政府名义请示党中央、国务院，经批准后启动首都地区应急协调机制，协调国家有关部门、中央军委办公厅、中央在京单位和周边省区市等方面，共同参与突发事件防范与应对工作。

二、工作机构

市应急委办公室（以下简称市应急办）设在市应急局，根据市应急委的决定，负责规划、组织、协调、指导、检查本市突发事件应对工作及应急管理的预案、体制、机制和法治建设。市应急指挥中心是市应急委的指挥平台。市应急委备份指挥平台设在市人防办。

三、专项指挥机构

市应急委设专项指挥部，包括市群体性事件应急指挥部、市电力事故应急指挥部、市重大网络与信息安全事件应急指挥部、市通信保障应急指挥部、市核应急指挥部、市反恐和刑事案件应急指挥部、市突发事件应急救助指挥部、市空气重污染应急指挥部、市建筑工程事故应急指挥部、市城市公共设施事故应急指挥部、市交通安全应急指挥部、市防汛抗旱应急指挥部、市突发公共卫生事件应急指挥部、市涉外突发事件应急指挥部、市生产安全事故应急指挥部、市森林防火应急指挥部、市人防工程事故应急指挥部、市重大动植物疫情应急指挥部、市消防安全应急指挥部、市地震应急指挥部、市食品药品安全应急指挥部等。市专项指挥部总指挥由分管市领导担任。

四、区及重点地区应急机构

各区建立相应的突发事件应对工作体制机制，成立突发事件应急管理领导机构、工作机构和专项指挥机构。天安门地区管委会、市重点站区管委会、北京经济技术开发区管委会等（以下简称重点地区管委会）可参照设立本地区应急机构。

各区应急委和重点地区管委会在市应急委领导下，参与重大、特别重大突发事件相关应对工作，依法指挥协调或参与本地区各类一般、较大突发事件应对工作。区应急委办公室（以下简称区应急办）设在区应急局，承担区应急委具体工作。

五、基层应急机构

乡镇政府（街道办事处）是应急治理基本单元，应确定应急管理机构，配备专职工作人员，统筹协调相关部门和单位开展风险排查，组建基层应急队伍，具体组织实施本地区各类突发事件应对工作。村（居）民委员会等群众自治组织应明确突发事件应对工作责任人，依法协助政府及有关部门做好突发事件应对工作。其他基层组织和单位在区政府及乡镇政府（街道办事处）指导下开展应急管理工作。

六、重大活动应急机构

重大活动主办或承办机构应依托活动组织体系，明确或设立应急机构，建立突发事件应对工作机制，统筹协调相关部门、有关单位做好重大活动应急服务保障，指挥处置与重大活动直接相关的突发事件。

市、区相关部门按照常态工作体制，统筹做好重大活动期间交通、通信、供水、排水、电力、燃气、热力等城市运行保障，以及社会面突发事件的指挥处置工作。重大活动应急机构应与市、区相关应急机构建立信息互通和协同联动机制，根据需要协调市、区相关应急机构提供支援。

七、各类突发事件负责机构

不同类别的突发事件由不同的部门负责。北京市各类突发事件市级处置主责部门如表3-4所示。

表3-4　北京市各类突发事件市级处置主责部门

灾害类别	序号	突发事件	市级处置主责部门
自然灾害类	1	水灾	市应急局、市水务局
	2	旱灾	市应急局、市水务局
	3	森林火灾	市应急局、市园林绿化局
	4	地震灾害	市应急局、市地震局
	5	突发地质灾害（崩塌、滑坡、泥石流、地面塌陷等）	市应急局、市规划自然资源委
	6	气象灾害（大风、沙尘暴、雷电、冰雹、高温等）	市应急局、市气象局、市园林绿化局等部门
	7	农业植物疫情	市农业农村局
	8	农业领域外来生物入侵	市农业农村局
	9	突发林木有害生物事件	市园林绿化局
事故灾难类	10	危险化学品事故	市应急局
	11	矿山事故	市应急局
	12	建设工程施工突发事故	市住房城乡建设委
	13	火灾事故	市消防救援总队

续表

灾害类别	序号	突发事件	市级处置主责部门
事故灾难类	14	道路交通事故	市公安局公安交通管理局
	15	轨道交通运营突发事件	市交通委
	16	公共电汽车运营突发事件	市交通委
	17	道路突发事件	市交通委
	18	桥梁突发事件	市交通委
	19	电力突发事件	市城市管理委
	20	燃气事故	市城市管理委
	21	供热事故	市城市管理委
	22	地下管线突发事件	市城市管理委
	23	供水突发事件	市水务局
	24	排水突发事件	市水务局
	25	通信网络突发事件 （公网、专网、无线电）	市经济和信息化局、 市通信管理局
	26	信息安全事件	市委网信办
	27	人防工程事故	市人防办
	28	特种设备事故	市市场监管局
	29	辐射事故	市生态环境局
	30	重污染天气	市生态环境局
	31	突发环境事件	市生态环境局
	32	核事件	市国防科工办

灾害类别	序号	突发事件	市级处置主责部门
事故 灾难类	33	民用航空器飞行突发事故	市消防救援总队
公共 卫生类	34	重大传染病疫情（鼠疫、炭疽、霍乱、 非型、新冠肺炎、流感等）	市卫生健康委
	35	群体性不明原因疾病	市卫生健康委
	36	职业中毒事件	市卫生健康委
	37	食品安全事件	市市场监管局
	38	重大动物疫情（高致病 性禽流感、口蹄疫等）	市农业农村局
	39	药品安全事件	市药监局
	40	疫苗安全事件	市药监局
社会 安全类	41	上访、聚集等群体性事件	市委政法委
	42	恐怖袭击事件	市公安局
	43	刑事案件	市公安局
	44	生活必需品供给事件	市商务局
	45	粮食供给事件	市粮食和储备局
	46	能源资源供给事件	市城市管理委
	47	金融突发事件	市金融局
	48	涉外突发事件	市政府外办
	49	民族宗教群体性事件	市民族宗教委、市委政法委
	50	影响校园安全稳定事件	市委教育工委、市委政法委

灾害类别	序号	突发事件	市级处置主责部门
社会安全类	51	新闻舆论事件	市委宣传部
	52	旅游突发事件	市文化和旅游局

第三节 北京市应急物流运行及法规体系

一、北京市应急物流运行体系

北京市应急物流体系是北京市应急体系的重要组成部分，其主要包括应急法规和应急预案组成的应急物流法规体系，北京市交通委、民政局、卫生健康委、粮食和储备局、人防办等市属单位参与的应急物资储备体系和调配体系，北京市突发公共事件应急委员会、专项应急指挥部、区应急委（应急指挥中心）三级应急管理机构组成的应急物流管理机构。此外，通过联动机制建设，国家、周边外省市、北京市辖区军队应急物流体系也为北京市提供应急物流保障，形成了国家统一领导、综合协调、分类管理、分级负责、属地管理为主的应急物流管理体制。北京市应急物流体系框架如图3-2所示。

二、北京市应急物流相关法规体系

北京市应急物流相关法规体系包括国家颁布的指导性法律法规和应急总体预案、北京市颁布的法律法规及预案等。国家法规和预案（如《中华人民共和国突发事件应对法》《国家突发公共事件总体应急预案》等）为北京市制定相应的法规提供了指导性总纲。

北京市依据《中华人民共和国突发事件应对法》颁布了《北京市实施〈中华人民共和国突发事件应对法〉办法》，完善了《北京市实施〈中华人民共和国防震减灾法〉办法》《北京市安全生产条例》《北京市消防条例》等法规规章，形成了应急物流相关法律体系。

北京市依据《国家突发公共事件总体应急预案》等国家级预案体系，建

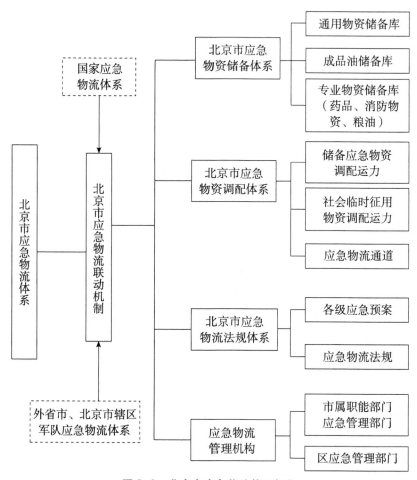

图 3-2　北京市应急物流体系框架

立了包括北京市总体应急预案，专项、保障和部门应急预案及区县总体应急预案，单位应急预案等在内的应急预案体系，如图 3-3 所示。全市共制定各级各类应急预案 48.1 万个。

近年来，国家和地方已经开始推进应急物资储备方面的法律法规进程，北京市先后出台了《北京市储备粮管理办法》《北京市医药物资储备管理办法》《北京市安全生产监督管理局关于加强重点生产经营单位应急物资储备的指导意见》《北京市市级危险化学品事故应急救援物资储备和使用管理办法》等，为应急物资储备规范化管理提供法律保障。

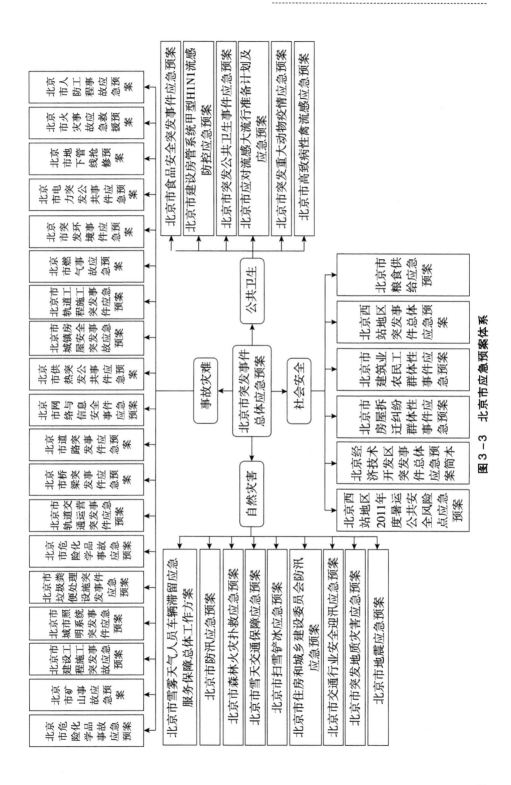

图 3-3　北京市应急预案体系

第四节　北京市应急物流保障体系

一、北京市应急保障预案分类

北京市应急保障预案共分为 8 类，其中涉及应急物流资源保障的主要有市应急局负责的北京市应急物资装备保障预案和市商务局负责的北京市生活必需品市场供应应急预案。北京市应急保障预案分类如表 3-5 所示。

表 3-5　北京市应急保障预案分类

序号	类别	牵头编制部门
1	北京市应急通信保障预案	市经济和信息化局
2	北京市气象应急保障预案	市气象局
3	北京市突发事件应急救助预案	市应急局
4	北京市生活必需品市场供应应急预案	市商务局
5	北京市突发事件交通运输保障预案	市交通委
6	北京市突发事件医学救援预案	市卫生健康委
7	北京市能源供应保障预案	市城市管理委
8	北京市突发事件秩序管控预案	市公安局

二、北京市应急物资保障机制

应急物资保障体系主要解决"谁来储备、怎么储备、储备什么、怎么使用"四个方面的问题，涉及储备责任、储备形式、储备品种和规模、仓储管理、物资调拨及工作保障等内容。

北京市目前建立了平时服务与灾时应急相结合、实物储备与产能储备相结合的应急物资储备保障制度，实现应急物资的集中管理和统一调拨。应急管理部门牵头健全应急物资储备管理制度，制订应急物资储备规划并组织实施，建立统一互联的应急物资信息平台和调拨机制，在救灾时统一调度。

（1）本行业（领域）应急物资保障机制。应急管理、商务、粮食和储备及处置主责部门会同规划自然资源、财政等部门，分别建设本行业（领域）应急物资的监管、生产、采购、储备、更新、补充、调拨和紧急配送体系，确保突发事件应急所需物资的及时供应。

（2）应急物资前期定量规划。经济和信息化、规划自然资源、发展改革、市场监管、商务、科技、财政等部门，按职责做好应急物资相关规划布局、认证审批、建设投产、研发创新、激励扶持等工作，增强多灾巨灾条件下的重要物资快速投产和持续生产能力。市相关部门和有关单位应根据需要，采取产能储备等方式，与有关企业签订合同，保障应急物资的生产和供给。

（3）生活必需品类。应急管理、发展改革、商务、粮食和储备、市场监管、农业农村等部门按照职责分工，负责掌握本市生活必需品市场的总需求、储备和经营库存、生产能力、销售、价格的变化情况，负责应急机制启动后的市场监测和应急方案实施，调动生活必需品大型生产企业、经营企业的现有库存投放市场，组织郊区生产基地和社会商业库存充实零售市场。药监、卫生健康部门负责编制应急药品、物资储备目录和计划，组织落实应急医疗救治基地的应急药品、物资装备，负责应急药品储备和供应。粮食和储备部门负责保障基本生活物资的实物储备。

（4）应急救援保障类。市相关部门和有关单位根据自身应急救援业务需求，按照"平战结合"的原则，配备现场救援和工程抢险装备与器材，建立相应的维护、保养和调用等制度；处置主责部门根据处置需要提出应急物资需求，经分管市领导批准后下达应急物资调拨指令。国务院及其有关部门、其他省区市需要调拨本市应急物资时，由市应急委统一协调。

（5）应急物资补充。市相关部门应充分利用外部资源，积极建立与国家有关部门、部队、其他省区市的物资调剂供应渠道，作为本市应急物资储备体系的有效补充，以备物资短缺时迅速调入。

（6）家庭应急物资。北京市依法推动家庭应急物资储备。必要时，以政府名义向单位和个人征用应急救援所需设备、设施、场地、交通工具和物资，要求生产、供应生活必需品和应急救援物资的企业组织生产，保证供给。

三、北京市应急物资经费保障

应急救灾物资管理经费是指专项用于救灾物资储备管理所发生的仓库租赁费、仓库维护费、物资维护保养费、物资保险费、救灾车辆维护保养和保险费、队伍建设费、接收物资出入库管理费、物资检验检测费、人工费（管理人员工资及保险等费用）、库房防汛费、短途装运费、储备救灾物资所需设备购置及维护保养费等。市级救灾物资管理经费按照实际需求由市民政局提出经费预算，经市财政局审核后列入年度部门预算予以保障；区代储市级救灾物资管理经费按照不超过上年度实际储备物资总金额的8%安排，所需经费由市级财政拨付代储市级救灾物资的区财政；代储中央救灾物资管理经费由市民政局根据财政部和民政部联合下达的额度管理使用。

四、北京市交通运输保障机制

由北京市交通委牵头，民航华北地区管理局、中国铁路北京局等单位配合，建立健全交通运输保障联动机制。突发事件发生后，市交通委、市住房城乡建设委、市城市管理委和市水务局等部门组织专业应急救援队伍，尽快恢复被毁坏的交通干线及有关设施，保障交通路线的畅通。必要时，可紧急动员和征用其他部门及社会的交通设施装备。

市应急办牵头，会同市公安局公安交通管理局、市交通委等部门建立完善应急通行机制。市公安局公安交通管理局负责建立健全突发事件现场的交通管制等保障制度，突发事件发生后，要根据需要开设应急救援"绿色通道"。

第五节　北京市应急物流问题分析

应急物流对保障人民群众生命财产安全、维护社会稳定、提升执政能力发挥了不可替代的作用。目前北京应急物流存在组织"乱"、响应"慢"、资源"缺"、能力"弱"等突出问题，主要体现在以下八个方面。

一、应急物资调度缺乏统筹性

北京市目前的应急物资储备缺乏系统优化和统筹安排，主要表现在以下方面。

一是缺乏统一的组织领导和规划管理，缺乏专门常设的应急物资管理部门，各部门、各行业自成体系，同时缺乏横向部门间的物资交叉配置协调，短期内无法形成应急实践所需的更有效的合力。

二是库点布局不尽合理，库房选址考虑维度不足，仓库设施条件简陋，且仓库容积普遍较小，储备区域布局不够科学合理。

三是应急物资品种覆盖面较窄，储备种类较单一，数量、规格动态调整难度大，重复储备、无序储备情况较为突出。

四是地区区划割裂，物资调度滞后，部门间、地区间、军地间在物资需求变化和运力保障方面，缺乏有效的信息沟通与资源共享，难以形成以统筹规划和动态管理为核心的跨区域应急物资联动机制，未能构建区域应急物资储备安全共同体。

五是缺乏物资轮换退出保障机制，维护保养不充分，信息化管理手段不足等。

二、应急物流基础设施不明确

完善的应急物流基础设施有利于缓解突发事件发生时的物流障碍，是突发事件发生时的物资流动保障，北京市整体物流发展较快，但并没有明确的应急物流设施基础，缺乏交通运输应急保障队伍和紧缺物资运输快速通道。

一是基于历史原因，部分现有设施存在土地性质不符合规划、证照不齐、消防隐患等问题。

二是现有物流设施多为传统型设施，部分物流设施老化，现代化物流设施存量不足。

三是干线运输与末端配送衔接不畅，运输通道应急能力总体偏弱，易导致干线运输拥堵、末端分拨迟缓的混乱局面。

四是应急仓储、转运设施建设滞后，应急保障能力不强，无法按需进行应急物资的分类包装、标识设置、集配装箱。

三、应急物流配送缺乏系统性

新冠疫情集中暴发后，城市应急物资呈现大批量集中到达、需求量大、需求紧急、多品类、多货主、点多面广、需求难以预测等特点，北京应急物流配送系统暴露出以下问题。

一是缺乏专业的物流组织，目前的城市应急物流配送自发而混乱，各自为政，缺乏统一、有序、协调的调配组织。

二是社区缺乏必要的全流程运作资源，社区具备的物流资源并不能满足服务需求，需要必要的产业运作资源作为承载基础。

三是相关物流活动的公共服务属性需要进一步规范。政府机构在社区封闭管理的成本问题上面临巨大的压力，在某些方面需要得到居民的支持和协助，希望在合理的范围内由其负担必要的保障费用，希望通过参加资源服务活动等降低社区整个运营成本，丰富服务内容，进一步提高防护工作的居民参与度，形成广泛的群防群治基础，进而推动防控工作走向深入。

四是物流服务的质量缺乏统一的标准，在社区封闭管理过程中，由于社区居民准备不足，思想认识也存在不统一的情况，因此对应急类物流服务质量有着较大的差异化认识，给社区应急服务管理带来了较大的挑战。

四、现有运行体制机制不完善

近年来，北京市应急物流体制机制不断完善，已经取得一定成效，但在实际运行中仍存在不完善之处，主要体现在指挥调度、资源配置和储备、协调联动以及基层应急能力建设等方面。首先，在统一指挥调度方面，虽然建立了市应急物资保障联席会议制度，但缺乏高效、常设的综合指挥平台，导致突发事件发生后响应不及时或资源调度不灵活。其次，在资源配置和储备方面，虽然提出了分级和多元化储备的概念，但实际执行中面临储备不足、布局不合理等问题，尤其在街道（乡镇）一级，储备能力较弱，无法快速应对需求。此外，现有储备模式依赖政府主导，社会资源动员机制不完善，影响资源的快速调配。再次，部门间的协调联动机制有待加强，虽然联席会议制度明确了市、区、街道三级的职责，但信息共享和协同响应能力不足，特别是在跨区域突发事件中，与周边省市的资源共享机制尚不健全，京津冀协同应对中，物资调配等环节的整合效率仍需提高。最后，基层应急能力和公众参与度较低，虽然基层应急物资管理能力和专业力量有所发展，但基层单位的应急响应能力仍较为薄弱，而且防灾减灾宣传和演练的普及不足，影响社会整体的应急意识和参与程度，制约了城市抗风险能力的提升。

五、应急物流管理政策保障缺失

应急物流的顺利运作，需要多方主体有效配合，需要基础设施和人员等多重保障，易受人员管控、交通管制等政策的影响。在宏观方面，目前我国应急物流可依据的法规分散于国家的应急管理法规体系中，呈现碎片化特点，同时仍存在空白，立法层次低，缺乏整体规划，许多应急法案都是紧急情况下的产物，不同法规之间缺乏目标一致性考虑，甚至还存在冲突，缺少根本性的应急物流法规作为参考及指导。在微观方面，应急物流的配套政策严重不足，严重影响应急物流的有效开展。

六、应急物流技术装备相对落后

北京市目前缺乏重型、两栖等特种应急物流载运投送装备和全地形、野战化、高速化的装卸搬运机械设备，应急物资的组配、包装、标识等技术水平也较低，区块链、物联网、无人化、大数据、5G、无线射频识别、卫星定位导航等先进技术在应急物流中的应用不够。

七、应急物流人才队伍建设滞后

应急物流作为特殊的物流活动，其有效组织涉及跨地区甚至跨国界的诸多管理部门，需要政府、军队、企业、基层社区组织以及人民群众的广泛参与，具体运作又涉及应急物资的管理、运输、配送等多个环节，同时大量紧迫的工作推进容不得丝毫懈怠，而临时应急办公小组由于缺乏专业的应急物流管理人员，缺乏专职或兼职的应急物流专家顾问，很难进行科学统筹规划、统一调度，从而使应急物流效率、保障水平、可靠性大打折扣。北京市目前尚未建立统一指挥调度的应急物流企业队伍，应急物流力量调用缺乏必要的法规保障和预案支持，缺少鼓励引导物流企业积极参与的经济补偿机制；同时应急物流专家资源整合不够，在辅助决策、专家咨询等方面尚未形成合力；最后志愿者力量运用研究不够，配套保障和对接措施不够得力，缺乏有效的应急培训机制和整合调用预案。

八、应急物流信息平台亟须建设

应急物流信息平台是物流高效运作的重要保障。完善的应急物流信息平台应包括物资需求信息平台、物流资源信息平台、通道以及运输信息平台等。北京市物流业信息化快速发展，行业内各部门、各企业、各类别的信息平台不少，然而由于缺乏可供应急物流运作调度的官方专用信息平台，所以只能各自为战。应急管理部门无法通过信息系统及时了解和掌握应急物资的来源、需求和供给，以及运力的数量和能力等信息，无法对物资运输做到实时性掌控，难以做出正确的应急物流决策，导致物资供应、调度、配送流程效率低下。

第六节　新形势下对北京市应急物流质量能力的新要求

随着经济的快速发展、新产业新业态的不断涌现、气候及环境的变化，自然灾害和事故灾难等突发事件发生的非常规性、偶然性不断增强，各种风险隐患交织并存。北京作为首都，加强"四个中心"功能建设，提升"四个服务"能力水平，以及超大城市安全治理等迫切需求，对应急物流质量能力提出了新的更高要求。

一、发展形势

从国际环境看，当今世界正经历百年未有之大变局，国际环境日趋复杂，不稳定性、不确定性明显增加，经济全球化遭遇逆流，单边主义、保护主义、霸权主义上升，世界进入动荡变革期，新冠疫情影响广泛深远，国际发展具有多种不确定性。在多重危机下，应急物流保障社会经济生活正常运行的作用尤为重要，当前国际环境的变化及其发展趋势既为应急物流发展带来严峻挑战，同时也提供了新的机遇。

从国内形势看，我国已转向高质量发展阶段，制度优势显著，治理效能提升，经济长期向好，物质基础雄厚，人力资源丰富，市场空间广阔，发展韧性强劲，同时发展不平衡不充分问题仍然突出。当前，应急物流在国内各种突发事件中起到了重要的保障作用，完善应急物流体系建设已成为国内各省份及地区塑造新一轮竞争优势的重要共识和举措。

从地区形势看，《北京市"十四五"时期应急管理事业发展规划》明确了北京市应急物流发展未来的奋斗目标，北京市应急物流体系建设站在了新的历史起点上。北京市多措并举，完善首都应急物流体系，针对自然灾害、重大突发公共卫生事件、重大安全事故等紧急情况，推进建立应急物流的分级响应和保障体系，统筹利用国家储备资源和网络，鼓励发挥好行业协会、骨干企业的组织协调能力和专业化优势，积极提高包括快速运转、冷链物流在内的应急物流的快速响应和保障能力，北京市应急物流发展进入了新阶段。

面对新形势、新挑战、新任务和新要求，北京市要切实增强责任感和使命感，认真落实习近平总书记关于应急物资储备保障工作的重要指示要求，深刻分析北京市面临的风险和挑战，坚持底线思维，保持战略定力，进一步提高北京市应急物流整体能力，为推动首都新发展、加强"四个中心"功能建设、提升"四个服务"能力水平提供安全保障基础。

二、技术应用

北京市应急物流的发展要抓住科技革命和数字产业历史机遇，深刻认识全球科技革命及国际产业变革新趋势，以全球视野和未来格局统筹规划，借助人工智能、物联网、5G 等技术的快速发展和融合应用，推动应急物流绿色化、智慧化发展。顺应绿色生产生活发展趋势和推进碳达峰、碳中和需要，把绿色发展理念贯穿到应急物流体系的建设中，以数字化转型整体驱动应急物流运行管理和治理方式变革，提升行业绿色智慧发展水平。促进大数据、云计算、5G 等新一代信息技术智能化设施设备与应急物流活动的深度融合，充分发挥智慧物流在提高应急物流保障能力等方面的重要作用，为北京市应急物流的高质量发展提供有力支撑。

三、绩效标准

应急物流的种类是多种多样的，比如地震、泥石流、山体滑坡、冻雨等自然灾害的应急物流；新冠肺炎、禽流感等这样的疾病应急物流。考虑各种类型灾情的发生情况，对应急物流绩效设立综合能力的评价，具体衡量指标如下。

1. 协调能力
在公共突发事件的紧急状态下产生的应急物流需求，必定要求政府建立相应的指挥机构和运作系统，对各种国际、国内资源进行有效协调和调用；组织筹措、调拨应急物资、应急救灾款项；根据应急物流需要，紧急动员相关生产单位生产应急救灾物资；采取一切措施协调、疏导或消除不利于灾害处理的人为因素和非人为因素障碍。衡量指标具体包含指挥协调水平和指令执行反应时间、灾害的预报预测与研究、灾情的收集处理和公布、应急物资的需求预测、应急物资的运输与配送、灾情的应对和处理、应急救灾工作的总结和研究、行使应急法律法规赋予的其他权利。

2. 经济效益

具体包含单位救灾成本控制、应急物流成本、物资存储成本、运输成本、装卸搬运成本、仓储成本、包装成本、订单处理成本、信息处理成本等。

3. 安全可靠

突发事件往往会对社会造成较大的影响，因此应急物流比常态物流更为紧迫，故而在追求快速响应的同时，必须确保安全可靠。安全可靠主要通过应急物资安全性、应急数据安全、应急物流相关人员安全培训及事故预防、准时装运率、准时交货率、订单完成率、库存准确率等因素衡量。

4. 智慧绿色

顺应碳达峰及碳中和要求，北京市应急物流体系的建设要注重智慧绿色化发展，主要包括先进技术的应用、绿色技术的应用、无纸化少纸化办公、数据平台的搭建、信息互联程度等。

四、目标确立

到 2025 年，北京市覆盖全行业全领域、符合首都实际、统一管理的专业应急物流体系初步建成，基本能够满足本市发生重大自然灾害和事故灾难后开展应急救援和受灾人员救助工作的需要。应急物流体系在全市应急管理体系中的作用凸显，抵御极端风险的基础更加牢固，保障效率效能大幅提升，支援外省区市的能力进一步提升。

到 2035 年，北京市突发事件处置和应急救援能力全面提升，基层应急救援能力显著增强，社会应急力量规范化建设水平进一步提高，应急准备、综合防范、快速反应、社会参与、巨灾应对和科技支撑等应急能力不断提升，应对处置重特大突发事件的整体效能持续提高。

第四章　北京市应急物流需求及服务需求预测

针对北京市"四个中心"发展战略对高品质应急响应的要求，对北京市应急物流服务需求预测和目标匹配进行研究。首先，明确北京市救灾备灾服务的需求和应对特征，对灾害的种类等进行科学分析。其次，结合已有样本资料，对救灾物资应急物流需求进行预测，制定与之相适应的应急物流系统目标。

第一节　应急物流需求预测方法综述

需求预测可使用的方法很多，如定性预测法、时间序列预测法、回归分析预测法、案例推理预测法、组合预测法等。每一类方法对长期和短期预测的准确性不同，预测方法所使用的历史数据、专家意见或调查问卷等逻辑基础不同，定量分析的复杂程度也不同。

一、定性预测法

定性预测法是预测者根据对历史与现实的观察资料，运用个人或集体的经验及智慧，对未来的发展状态和趋势作出判断的预测方法。定性预测法的优点是能够较大程度地发挥人的主观能动作用，简单迅速，省时省力，具有较大的灵活性；其缺点是由于较为依赖人的经验和主观判断能力，从而易受人的知识、经验和能力的多少大小的束缚和限制，尤其缺乏对事物发展做数量上的精确描述。常用的定性预测法有一般调查预测法、集体意见预测法、头脑风暴预测法、德尔菲预测法、情景分析预测法、推断预测法及交叉影响分析预测法等。

二、时间序列预测法

时间序列预测法是以连续性预测原理为指导，利用历史观察值形成的时间数列，对预测目标的未来状态和发展趋势作出定量判断的预测方法，如某段时间内某种物资消耗量按时间顺序的统计数据。此方法的优点在于：首先，不需要了解预测目标的影响因素，它认为所有的影响因素都归在时间序列的波动之中，即对历史数据的收集和整理的工作量远小于回归模型；其次，预测模型考虑的因素较为简单，即为预测目标与时间的关系，短期预测精度较高。缺点在于：无法揭示系统内各因素之间的关系，仅将时间作为预测目标的影响因素。但预测的目的是在了解未来的基础上，对系统进行规划和控制，控制系统的发展必须了解影响系统发展的主要因素，而时间序列预测法不具备此项功能。适用范围：一是预测目标相关因素的历史数据难以收集的情况，二是仅需要了解预测目标的发展历史，三是预测目标的历史数据较完整时。时间序列预测法根据采用的工具和手段的不同可分为移动平均预测法、指数平滑预测法、趋势外推法、灰色预测法、神经网络预测法等。

（1）移动平均预测法。

移动平均预测法是从计算平均值的基础上演化而来，根据时间序列资料逐项推移，依次计算包含一定项数的时序平均数以反映长期趋势的方法。当时间序列的数值受周期变动和不规则变动影响，不易显示出发展趋势时，可用移动平均预测法消除这些影响来预测序列的长期趋势。由于简单移动平均预测法和加权移动平均预测法在时间序列出现直线增加或减少的变动趋势时，预测结果存在滞后偏差，因此，可通过二次移动平均进行修正，利用移动平均滞后偏差的规律来建立直线趋势的预测模型，即趋势（二次）移动平均预测法。

趋势（二次）移动平均预测法的形式为

$$\begin{cases} \hat{y}_{t+T} = a_t + b_t T \\ a_t = 2M_t' - M_t'' \\ b_t = \dfrac{2}{n-1}(M_t' - M_t'') \\ M_t' = \dfrac{y_t + y_{t-1} + \cdots + y_{t-n+1}}{n} \\ M_t'' = \dfrac{M_t' + M_{t-1}' + \cdots + M_{t-n+1}'}{n} \end{cases} \tag{4-1}$$

式（4-1）中，t 为当时期数（本期）；

T 为由 t 至预测期的时期数（本期到预测期的间隔数）；

a_t 为截距；

b_t 为斜率，a_t、b_t 又称为平滑系数；

M_t 为第 t 期的一次移动平均数，该值有时可作为下一期的预测值；

M_t'' 为第 t 期的二次移动平均数；

n 为移动平均值的跨越期数。

利用趋势（二次）移动平均预测法进行预测，不仅可进行近期预测，还可进行远期预测，但一般远期预测误差较大。在利用趋势（二次）移动平均预测法进行预测时，时间序列一般要求具备较好的线性变化趋势，否则预测误差会较大。该方法有两个不足：一是存储数据量较大，二是对最近的 n 期数据等同看待，而对 $t-T$ 期以前的数据完全不考虑，这通常不符合实际情况。

（2）指数平滑预测法。

指数平滑预测法是移动平均预测法的一种，只是会赋予过去的观测值不一样的权重，较近期观测值的权重比较远期观测值的权重要大，是短期预测中的一种有效方法。该方法较为简单，仅需较少的数据量就可连续使用，预测结果也较为精确，当预测数据发生根本性变化时可进行自我调整。

以一次指数平滑预测法为例，其模型为

$$\begin{cases} \hat{y}_{t+1} = \alpha y_t + (1 - \alpha)\hat{y}_t \\ \hat{y}_1 = S_0^{(1)} \end{cases} \tag{4-2}$$

式（4-2）中，$S_0^{(1)}$ 为一次指数平滑初始值，数据在 20 个以上时，选用第一期数据为初始值；数据在 20 个及以下时，一般以最初几期实际值的平均值作为初始值。$\alpha(0 \leqslant \alpha \leqslant 1)$ 为指数平滑系数，若时间序列波动不大，则 α 应取小一些，如 $0.1 \sim 0.3$；若时间序列具有迅速且明显的变动倾向，则 α 应取大一些，如 $0.6 \sim 0.8$。通常，多取几个不同的 α 值，试算取精度高者。$\hat{y}_t$、$\hat{y}_{t+1}$ 为第 t、$t+1$ 期预测值。

当时间序列的变动具有直线趋势时，用一次指数平滑预测法会出现滞后偏差，此时若平滑链较长可采用二次指数平滑预测法；若时间序列的发展呈现二次曲线趋势，则需采用二次曲线模型（三次指数平滑预测法）进行预测；三次指数平滑预测法几乎适用于所有情况。

（3）趋势外推法。

趋势外推法是根据事物的历史和现实数据，寻求事物随时间推移而发展变化的规律，从而推测其未来状况的一种常用的预测方法。其适用的假定条件是：事物的发展过程无跳跃式变化，即事物的发展变化是渐进性的；所研究系统的结构、功能等基本保持不变，即假定根据过去的资料建立的趋势外推模型适合未来，能代表未来趋势变化的情况。实际预测中最常用的函数模型有指数曲线预测模型、生长曲线预测模型。许多系统的特征数据序列，如反映技术进步或经济增长的时间序列数据，在其未达到饱和状态之前的成长期内，往往遵循指数曲线增长规律。因此，对发展中的事物可考虑用指数曲线进行预测，指数曲线预测模型为

$$\hat{y}_t = ae^{bt}, \ a > 0 \qquad (4-3)$$

式（4-3）中，a、b 均为待定参数，可通过最小二乘法求得，e 为自然对数，约为 2.718。

趋势外推法的主要优点是可以揭示事物发展的未来，并定量地估价其功能特性。趋势外推法比较适合中、长期新产品预测，要求有至少 5 年的数据资料。

该方法的缺点是：预测值随着时间推移无限增大，这与任何事物的发展有限度且不可无限增长的实际情况不相符。

（4）灰色预测法。

灰色预测法是指通过对原始数据的处理和灰色模型的建立，发现和掌握系统发展规律，并对系统的未来状态作出科学的定量预测的方法。运用灰色系统理论预测分析可以将一组规律性不强或毫无规律可循、杂乱无章的原始数据序列通过一系列数据生成方法（遗传因子累加法、直接累加法、自适性累加法、加权累加法、移动平均法等），变得有章可循，具有明显的规律性，从而使数学界一直认为不能解决的微积分方程建模问题得以解决。它可分为五类，即灰色数列预测、灾变预测、季节灾变预测、波形预测和系统预测，主要通过五步建模建立系统模型，依次是语言模型、网络模型、量化模型、动态模型和优化模型。建立灰色模型的条件有：序列非负性，序列动态随机性，序列反映能量系统内在规律的有用信息。GM（1，1）模型是应用最多的灰色预测模型，该模型求解微分方程 $\dfrac{dX^{(1)}}{dt} + aX^{(1)} = \mu$。

其预测模型的一般形式为

$$X^{(1)}(k+1) = \left[X^{(0)}(1) - \frac{\mu}{a} \right] e^{-ak} + \frac{\mu}{a} \qquad (4-4)$$

式（4-4）中，$X^{(1)}$（$k+1$）表示在任何一个时间点 $k+1$ 的累加数据值；$X^{(0)}$（1）是初始数据值；$k=1, 2, \cdots, n$，表示各个时间点；a 主要控制系统发展态势，叫作发展系数；μ 的大小反映数据变化的关系，被称为灰色作用量。

GM 模型的适用范围较大，是处理小样本预测问题的有效工具，可以对研

究对象做长期的、连续的、动态的反映，其应用不需要大量的样本；样本不需要有规律性分布；可用于近期、短期和中长期预测；预测精度较高。但该预测方法也存在不足之处：它不考虑系统的内在机理，有时会出现较大的错误，因此，对于内在机理明确的系统，一般不建议使用灰色预测模型。

（5）神经网络预测法。

该方法是由大量具有自适应性的处理单元（神经元）广泛并行互联而成的网络，是对人脑的抽象、简化和模拟，反映人脑的基本特性，不但具有处理数值的一般计算能力，而且具有处理知识的思维、学习和记忆能力。其数学模型为

$$O_j(t) = f\left\{\left[\sum_{i=1}^{n} w_{ij}x_i(t)\right] - T_j\right\} \tag{4-5}$$

式（4-5）中，x_1，x_2，$\cdots$，x_n 为一组输入信号，$x_i(t)$ 表示 t 时刻神经元 j 接收到的来自神经元 i 的信息输入，w_{ij} 是神经元 i 到 j 的权值，T_j 是神经元 j 的阈值，$O_j(t)$ 表示 t 时刻神经元 j 的信息输出。神经网络预测法的神经网络有很强的非线性拟合能力，可映射任意复杂的非线性关系，且学习规则简单，便于计算机实现，同时具有很强的鲁棒性、记忆能力、非线性映射能力以及强大的自学习能力。但不能解释自己的推理过程和推理依据；不能向用户提出必要的询问，数据不充分时，神经网络无法工作；把一切问题的特征都数字化，推理都变为数值计算，导致结果丢失信息。

三、回归分析预测法

回归分析预测法是因果关系预测法的一种。根据影响因素的多少，回归模型可以分为一元回归和多元回归；根据影响因素与预测目标之间的关系，可分为线性回归和非线性回归。通常，通过分析事物内部特性来选择其适合的回归模型，也可以根据散点图观察曲线变化的大致形式和趋势。例如，一些自然灾害可根据受灾人口、直接经济损失、受灾面积、灾害强度等建立回归预测模型，计算出相应应急物资需求量。回归分析预测法包括三个步骤：建立回归模型、回归方程的显著性检验、利用回归方程进行预测。大多数的非线性回归问题都可转化为线性回归的问题进行处理。

多元线性回归模型的一般形式为

$$y = a_0 + a_1x_1 + a_2x_2 + \cdots + a_mx_m + \mu \tag{4-6}$$

式（4-6）中，y 为多元回归的因变量；a_0 为参数；a_1，a_2，$\cdots$，a_m 为回

归系数，表示当其他自变量不变时，该自变量变化一个单位而使 y 平均变化的量；μ 表示随机误差。回归参数一般使用最小二乘法进行确定。

四、案例推理预测法

案例推理预测法源于认知科学中记忆在人类推理活动中所扮演的角色，传统的基于规则的系统在知识的获取问题上存在困难，不能做事例的例外处理，整体性能十分脆弱。基于事例推理降低了知识获取的难度，不需要得出规则那样准确的知识，还可学习正反两面的经验。回归分析和时间序列等常规需求预测方法本质上是基于规则的推理技术，通常适用于连续性、平稳性的需求预测，而案例推理预测法可有效解决传统预测方法遇到的困难，对应急需求预测这类非结构化、缺乏领域知识的问题较为有效。案例推理预测法另一重要的优点是能模拟人的联想、直觉、类比、归纳、学习和记忆等思维过程对问题进行求解和决策，便于从知识的积累中进行学习而不断完善。基于事例推理技术的逻辑示意如图4-1所示。

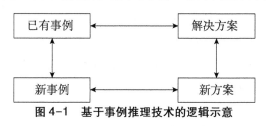

图4-1　基于事例推理技术的逻辑示意

根据类比原理可知，通过寻找相似案例来预测救援物资需求量是一种可行方案。案例推理预测法是目前人工智能中一种比较新的推理方法，它是通过对以往发生过的灾害进行总结，从而组成一个案例数据库，在新的灾害发生后，通过搜索数据库来寻找最相似的案例从而推理出目前问题的解决方法。一般，案例推理预测法的过程可细分为以下六个步骤：事例检索、提出初始解、整理/证明、评论、评价和事例储存。

五、组合预测法

组合预测就是设法把不同的预测模型组合起来，综合利用各种预测方法所提供的信息，以适当的加权平均形式得出组合预测模型。不同的定性预测方法或定量预测方法各有优点和缺点，它们之间并不是相互排斥的，而是相互联系、相互补充的。由于每种预测方法利用的数据信息不尽相同，不同的预测方法从不同角度挖掘各方面的有用信息。在预测的过程中，若认为某个单项预测方法的预测误差较大，就把该种预测方法弃用，可能会造成部分有用信息的丢失，使预测精度受到影响。若只用一种预测方法进行预测，则这种方法适当与否十分重要，决策失误的风险较大。在预测实践中，把多种单项预测方法正确地结合起来使用，会使得组合预测结果对某个较差的预测方法不太敏感。组合预测法最主要的特点是能最大限度地使用较多信息，以防止差错，消除虚假现象和避免不合理的假设。组合预测法最关心的问题是如何求出加权平均系数，使组合预测模型更有效地提高预测精度。

（1）基本模型的建立。

组合预测法定理认为：即使是一个很差的单项预测方法，若它含有待预测系统的独立信息，当它与一种较好的预测方法进行组合后，完全有可能提高系统的预测能力。其基本模型如下：

设对同一预测对象，有 n 种预测模型，则由这 n 个单一预测模型构成的组合预测模型为

$$\hat{y}_t = \sum_{i=1}^{n} \omega_i \hat{y}_u \tag{4-7}$$

式（4-7）中，$\hat{y}_t$ 为 t 时期预测模型的预测值；$\hat{y}_u$ 为 t 时期第 i 个预测模型的预测值（$i = 1, 2, \cdots, n$）；ω_i 为第 i 个预测模型的权系数，且 $\sum_{i=1}^{n} \omega_i = 1$，（$i = 1, 2, \cdots, n$）。

（2）权重系数的确定。

由统计学可知，$\hat{y}_u$ 作为第 i 个单一预测模型的预测值，只要能通过各自的统计检验及有关的合理性检验，即可求得。组合预测方法的关键在于确定组合权系数。目前关于权系数的定量计算有平均值法、标准差法等。

①平均值法。取 $\omega_i = \dfrac{1}{n}$（$i = 1, 2, \cdots, n$）。平均值法对所有参与组合的模型一视同仁，此方法是一种较为简单的方法。在难以判定各个模型优劣的情形下，通常采用平均值法。

②标准差法。取 $\omega_i = \dfrac{s - s_i}{s} \cdot \dfrac{1}{n-1}$，$s = \sum_{i=1}^{n} s_i$（$i = 1, 2, \cdots, n$），其中，$s_i$ 为模型 i 的标准差。标准差法对标准差最小的模型赋予最大的权重，把模拟效果的优劣作为取舍的标准。由标准差法所得的组合预测结果的标准差小于任一单个模型的标准差。

预测方法对比如表 4-1 所示。

表4-1 预测方法对比

对比项		指数平滑预测法	趋势外推法	灰色预测法	神经网络预测法	回归分析预测法	案例推理预测法
特点		根据过去相关的历史数据，只考虑随时间的变化规律，预测未来的情况	把时间序列作为随机变量，利用过去和现在的数据找到适合的函数曲线，预测或推断未来的情况，是类比推理的一种特殊应用	根据惯性原理，通过对已知和未知信息的关联分析，对原始数据进行处理，通过寻找规律生成有较强规律的数据序列，再通过模型预测未来发展的趋势	通过分析确定影响人口伤亡的主要因素，并将这些因素作为输入人神经元，伤亡人数作为输出神经元，经过网络训练和模拟仿真，构建人口伤亡预测模型，对人口伤亡展开动态预测	根据历史数据建立因变量与自变量之间的因果关系和伴随关系，通过相关分析预测未知的变化情况	根据类比原理可知，通过对过去发生的灾害进行分析总结，建立新的灾害数据库，当灾害发生后，通过与案例数据库的对比，找到最相似的案例从而对应急需求进行预测
时间范围		短期	中期、长期	近期、短期、中长期	短期、中期	短期、中期	短期
主要的相关因素		时间	时间	快速搜集的灾情信息	通过相关分析得到	通过相关分析就得到	通过以往案例得到
预测速度		计算过程复杂烦琐，耗时较长	类比的速度决定了预测的速度	预测速度受灾情信息获得速度的影响	需经过多次训练	计算简单，很快就可得到预测结果	案例的搜索和对比分析需要时间，相对较快
预测的精度		不高	不高	高	较高	较高	不高

续表

对比项	指数平滑预测法	趋势外推法	灰色预测法	神经网络预测法	回归分析预测法	案例推理预测法
适用范围	适用于利用简单统计数据预测研究对象随时间变化的趋势，适用于应急物资的储备管理	时间序列数据呈有特定走势，点图有特定走势	适用于时间序列呈数形式，且能获得少量的信息	适用于复杂的、非线性的预测	适用于各因素之间有相关关系的预测	适用于有大量案例存在的情况
需要做的工作	需要搜集因变量的历史数据资料	搜集因变量的数据资料	需要快速获得次区的少量信息	需确定相关因素并明确输入、隐含，和输出神经元	需搜集历史数据，并做相关性分析	需要累积大量以往发生的案例数据，以形成案例数据
优点	简单的数理统计，预测速度较快	类比速度较快	所需预测信息较少	适用于对非线性和不确定性的预测	计算简单，速度比较快	直接通过对比得到预测结果，速度比较快
缺点	1. 不适合复杂的数据预测 2. 计算过程复杂，耗时长 3. 需要因变量的历史数据作为预测基础	1. 搜集较多的数据资料才能获得散点图 2. 预测精度不高	1. 限于指数数列时间序列的预测 2. 预测要以前期的数据作为基础 3. 不适用于黄金数据期的预测	需要经过多次演练，对运算速度要求高，预测存在一定的误差	预测存在一定的误差	1. 需要积累大量的案例数据，没有数据就缺少了对比对象，影响预测的精度 2. 很难找到相似度较高的案例，影响预测的精度 3. 可能会去其他非相似案例中有价值的信息

第二节　北京市突发事件损失情况与应急物资分类

一、北京市突发事件损失情况

（一）自然灾害损失情况

北京市占地 16410 平方公里，共辖东城、西城、朝阳、丰台、石景山、海淀、门头沟、房山、通州、顺义、昌平、大兴、怀柔、平谷、密云、延庆 16 个市辖区，165 个街道、143 个镇、30 个乡、5 个民族乡（合计 343 个乡级行政单位）。根据第七次人口普查数据，北京常住人口约为 2185.8 万人。近年来北京市自然灾害、卫生事件、安全事故灾害以及社会性安全事件等突发状况的发生频率越来越高，暴雨、冰雹、沙尘暴等自然灾害尤为显著。这对北京市人们的生活安定造成了严重威胁，部分损失情况如表 4-2 所示。

表 4-2　北京市近年来部分自然灾害损失情况

时间	灾害类型	损失情况
2002 年 6 月 4 日	暴风雨、冰雹	延庆县①旧县镇遭到暴风雨的袭击，夹带着冰雹的暴风雨使当地 5 个村庄的农作物受灾。据统计，此次降雹导致当地 7011 亩农田受灾，严重受灾面积达 3000 亩，农田积水严重。延庆县农村工作委员会统计的灾情报告中显示，此次雹灾使农田减产 10%，直接粮食损失 66 万公斤，旧县全镇直接损失为 119.55 万元
2002 年 8 月 4 日	冰雹	北京通州出现大雨冰雹，此次灾害造成 3 人死亡，1 人重伤，30 间公私房被毁，城区内 733 棵树木被刮倒，各项经济损失共计 2 亿多元
2004 年 6 月 21 日	冰雹	北京通州遭遇冰雹袭击，使当地农作物造成了约合 989.3 万元的经济损失
2005 年 5 月 31 日	冰雹	北京市大部分地区遭遇冰雹袭击，持续时间多为十几分钟。据北京市民政局统计，全市受灾区主要有门头沟、通州、大兴、房山、平谷和怀柔，其中以房山和大兴最为严重。据各区县上报的数据，全市农作物受灾面积达 13374 公顷，受灾人口 87666 人，造成直接经济损失 4815.5 万元

---

① 2015 年 11 月，撤销延庆县，设立延庆区。

续表

时间	灾害类型	损失情况
2012 年 7 月 21 日	暴风雨	北京遭遇了极为罕见的特大暴雨,北京市区多处被淹,山区山洪暴发,最终造成至少 79 人遇难,造成房屋倒塌 10660 间,超过 160.2 万人受灾,经济损失 116.4 亿元
2014 年 6 月 26 日	冰雹	北京通州区遭遇暴风冰雹天气袭击,局地最大风力达到了 12 级,导致当地村庄断电、断路,京津城际高铁停运,还有 5400 多棵树木被刮倒,农田受损面积 10220 亩,2000 多户房屋受损
2014 年 11 月 19 日	天然气泄漏	北京通州区新华大街与吉祥路路口,因施工造成天然气管道泄漏起火。北京消防总队调集 29 部消防车、200 余名官兵到场处置,10 小时成功扑灭火灾,31 小时艰苦作战恢复了天然气设施,保证 10 余万人正常使用天然气
2015 年 4 月 15 日	沙尘暴	平均风力达到 6~7 级,阵风 9 级。多个监测站点 PM_{10} 小时浓度超过 1000 微克/立方米,达到重度污染
2015 年 8 月 18 日	冰雹	西集镇沙古堆村近 3000 亩农作物受损严重,雹灾共致 200 余名村民受灾,几乎家家处于绝收状态。初步估算,每亩地损失 15000 元左右,平均每户受灾近 20 万元
2016 年 7 月 1 日	冰雹	大兴、房山遭遇冰雹袭击,农作物受损较重。据大兴区政府统计,该区成灾面积 15.48 万亩,经济损失达 3.17 亿元。房山区琉璃河镇韩营村受灾玉米 800 亩,果树 500 亩
2017 年 5 月 5 日	大风	北京佛爷顶、怀柔、石景山、昌平、通州、大兴、朝阳等多地风力达 9 级。受大风影响,北京市昌平区霍营街道小辛庄村西口,一家圆通快递院内的围墙发生倒塌,导致多辆车被压,1 人死亡
2018 年 7 月 26 日	地裂缝	通州区宋庄镇发生地裂缝现象,部分村庄房屋、道路、桥梁、地下管线等工程设施遭到破坏,无人受伤
2018 年 8 月 17—19 日	暴风雨、风雹	通州区全区共接到暴雨导致警情 95 起,出动消防车 108 辆次。救援官兵 648 人次,累计排水约 3.1 万吨。永顺镇淘乐思幼儿园积水,有人员被困,共疏散人员 70 名(包括老师 55 名,学生 15 名)。全区备勤 24869 人,各类车辆、排水设备等 2676 台(套),大中型作业灯 562 个。通州区 600 余人受灾,农作物受灾面积 30 余公顷,直接经济损失 40 余万元

时间	灾害类型	损失情况
2019 年 7 月 4 日	暴风雨、风雹	北京通州区马驹桥镇姚辛庄等 9 个村受暴雨大风影响,造成不同程度房屋受损,以及供气、供电等设施损毁
2021 年 3 月 15 日	沙尘暴	北京市 PM$_{10}$ 浓度显著升高,出现沙尘暴天气。根据北京市生态环境监测中心监测数据,大部分地区 PM$_{10}$ 浓度超过 2000 微克/立方米,海淀四季青站达 3572 微克/立方米。大部分地区能见度 300~800 米
2022 年 2 月 3 日	地震	北京市朝阳区发生 2.7 级地震,震源深度 21 千米,震中位于北纬 39.98 度、东经 116.52 度
2023 年 8 月	洪涝灾害	北京市遭受了历史罕见的特大暴雨灾害,由台风"杜苏芮"引发,导致 33 人遇难,18 人失踪,包括 5 名因抢险救援牺牲的人员。此次洪涝灾害共造成近 129 万人受灾,房屋倒塌 5.9 万间,严重损坏房屋 14.7 万间,农作物受灾面积达 22.5 万亩

(二) 公共卫生事件损失情况

北京市至今有两次大型突发公共卫生事件,两次事件都具有危害大、波及范围广等特点,给民众带来严重的生命安全威胁,给国家带来严重的经济损失。2020—2023 年新冠疫情给北京市社会经济发展带来重大损失。

1. 社会消费品零售总额和服务业

一是零售额下降。2022 年上半年,北京市社会消费品零售总额同比下降 7.7%。尤其是在 5 月和 6 月,北京市实施严格的封控措施,造成部分零售商和购物中心的关闭,消费者的购买力明显下滑。

二是餐饮业收入锐减。根据北京市商务局的数据,新冠疫情防控期间,餐饮业收入下降 20%~30%。以 2022 年为例,1—5 月,北京市餐饮业收入累计减少达 280 亿元,同比下降幅度超过 20%。

三是旅游和酒店业。北京市作为热门旅游城市,在疫情的影响下,酒店入住率从疫情前的 70% 左右大幅下降至不到 30%,旅游相关行业（如旅行社和导游服务）收入锐减。2020 年全年,北京市旅游业收入仅达到疫情前的一半,约为 2300 亿元。

2. 物流和供应链受阻

一是运输物流成本增加。疫情防控期间,由于物流限制,运输成本显著增加。北京市的配送服务成本在封控期间上升15%~20%。数据显示，2022年北京的快递业务量同比下降5%，主要是因为封控导致物流时效受限，影响跨区物流和电商行业。

二是进出口总值增速放缓。2022年上半年，北京市进出口总值同比增速为2.8%，相比2021年的36.9%大幅下降。

3. 失业率上升和中小企业压力增大

一是失业率上升。国家统计局的数据显示，2022年北京市城镇调查失业率一度接近6%。尤其是服务业和餐饮业的短期工、临时工失业问题严重。许多从事餐饮、旅游等临时工作的人群失去工作来源，导致失业人群增加。

二是中小企业倒闭数量增加。根据北京市统计局和工商业联合会的调查，2022年北京市的小微企业存活率下降约10%。特别是受疫情冲击严重的餐饮和旅游行业，有约20%的企业出现长时间停业或破产清算的情况。疫情前，北京市小微企业占全市企业总数的90%左右，约有130万家企业，这一庞大群体面临的危机极大地影响就业和经济活力。

4. 房地产市场的低迷

一是商铺空置率上升。仲量联行（JLL）和高力国际的数据显示，北京市在疫情高峰期的商铺空置率上升至12%左右，而疫情前的空置率仅为7%左右。这意味着数千个商铺无人租用，业主收入减少。

二是商业地产和办公楼市场疲软。写字楼市场受到巨大的冲击。以2022年为例，北京市甲级写字楼的租金下降3%~5%。此外，办公楼空置率达到18%左右，比2021年上升约4%。许多公司选择减少办公面积，甚至有些企业因业务缩减而退出租赁市场。

三是住宅市场成交量下降。由于疫情带来的不确定性，房地产市场观望情绪加重，2022年，北京市的二手房交易量同比下降约20%，一手房市场交易量同比下降12%左右，影响房产开发商的收入，也间接影响建筑、装修等相关行业。

5. 财政收入压力加大

一是税收收入减少。北京市地方财政收入显著下降，主要原因是企业利润下滑、消费活动减少。2022年，北京市地方一般公共预算收入同比下降约5.6%，而2021年的收入增速仍为正。这一收入下降对北京市的基础设施投资和公共服务支出造成压力。

二是防疫支出增加。疫情防控期间，北京市在核酸检测、隔离点建设、疫苗接种等方面的支出显著上升。以核酸检测为例，每次全员检测的花费达数亿元，疫情防控高峰期的月支出达到 10 亿元以上。疫情相关的防疫开支使市政府财政压力进一步加大。

6. 教育、文化和娱乐活动受限

一是教育培训行业收入下降。北京市的教育培训行业在疫情防控期间收入大幅下降。相关数据显示，北京市的教育培训行业在疫情防控期间收入减少约30%。

二是文化和娱乐业。北京市的电影院、剧院、展览馆等公共娱乐设施一度关闭，文化娱乐活动大幅减少。以电影院为例，2020 年北京市的票房收入同比下降75%左右，许多小型影院因经营困难被迫停业或倒闭。

二、应急物资分类

（一）根据应急物资的使用紧急情况分类

在突发事件发生后，不同的应急物资需求的时间不同，也就是说物资的使用紧急度不同。根据应急物资的使用紧急情况，可以将应急物资划分为紧急级、严重级和一般级 3 种等级，如表4-3所示。

表4-3　根据应急物资使用的紧急程度分类

紧急程度	一般级	严重级	紧急级
分类依据	能够改善灾区情况，使灾区逐步恢复正常运转的物资	能够控制灾情、防止灾情进一步扩大并对灾情有效控制的物资	开展应急救援工作的必需品，能够对受灾人群生命健康、财产安全产生极大影响的物资
典型物资	建设类机械、车辆、材料等	应急物资运输工具、防护用品等	水、药品、食品、帐篷等

（二）根据应急物资的使用范围分类

根据此分类标准，一般将应急物资分为通用类和专用类。通用类物资是指不同突发事件在救灾过程中普遍需要的应急物资，即一些比较重要的基础保障类物资，如食物、药物、饮用水等。专用类物资是指只能用于某一种突发事件的特殊物资。例如，矿难发生时所需抽风设备和有氧设备等；疫情发生后所需要的疫苗和特殊药品等。

（三）根据应急物资的用途分类

不同的应急物资所发挥的应急作用不同。国家发展和改革委员会根据应急物资的用途将其划分为 13 类，并列举出了每类所包含的主要物资，如表 4-4 所示。

表 4-4　根据应急物资的用途分类

类别	主要物资
防护用品类	卫生防疫用品、化学放射污染用品、消防用品、海滩用品、爆炸用品、防护通用用品
生命救助类	外伤处理用品、海滩救助用品、高空坠落用品、掩埋用品、生命救助通用用品
生命支持类	窒息设备、食物中毒设备、呼吸中毒设备、生命支持通用设备
救援运载类	防疫设备、海滩运载设备、空投运载设备、救援运输通用设备
临时食宿类	饮食设备、饮用水设备、食品设备、住宿设备、卫生设备
污染清理类	防疫类设备、垃圾清理设备、污染清理通用设备
动力燃料类	发电设备、配电设备、气源设备、燃料用品、动力燃料通用设备
工程设备类	岩土设备、水工设备、通风设备、起重设备、机械设备、气象设备、牵引设备、消防设备
器材工具类	起重工具、破碎紧固工具、消防工具、声光报警工具、观察工具、器材通用工具
照明设备类	工作照明设备、场地照明设备
通信广播类	无线通信设备、广播设备
交通运输类	桥梁运输设备、陆地运输设备、水上运输设备、空中运输设备
工程建筑材料类	防水防雨抢修材料、临时建筑构建物材料、防洪材料

（四）根据突发事件的种类分类

不同类型的突发事件发生后，需要的应急物资种类也不同。因此根据突发事件的种类可以将应急物资分为自然灾害类、公共卫生事件类、事故灾难类、社会安全事件类。

第三节　北京市应急物资需求预测

一、北京市应急物资需求特征

北京是中华人民共和国的首都、直辖市、国家中心城市、超大城市，根据第七次人口普查数据，截至 2020 年 11 月 1 日零时，北京市常住人口为 21893095 人。由于北京市的城市特点，突发性事故和灾害可能造成重大人员伤亡、财产损失、生态环境破坏和严重社会危害，同时催生出巨大的应急物资需求。应急物资需求存在难预见性、急迫性、不确定性和复杂性等特征。

（一）应急物资需求的难预见性

由于灾害的突发性强、涉及面广，准确预测物资需求很困难。而且，平时不可能储备需要的所有物资，物资需求会在极短时间内急剧膨胀，即应急物资需求的难预见性。

（二）应急物资需求的急迫性

应急物资是用来抢险救灾的，关系着灾民的生命财产安全。灾害的特性导致物资需求在极短时间内急剧膨胀，且物资需求具有极强的时效性，物资能不能及时满足与灾害可能造成的损失存在着一定的相关性，这就要求快速、及时、准确地调度和送达应急物资。

（三）应急物资需求的不确定性

应急物资需求的预测面临物资储备过剩、运力预估过高的机会损失成本，同时面临着物资储备不足、运力预估过低的灾害损失成本。在救灾过程中通信设施、交通路网设施的损坏很容易给物资调运部门的工作增加难度，灾害的发生时间、强度大小、影响范围等对救灾物资需求产生直接影响。另外，计划之外的次生灾害发生后也会给救灾行动增加困难。

（四）应急物资需求的复杂性

灾害初始条件的微弱变化能够引起系统长期、巨大的连锁反应。不同的应急物资在应急救援工作中发挥着不同的作用，灾害引起的连锁反应在不同的灾区表现是不同的。物资需求的影响因素众多，而且相互之间的关系很难确定，导致了应急物资需求的复杂性。

二、北京市应急物资需求分析

应急物资需求是指国家有效应对突发事件时的最低物资要求。所谓有效是指应对突发事件的效益要高，也指物资的使用效率要高；最低是指成功应对突发事件的条件下需求的数量最小。可见在物资需求的确定中包含着优化的思想，即在突发事件类型、强度等给定条件下，成功应对突发事件的最少物资需求量。物资需求主要从三个方面进行表述和衡量：一是物资的种类需求，二是物资的人数保障需求，三是应急物资需求的分级。

（一）物资的种类需求

关于应急救灾物资保障问题，国家发展改革委制定了《应急保障重点物资分类目录（2015 年）》，把应急保障重点物资分成了现场管理与保障、生命救援与生活救助和工程抢险与专业处置 3 大类，以及现场监测、现场安全、应急通信和指挥、紧急运输保障、能源动力保障、人员安全防护、生命搜索与营救、紧急医疗救护、人员庇护、饮食保障、交通与岩土工程抢修、电力工程抢修、通信工程抢修、污染清理、防汛抗旱和其他专业处置共 16 个中类，如表 4-5 所示。

表 4-5　应急保障重点物资分类目录（2015 年）

应急保障类别（大类）	现场任务类别（中类）
现场管理与保障	现场监测
	现场安全
	应急通信和指挥
	紧急运输保障
	能源动力保障

应急保障类别(大类)	现场任务类别(中类)
生命救援与生活救助	人员安全防护
	生命搜索与营救
	紧急医疗救护
	人员庇护
	饮食保障
工程抢险与专业处置	交通与岩土工程抢修
	电力工程抢修
	通信工程抢修
	污染清理
	防汛抗旱
	其他专业处置

针对北京市常见的几种突发灾害,可以将物资需求范围缩小,重新归纳为生活保障类、民生保障类和应急医疗类三大类,如表4-6所示。

表4-6 北京市应急保障重点物资分类目录

分类	具体物资
生活保障类	蔬菜、肉类、粮油、方便面、压缩饼干、矿泉水等
民生保障类	帐篷、折叠床、气垫床、折叠桌椅、棉大衣、应急灯、救生绳、强光手电、救生衣、雨衣等
应急医疗类	个人防护用品、采样工具、检测试剂耗材、消杀物品、便携式检测设备、信息化的流调工具等

（二）物资的人数保障需求

根据《北京市"十四五"时期应急管理事业发展规划》《北京市"十四五"时期应急物资储备规划》和《北京城市总体规划（2016年—2035年）》等相关应急管理文件的要求,北京市、区两级应急物资储备需要达到满足全市1.2%常住人口（21893095人）,即约26万人的应急生活保障需求。

（三）应急物资需求的分级

应急物资需求的分级是指物资的需求程度随着应急响应级别的不同而发

生变化的情况。北京市应急响应一般由高到低分为四级：Ⅰ级、Ⅱ级、Ⅲ级、Ⅳ级。各类突发事件应急响应的具体分级标准，依照相关市级应急预案规定执行。具体情况如表4-7所示。

表4-7　北京市应急响应分级

级别	判断标准
Ⅳ级	初判突发事件不会超过一般级别,或事态比较简单、危害或威胁范围较小时
Ⅲ级	(1)突发事件可能达到较大级别;(2)需要统筹多个市级部门或单位共同处置;(3)需要调动市级应急队伍、应急物资等作为主要资源进行处置
Ⅱ级	(1)突发事件可能达到重大级别;(2)需要调度多个市专项指挥部共同处置,且处置时间较长、处置难度较大;(3)相关市领导认为有必要的其他情况
Ⅰ级	(1)突发事件可能达到特别重大级别;(2)需要中央和国家有关应急指挥机构授权指挥处置或共同指挥处置;(3)市委、市政府主要负责同志认为有必要的其他情况

根据北京市相关应急管理文件要求，应急救援保障物资储备总体规模基本能够满足同时开展两场北京市Ⅱ级应急响应规模的重大自然灾害、事故灾难类突发事件应急救援需要，并预留一定的安全冗余。

三、北京市应急物资需求预测

应急物资的需求预测要结合突发事件的等级，分级分类评估各相关突发事件应急物资需求，同时要立足区域易发多发的灾害事故应对物资保障需求，统筹极端重特大突发事件应对物资保障需求，兼顾老幼病残孕等特殊群体需要，分灾种预测常用的应急物资储备品种和储备数量。为简化预测步骤，本书预测在Ⅱ级应急响应下，满足全市1.2%常住人口的应急物资需求，以生活保障类物资——粮食、民生保障类物资——帐篷和应急医疗类物资——口罩三种需求量大的应急物资为例，对北京市应急物资需求做预测。

（一）以生活保障类物资——粮食需求为例

1. 模型假设
①灾前应急生活保障类物资需求量和潜在受灾人口数呈正相关关系；一

89

个地区的潜在受灾人口数越多,该地区的灾前应急生活保障类物资储备需求量会越大。

②应急地区系数越高的地区需要的生活保障类物资需求量越多;一个地区的应急地区系数值越大,说明该地区相比于其他地区在发生同等强度的应急事件时,对应急资源的需求越重要和紧迫,且需要的救援强度也越大。

③某地潜在受灾人口数即为需要救助的人数。本着以人为本的人性化理念,假定某地潜在受灾人口数都为需要接受生活保障类物资救助的人数,因而该假设具有一定的合理性。

2. 应对应急事件的生活保障类物资需求预测模型构建

$$\begin{cases} u = v \cdot k \\ Q = \alpha \cdot u \cdot s \cdot t, \ Q \in 生活保障物资 \end{cases} \tag{4-8}$$

式(4-8)中,

Q 为某地生活保障类物资需求量;

u 为某地潜在受灾人口数;

v 为某地人口总数;

k 为某地潜在受灾人口数占其总人口数的比例;

α 为某地应急地区系数;

s 为每人每天的人均生活保障类物资需求量;

t 为应急限制期,因为生活保障类物资是每天都会被消耗的物资,故引入该参数突出生活保障类物资的特点。

具体计算过程如下:

以 2019—2020 年北京市应急管理局相关数据为依托,对北京市应急保障类物资——粮食进行需求预测。截至 2020 年 11 月 1 日零时,北京市常住人口为 21893095 人,因此 2020 年北京市人口总数 $v = 21893095$ 人。根据《2020 年北京市应急管理事业发展统计公报》可知,2020 年全市共发生各类生产安全死亡事故 383 起、死亡 408 人,事故起数、死亡人数同比分别下降 9.0%、8.9%。其中,工矿商贸死亡事故 69 起、死亡 72 人,事故起数、死亡人数同比分别下降 15.9% 和 16.3%;道路运输事故 303 起、死亡 325 人,事故起数、死亡人数同比分别下降 7.1%、6.6%;铁路交通事故 7 起、死亡 7 人,事故起数、死亡人数同比分别下降 46.2%、50.0%;特种设备事故 4 起、死亡 4 人。具体如表 4-8 所示。

表 4-8　2020 年北京市各类生产安全死亡事故总体情况

事故类型	事故起数(起)	同比(%)	占事故总起数(%)	受灾人口数(人)	同比(%)	占受灾总人口数(%)
合计	383	-9.0	—	408	-8.9	—
工矿商贸	69	-15.9	18.0	72	-16.3	17.6
道路运输	303	-7.1	79.1	325	-6.6	79.7
铁路交通	7	-46.2	1.8	7	-50.0	1.7
特种设备	4	—	1.0	4	—	1.0
农业机械	0	—	—	0	—	—
生产经营性火灾	0	—	—	0	—	—

2020 年全市共发生 2 起自然灾害事件，均为风雹灾害。灾害造成大兴区、延庆区共 5 个乡镇受灾，受灾人口 17756 人，无人员伤亡；农作物受灾面积 1563.30 公顷，农作物成灾面积 1529.97 公顷，农作物绝收面积 1141.12 公顷；一般损坏农房 22 间、22 户；直接经济损失 12876.63 万元。具体如表 4-9 所示。自然灾害损失与 2015—2019 年均值相比，受灾人口、农作物受灾面积、直接经济损失分别下降 84.1%、85.5%、84.7%。全年未发生重大自然灾害事件，未构成启动救灾应急响应的条件。

表 4-9　2020 年自然灾害损失情况

灾种名称	地区	受灾人口(人)	农作物受灾面积(公顷)	农作物成灾面积(公顷)	农作物绝收面积(公顷)	一般损坏农房(户)	直接经济损失(万元)
风雹	大兴	11580	1334.37	1334.37	1115.82	22	12721.63
	延庆	6176	228.93	195.6	25.3	0	155
合计		17756	1563.30	1529.97	1141.12	22	12876.63

《2019 年北京市应急管理事业发展统计公报》显示，全市共发生各类生产安全死亡事故 421 起、死亡 448 人；自然灾害以风雹、洪涝灾害为主，山体崩塌也有发生。自然灾害共造成 63901 人受灾，1 人死亡，12 人受伤，紧急转移安置人口 1158 人，分散安置人口 1158 人。数据表明，随着时间的推移，北京市的总体状况越来越好，相关方面的能力有所提

高，其中包括应对自然灾害的防范措施、城市建筑的抗灾性能及自然灾害预报的准确性等。因此，将来面对同样的自然灾害时，受灾人口数不会再有大幅提升。所以，将北京市人口受灾比例定为 2019 年和 2020 年的均值，$k = 0.18\%$。

某地应急地区系数 α 的计算公式为

$$\begin{cases} \lambda_i = \dfrac{E_i}{\max(E_i)}, \quad \lambda_j = \dfrac{T_i}{\max(T_i)} \\ \alpha = \left(\lambda_i \cdot \delta_i + \dfrac{1}{\lambda_j} \cdot \delta_j \right) \cdot \omega \end{cases} \tag{4-9}$$

式（4-9）中，

λ_i 为 i 地区经济系数；

λ_j 为 j 地区交通系数；

E_i 为 i 地区生产总值；

T_i 为 i 地区交通线路总长度；

δ 为权重系数；

ω 为修正系数，取 $\omega = 0.69$。

经查阅北京市 2021 年统计年鉴得到北京市 2020 年的 GDP 数值，即 $E_i = 36102.6$（亿元），广东省 GDP 在全国各省份中居于首位，$\max(E_i) = 110760.94$（亿元）（2020 年）。因此得出北京市经济系数 $\lambda_i \approx 0.326$。

第 i 个地区的交通线路总长度的计算公式为

$$T_i = r_1 \cdot L_1 + r_2 \cdot L_2 + r_3 \cdot L_3 \tag{4-10}$$

式（4-10）中，

r 为交通线路权重系数；

L_1 为铁路线路总长度；

L_2 为内河线路总长度；

L_3 为公路线路总长度。

经查阅中国统计年鉴（2021 年）得到全国铁路总长度为 146330 公里，内河总长度为 127686 公里，公路总长度为 5198120 公里。根据中国统计年鉴（2021年）全国铁路、内河、公路线路总长度计算交通线路权重系数，得 $r_1 \approx 0.027$，$r_2 \approx 0.023$，$r_3 \approx 0.950$。由上述计算公式得北京市交通线路总长度 $T_i \approx 21188.708$(公里)，同理可得，四川省交通线路总长度在各省份中最长，为 410564 公里。

在应急地区系数中，经济水平>基础交通条件。因此，取经济水平权重系数为 0.55，交通基础条件权重系数为 0.45。北京市应急地区系数 $\alpha \approx 5.67$。

以粮食需求为例，每人每天的人均生活保障类物资需求量可近似为国家营养协会规定的成人保持身体健康的每天人均粮食需求量，根据中国营养协会标准，成人每天应该至少吃 300 克粮食才能保持身体的健康，实现膳食平衡，即 $s = 0.3$ 千克。

不同的应急事件发生在不同的地点，应急限制期可能会不同，如地震和洪涝灾害的应急限制期一般是 3 天，发展水平较低又极有可能发生自然灾害的地方应急限制期应更长。根据北京市自然灾害特点和北京市发展水平，本项目取其应急限制期 = 3（天）。

综上所述，得到北京市应对应急事件的粮食需求量为 $Q \approx 201.096835$（吨）。

（二）以民生保障类物资——帐篷需求为例

根据北京市应急事件发生情况可得，帐篷等民生保障类物资主要用于自然灾害，如洪涝、风雹等，综合考虑帐篷需求量的影响因素：需求人口、受灾强度/级、人口密度、倒塌房屋、农作物受灾面积。取帐篷需求量 Y 为参考序列，需求人口、受灾强度、人口密度、倒塌房屋、农作物受灾面积为比较序列。根据国家减灾网相应数据，选取随机样本，如表 4-10 所示。

表 4-10　随机样本数据

序号	需求人口（万人）	受灾强度（级）	人口密度（人/平方公里）	倒塌房屋（万间）	农作物受灾面积（万平方公里）	帐篷（顶）
1	69.3	296.4	18	23.1	6.72	24900
2	57.6	100	197	0.2958	0.03	1000
3	190	61	1261	0.8265	0.01	2040
4	402.79	100	287	0.94	0.13	6500
5	74.4	96.9	205	3.06	0.74	10200
6	653.7	100	551	1.54	0.38	6300
7	9.3	171.6	50	1.96	0.76	11500
8	742.23	100	342	3.35	0.23	4200

续表

序号	需求人口 (万人)	受灾强度 (级)	人口密度 (人/平方公里)	倒塌房屋 (万间)	农作物受灾面积 (万平方公里)	帐篷(顶)
9	152	210	98	25.6	1.32	24000
10	5.1	240.9	6	15.95	24.8	22000
11	7.9	144.9	10	6.57	2.2	10000
12	831	100	300	8.42	0.36	13000
13	350	100	167	0.6	0.10	4000
14	1299	100	484	6.4	0.39	8000
15	778	100	169	1.2	0.03	6500
16	24.7	220.1	0.35	4.5	3.59	15000
17	177.9	50	169	1.3	0.10	2800
18	812.15	100	315	1.67	0.64	7100
19	59.7	120	116	1.5	0.7	10000
20	2.8	128.1	61	3.7	0.44	10500
21	30	104.4	61	13	1.15	8750
22	108.8	162.5	277	4.6	1.04	20000
23	274.39	300	195	1	0.16	3500
24	6.2	171.6	3.6	3.8	1.2	11500
25	140	65	56	0.5508	0.00	1000
26	265.91	100	304	4.42	0.12	5500
27	12.4	190.4	2.54	0.68	0.43	8500

资料来源:国家减灾网。

运用 SPSS 软件对选取的随机样本进行主成分分析,所得结果如表 4-11、表 4-12 所示。

表 4-11　相关性矩阵

相关性矩阵

		需求人口（万人）	受灾强度（级）	人口密度（人/平方公里）	倒塌房屋（万间）	农作物受灾面积（万平方公里）	帐篷（顶）
相关性	需求人口（万人）	1.000	−.351	.414	−.144	−.237	−.255
	受灾强度（级）	−.351	1.000	−.444	.523	.474	.655
	人口密度（人/平方公里）	.414	−.444	1.000	−.264	−.251	−.375
	倒塌房屋（万间）	−.144	.523	−.264	1.000	.486	.808
	受灾面积（万平方公里）	−.237	.474	−.251	.486	1.000	.549
	帐篷（顶）	−.255	.655	−.375	.808	.549	1.000

表 4-12　KMO 检验和巴特利特球形检验

KMO 取样适切性量数		.779
巴特利特球形检验	近似卡方	58.075
	自由度	15
	显著性	.000

通过 KMO 检验和巴特利特球形检验结果判断变量间的相关性。KMO 值越接近 1，表明变量之间相关性越强，以大于 0.6 为宜；巴特利特球形检验显著性数值越小越好，以小于 0.05 为宜。由检验结果可知随机样本数据适合做因子分析。

基于主成分分析法的总方差解释如表 4-13 所示。

表 4-13　总方差解释

成分	初始特征值			提取载荷平方和		
	总计	方差百分比(%)	累计(%)	总计	方差百分比(%)	累计(%)
1	3.156	52.606	52.606	3.156	52.606	52.606
2	1.099	18.318	70.924	1.099	18.318	70.924
3	.625	10.416	81.340			
4	.523	8.718	90.058			
5	.429	7.148	97.207			
6	.168	2.793	100.000			

碎石图如图 4-2 所示。

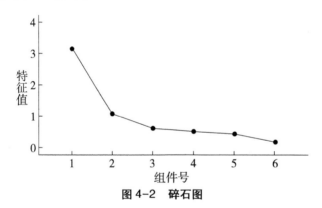

图 4-2　碎石图

基于主成分分析法，提取 2 个成分，所得成分矩阵如表 4-14 所示。

表 4-14　成分矩阵

	成分	
	1	2
帐篷(顶)	.884	.269
受灾强度(级)	.816	-.050
倒塌房屋(万间)	.793	.417
农作物受灾面积(万平方公里)	.705	.201
人口密度(人/平方公里)	-.593	.553
需求人口(万人)	-.482	.710

组件图如图 4-3 所示。

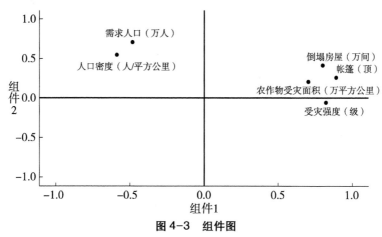

图 4-3　组件图

根据 SPSS 软件运算结果得出，需求人口和人口密度与帐篷需求量相关性较小，剔除关联性小的两个影响因素，同时为避免多种因素影响致使 BP 神经网络过于复杂，增加网络训练的负担，提高模型的预测精度，运用 SPSS 软件对数据进行标准化处理，提高数据准确性。选择受灾强度（级）、倒塌房屋（万间）、农作物受灾面积处理结果作为 BP 神经网络的输入变量，帐篷需求量作为输出数据，运用 Matlab 软件自带工具箱实现 BP 神经网络预测帐篷需求，如表 4-15 所示。

表 4-15　BP 神经网络样本数据

序号	X_1	X_2	X_3	Y
	受灾强度（级）	倒塌房屋（万间）	农作物受灾面积（万平方公里）	帐篷（顶）
1	2.3653	2.67479	1.0289	24900
2	-0.57279	-0.73377	-0.36147	1000
3	-1.15622	-0.65445	-0.36562	2040
4	-0.57279	-0.63748	-0.34068	6500
5	-0.61917	-0.3206	-0.21391	10200
6	-0.57279	-0.5478	-0.28873	6300

序号	X_1	X_2	X_3	Y
	受灾强度（级）	倒塌房屋（万间）	农作物受灾面积（万平方公里）	帐篷（顶）
7	0.49832	−0.48502	−0.20975	11500
8	−0.57279	−0.27726	−0.3199	4200
9	1.07278	3.04847	−0.09337	24000
10	1.53503	1.60607	4.78643	22000
11	0.0989	0.20404	0.08952	10000
12	−0.57279	0.48056	−0.29288	13000
13	−0.57279	−0.6883	−0.34692	4000
14	−0.57279	0.17863	−0.28665	8000
15	−0.57279	−0.59862	−0.36147	6500
16	1.22387	−0.10537	0.3784	15000
17	−1.32078	−0.58367	−0.34692	2800
18	−0.57279	−0.52837	−0.23469	7100
19	−0.2736	−0.55378	−0.22222	10000
20	−0.15242	−0.22494	−0.27626	10500
21	−0.50697	1.16513	−0.1287	8750
22	0.36219	−0.09042	−0.15156	20000
23	2.41915	−0.62851	−0.33445	3500
24	0.49832	−0.21	−0.11831	11500
25	−1.09638	−0.69566	−0.3677	1000
26	−0.57279	−0.11732	−0.34276	5500
27	0.77957	−0.67634	−0.27834	8500

分别将隐含层的神经元数定为4、10、12、15、20，经过多次训练，比较训练结果，最终，将隐含层的神经元数确定为10。进而确定网络训练结构，如图4-4所示，得出训练结果，如图4-5所示。

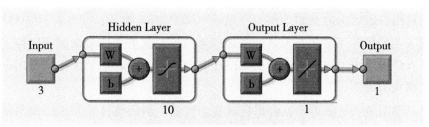

图4-4　BP神经网络训练结构

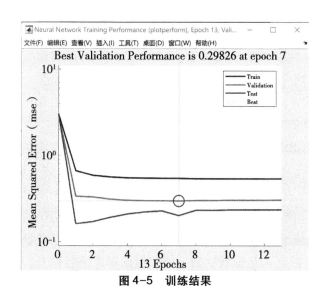

图4-5　训练结果

将多次训练后的BP神经网络代码保存于Matlab软件，以2020年北京市受风雹灾害影响，造成受灾人口17756人，农作物受灾面积1563.30公顷，一般损坏农房22间、22户为例，对北京市民生保障类应急物资帐篷的需求进行估算，结果约为5.2万顶。

（三）以应急医疗类物资——口罩需求为例

应急医疗类物资保障工作直接影响重大突发公共卫生事件应对的大局。根据《北京市突发公共卫生事件应急预案（2021年修订）》的规定，各区政府、市指挥部办公室组织制订药品、试剂、疫苗、医疗器械、救护设备和防护用品等卫生应急物资储备目录和储备计划。在发生重大突发公共卫生事件时，口罩需求量往往会爆发式增长，不可避免地会出现物资短缺的现象，本书以口罩需求为例对应急医疗类物资需求进行预测。

医用口罩的保障人群主要是三类，一是医护工作者；二是社区工作者、志愿者、警察等社会服务人员；三是普通居民。医护工作者由国家医疗卫生物资保障体系一调配供给，本书以社会服务人员和普通居民在特殊时期的物资需求为主。

社会服务人员的需求：根据社区应急经验，调研统计了社区居民与网格员、志愿者的数据，没有物业的老城区和有物业的社区在服务人员结构上稍有不同，大致情况如下：1500<社区人均居民数量≤2000，每个小区或村庄设置网格员20个；2000<社区人均居民数量≤2500，每个小区或村庄设置网格员25个；2500<社区人均居民数量≤3000，每个小区或村庄设置网格员30个。统计调查多个社区的情况后发现，社区志愿者、网格员、下沉干部等社会服务人员的配置比例约为人口总数的1%，物资按照一日两个医用口罩的标准配给以维持日常工作正常有效运转。

普通居民的需求：由于疫情防控期间限制人员流动，应急等级越高人员流动的比例越低，按照分级防疫标准，一级应急状态下一户一周外出一人次；二级应急状态下一户一周外出两人次；三级应急状态下一户一周外出三人次。在尚能买到防护用品、消毒用品时，居民一般会视疫情情况购买一定数量的口罩，并非完全依赖政府储备，一次性医用外科口罩的储备量应该满足保障居民外出采购生活必需品最低次数，即按最低需求进行储备，政府负责脱销导致居民无法正常出门的兜底储备。社区居民需求按照三个人一个家庭计算，以家庭为采购单位计算采购次数。

假定北京市突发公共卫生事件，社会服务人员按照人口总数的1%进行配置，在此保障基础上统计居民的口罩需求，如表4-16所示。

表4-16　突发公共卫生事件发生情况下口罩需求预测

北京市常住人口（人）	社会服务人员（人）	社会服务人员口罩需求（个/周）	普通居民口罩需求（个/周）		
21893095	218931	3065034	21893095	14595397	7297698
			（备注：从左至右防疫等级升级）		

　　从居民对口罩的需求情况来看，随着疫情蔓延态势逐渐扩散，政府的防控手段在逐渐升级，交通出行人次大幅降低到极限状态。由于居民外出次数被限制，不再需要大量的口罩，政府的防护用品应急储备量应该按照最高应急等级进行保障储备，即北京市一周所需口罩量约为 1036 万个，以保障北京市最严疫情防控阶段一周的用量。到了第二阶段，社会资源及时补充进来，应急物资产能能够供应灾区需求、物资消耗向其他品类物资转移，第二周的口罩的需求量可能会有所下降，所以如果将保障时效延长到两周，物资储备可以在一定程度上进行折算。

　　北京市应急物资需求以有效应对重大事故灾难、满足人民群众日益增长的美好生活需要为目标，同时需要立足区域易发多发的灾害事故应对物资保障需求，统筹极端重特大突发事件应对物资保障需求，兼顾老幼病残孕等特殊群体需要。由于北京市的超大城市、人口稠密、建筑密集等特点，以及各类风险因素的不可预知性，北京市应急物资需求的预测具有复杂性。本章在假定了相对统一、便于通用的前提下，选取三类具有代表性的应急保障物资做了简要的初步需求预测，为后续应急物流研究提供支撑。

第五章　北京市应急物流新体系构建研究

第一节　北京市应急物流组织系统

应急物流组织系统是应急物流体系发挥效应的组织保证，是促进应急物流业务系统和应急物流保障系统协调、高效运转的重要保障。结合北京市行政机构级别划分特点，设立对应的应急物流组织机构，整合政府、军队、企业、公众等资源应对公共突发事件。应急物流组织系统，由应急物流决策机构和应急物流指挥协调机构、应急物流监控反馈机构组成，如图5-1所示。

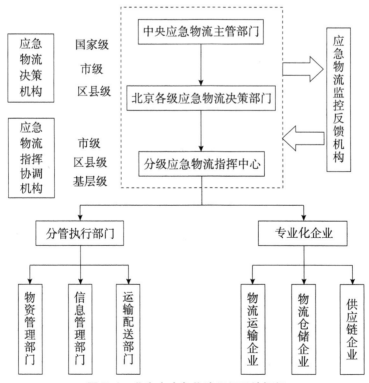

图5-1　北京市应急物流组织系统框架

一、应急物流决策机构

应急物流决策机构要在突发事件发生后极短的时间内对应急物流体系指挥调度等相关问题做出正确有效的决策。同时，应急物流决策机构将采购、存储、配送、配发以及信息交流处理等细化的部分有机结合起来，基于供应链思想进行指导以便实现协调联动，充分发挥统一调度的物流决策领导的优势。

（一）组织构成

应急物流决策机构由国家级、市级、区县级等若干层级的应急物流主管部门（分级应急物流管理中心）、应急物流决策部门、应急物流预警部等组成。

实施主体为北京各级应急物流决策部门，是各级政府中主管应急物流的职能部门。北京各级应急物流决策部门要在上级主管部门（中央应急物流主管部门）的授权和监督下，根据现代物流的运作流程，依据政策法规预案行使职能和开展工作，专门负责对应急物资的筹措、储存、运输、配送、回收等。

领导主体为中央应急物流主管部门。应急物流是灾后应急管理体系中的一环，应急物流的开展要和应急管理其他工作资源共享、密切合作。在实际管理过程中，应由中央应急物流主管部门协调调度应急物流所需的诸多资源。因此，北京各级应急物流决策机构要接受来自中央应急物流主管部门以及地方行政首脑的领导和指挥。

辅助部门为应急物流预警部。应急物流预警部，是应急物流决策咨询机构，为应急物流决策部门做出全面、准确、可靠的决策提供实时的依据。平时，应急物流预警部要对整个应急物流管理体系的"战前"资源储备情况、组织运转情况、预案完备情况、交通网络脆弱程度等进行检查评估，并督促改进；灾时，应急物流预警部要及时汇总各类灾害预警预报信息，全面分析灾害应急物资供需、运力情况，对应急物流管理全周期的外部风险和自身能力进行监测与评估。

（二）主要职责

应急物流决策机构要负责应急物流体系平时和灾时的组织领导工作。对上要向主管政府部门和地区政府首脑负责并汇报工作，对下要负责整个应急物流体系的组织管理工作，保证系统在平时及灾时都正常运转。其主要职责具体如下：

一是信息收集处理。发生突发事件时，快速收集相关信息，并对其分类，快速查找分析发生的原因、事件的性质，随时观察事态的走势并做出预估。

二是决策目标确定。综合客观地分析说明问题的全面状况、发生的主要原因、性质、发展趋势和解决方案等；确定具体明确的目标，以需要和问题解决的可能性为基础来建立目标。

三是应急物流方案设计。依据突发事态现状以及预估变化情况，制订可能的应急物流运作以及保障方案。针对尚未查明的问题，必须采取临时性方案控制事态影响和发展速度，待查明真正的原因后必须对方案进行改编；针对某些已查明但是无法及时解决的问题，为防范问题进一步恶化，必须针对相关环节设计方案以减少影响和损失。

四是应急物流方案评价选择。对拟订的各种可能性方案进行综合全面系统的分析评价，以确定最优的应急物流方案。要求决策机构在尽可能短的时间内快速决断。

五是应急物流命令发布。发布应急物流相关的命令、规则、措施，使整个应急物流体系能够在相关法律框架下正常运行，包括启动应急物流预案以及调整应急物流策略等关键性命令。

二、应急物流指挥协调机构

（一）建设目的

为切实做好北京市突发事件应急物流指挥与处置工作，针对发生在北京市行政区域内的自然灾害、事故灾难、公共卫生事件、社会安全事件等突发事件，在北京市委、市政府和北京市突发事件应急委员会（以下简称市应急委）的统一领导下，会同各级政府部门中的发展改革委、工信、交通、商务、邮政机构以及物流行业协会，构建统一指挥、反应灵敏、组织有序、处置有力、平战结合的突发事件应急物流指挥与处置体系，优化突发事件决策指挥和应急处置机制，依法、协同、高效应对各类突发事件。

建议在北京市应急管理局下常设专管应急物流的政府机构，对应急物流活动进行整体统筹指挥和部署，同时负责向中央应急物流主管部门上报应急情报，与其他省份的应急管理部门交流应急情报。

（二）组织构成与职责

1. 市级应急委

北京市突发事件应急委员会办公室（以下简称市应急办）是市应急委常设办事机构，设在北京市应急管理局。北京市应急指挥中心（以下简称市应急指挥中心）以市应急办和市政府总值班室名义，负责统一接收、研判和处理全市各类突发事件信息报告，协助市政府领导指挥处置各类突发事件；根据突发事件应对需要，协调调动市应急委成员单位、各区应急委、市级应急队伍和物资装备参与处置工作。协助主办单位做好国家及本市重大活动应急指挥调度保障工作。

2. 市级专项应急指挥部

市应急委下设若干市级专项应急指挥部，按照职责分工，具体指挥处置相关领域特别重大、重大突发事件；依法指挥协调或协助区应急委开展较大、一般突发事件应急处置工作。市各专项应急指挥部办公室设在市有关部门，作为市级专项应急指挥部的常设办事机构，负责协调和调动成员单位开展相关突发事件应急指挥与处置工作。轨道交通运营、铁路、民航、核等领域突发事件，由相关市级专项应急指挥部组织开展突发事件应对工作。其他负有有关行业、领域突发事件应对管理职责的部门在各自的职责范围内，做好有关行业、领域的突发事件应急处置工作。

3. 区级应急委

各区政府及天安门地区、北京经济技术开发区（以下简称开发区）、西站地区等管委会是本区域内突发事件应急处置的责任主体。区突发事件应急委员会（以下简称区应急委）负责统一指挥、协调本行政区域内一般或较大突发事件应急指挥与处置工作；负责特别重大、重大突发事件的先期处置工作；参与由市级应急机构指挥处置的突发事件应对工作。区突发事件应急委员会办公室（以下简称区应急办）为区应急委常设办事机构，承担区应急委日常工作。区应急指挥中心以区应急办、区政府总值班室名义，负责统一接收、研判和处理本区各类突发事件信息报告；协助区政府领导同志指挥各类突发事件应对工作；落实市应急指挥中心指令；协助做好市、区重大活动安全应急指挥调度保障工作。

4. 乡镇、街道应急指挥机构

各乡镇政府、街道办事处是本辖区内突发事件先期处置的责任主体，设立或明确应急工作机构，配备专职工作人员，完善应急预案与应急处置工作机制。在突发事件发生后，立即向上级报送信息，并组织事发单位、基层组织和有关力量开展先期处置，负责组织人员疏散、引导救援、后勤保障等工作。

5. 现场指挥部

当突发事件事态复杂、影响严重时，根据工作需要，组建市或区级现场指挥部，由市或区政府领导、相关职能部门人员及到场应急力量负责人等组成。现场指挥部设总指挥1名、副总指挥或执行指挥数名，主要负责：现场决策会商；协调调动本级应急资源；组织制定现场应急处置工作方案并组织实施；组织维护现场秩序；做好受影响群众的安置工作；按照本级政府的授权发布事件信息等。

（三）优化举措

一是统一应急物流指挥体系。要建立统一协调的应急物流指挥体系。一方面，整合发展改革委、工信、商务、药监等多个政府部门有关应急物流的相关职能，科学统筹应急物资调度。另一方面，要系统制定应急运输管理政策，按照自然灾害、公共卫生事件、社会及生产安全事故等各类突发事件的特点，分类制定实施道路运输管理政策，统筹全市应急物资运输调配。

二是构建应急物流指挥平台。建设市级应急物流指挥平台，升级完善应急物流指挥"一张图"和应急物流资源管理平台，建设数字化应急预案库，推进应急管理部门系统内数据共享、跨部门数据互通，汇聚互联网和社会单位数据，提升应急处置能力。北京市应急管理部门要结合本地特点建设应急物流指挥平台，并与国家应急指挥平台互联互通，共享灾害事故情报、态势分析研判、应急力量分布、应急物资储备、应急预案、现场视频图像、网络舆情监测、灾害周边交通、人口分布情况和历史典型案例等信息并汇聚展示，形成上下贯通的应急指挥体系，有力支撑统一指挥、协同研判。

三是建立应急运力指挥调度机制。在北京市政府的指导下，由市应急管理局指挥中心统一指挥调度应急运力储备，统一承接各级政府部门及社会各界发来的应急物流委托，统一向应急物流企业及社会运力发布应急任务，以标准化流程为受托方提供整体应急物流解决方案和运力匹配。

三、应急物流监控反馈机构

(一) 组织构成

北京市各级政府应在日常准备期、灾时应急期和灾后恢复期对应急物流管理体系的正常、安全运转实施有效的监督和控制。应急物流监控反馈机构就是负责该任务的专职部门。应急物流监控反馈机构由与应急物流决策机构和应急物流指挥协调机构相对应等级的监察审计部门、预警分部和情报站组成。

(二) 主要职责

各级应急物流管理体系中的监察审计部门负责体系内应急资金、应急物资的审计,对应急物流职权人员的贪污挪用滥用等非正常行为进行监督;预警分部要严密监控各种应急物流风险因素和危机发展形势;分散在各地的情报站则要全面地收集灾区各类信息,及时汇总到信息管理中心,报告给应急物流指挥中心和上级决策部门等。

第二节 北京市应急物流业务系统

一、应急物资采购

国内应急物资采购管理研究起步较晚,大多是2003年非典疫情后的针对性补缺措施。因此,在北京市应急物流业务系统中,应充分考虑应急物资采购模式。在应急处置突发事件时如有应急物资需要紧急采购,应提出所需采购物资的基本信息,并及时采取电话、当面汇报、短信、传真、电子邮件、电子公文、纸质公文等多种形式向上级主管部门汇报。北京市应急物资紧急采购模式如图5-2所示。原有供应商渠道可满足需要的,使用单位应采用原有采购渠道。原有采购渠道无法满足需要的,由相关物资管理部门组织协调,采用更灵活有效的方式进行紧急采购。

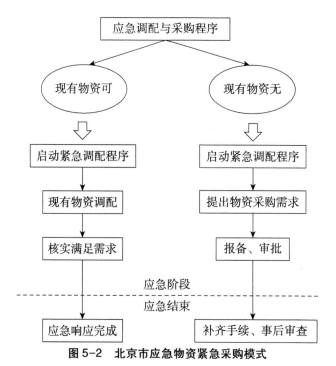

图 5-2　北京市应急物资紧急采购模式

（一）制定应急物资采购法律规范

一是建立应对重大灾害的应急物资储备采购制度，对于各种可能出现的灾害，进行实物储备和产能储备。二是建立重大灾害时期实施紧急采购的宣告制度，由北京市政府依据相关制度标准，对灾情进行评价，宣告是否启动紧急采购程序。三是设定政府紧急采购的资金范围和管理范围。四是着重解决急迫性的需求，规范灾害时期采购方式的选择和运用。

（二）建立灾前、灾后紧急采购管理体系

灾前储备采购方面。通过合理布局储备节点、构建物流网络、科学管理物资、合理控制库存、建立主体多元化的采购与储备的模式、建立跨区县的信息共享、联合调度机制等手段，充分整合现有的应急资源，提高储备采购的灵活性，提高财政应急资金使用效率，节约采购、储存、管理成本。

灾后紧急采购方面。在突发事件处理过程中，核实库存信息后，对库存量不能满足物资需求的，需要通过紧急程序面向社会采购所需数量的物资，时效性变强，经济性变弱。重点做好四个方面的工作：一是充分合理利用紧

急采购方式，包括储备调用、市场采购、紧急扩产及社会捐赠等。二是于应急物资采购供应中加强对各类信息的有效管理，要对各类信息进行汇总，保障紧急采购的标准化，快速采购筹措各类物资并将其投入灾害应对中。三是简化紧急采购的流程环节，有效节约时间，提升采购效率。四是加强应急物资采购供应人才队伍建设，对应急物资采购供应进行标准化管理。

（三）建立应急物资供应商选择和评价指标体系

应急物资供应商需要符合以下要求：一是具有快速响应能力，对政府的应急采购能做出快速反应，且能满足物资数量和质量的高标准要求。二是与政府保持稳定合作的关系，要与政府部门签订有关的协议，进行应急物资的采购、供应，同时能准确把握政府部门制定的优化、简化流程等。三是能满足救灾的特殊需求，所提供物资的内容、包装、运输等与灾区的实际情况相一致，具体包括特殊的标准、规格、标识、质量要求等。四是具有较高的综合素质，能优先保障政府部门的应急采购，不因利益影响物资质量，具有储运过程中的应急处理能力等。

此外，应急物资供应商选择和评价指标体系的设计应遵循全面简明原则、系统性原则、可行性原则、可操作性原则、科学性原则、独立性原则、定性与定量相结合原则，主要应基于三个方面的考虑：首先，评价指标体系应能够反映重大灾害事件应急管理思想的特点；其次，评价指标体系应该能够切实反映应急物资供应商的经济绩效；最后，评价指标体系应该能够促进企业的发展。

（四）加强信息化手段实现协调管理

加强信息化手段提高应急物资采购供应体系的适应能力，提升应急响应的效率。建立先进的、技术领先的应急物资采购供应信息化平台，将各级政府储备、委托管理、协议单位的物资整合，建立应急物资储备数据库，实行动态管理，做到信息共享。运用互联网、局域网、北斗卫星定位、物联网等技术，应急管理有关部门可随时与物资供应单位建立联系，即时掌握产能数据、库存数据、运力数据，实时、准确地监控应急物资去向，根据需要优化应急物资的调配路线。

（五）构建应急物资采购供应监督机制

政府应全力帮助企业协调解决原材料、物流运输等问题，帮助企业迅速实现应急物资收储调运，推动实施重点应急物资统一管理、统一调拨，快速增加有效供给，配合有关部门抓好产品质量监管，有力推动应急物资生产、调配、供应。建立统一的应急物资采购供应临时派驻和退出机制。灾害时期运用政府资金与捐赠资金进行的物资采购，必须有特殊的、比平时严格数倍的监督与管理，包括紧急采购的启动、应急物资采购供应程序、应急采购方式的选择、应急物资采购供应的特殊监督主体组成、应急物资采购供应商及其合同的评估、应急采购的货物与服务的供应商等，都应有明确的记录。同时，明确监督主体、监督程序、监督管理者的责任，坚决避免各种趁灾害之机牟取暴利或有违救灾宗旨的情况发生。一旦在灾害特殊时期的应急物资采购供应中发现违规违法行为，应比平时加倍处罚。

（六）建立应急物资采购大数据平台

一是及时对接供需双方信息。利用新技术建立应急物资采购大数据平台，建立以紧急采购人为主体的行为规范，分类分级建立供应商注册机制，实现供应商供应产品品类、供应数量、供应时间、供应质量等供应数据统一于应急物资采购大数据平台，准确及时对接应急物资供需双方信息。二是加强应急采购专业化。利用大数据技术手段，有效避免紧急采购人因紧急采购导致的时间滞延、信息不对称、质量参差不齐、哄抬物价甚至滋生腐败等问题。三是推进数据动态共享机制。通过大数据分析等技术手段，将应急物资相关的重要基础内容进行大数据分析与可视化展示，及时向社会公布，提高公众参与度并保障公众知情权。

二、应急物资捐赠

应急性质的社会捐赠物资具有数量散、种类多、频率大、分配急等特点，建立基于先进信息技术手段的应急物资捐赠模式可实现动态化追溯与透明化分配。应急物资社会捐赠区块链平台主要借助区块链分布式存储、点对点传输、非对称加密等技术集成，通过链上链下融合、主体信息协同，完成应急物资社会捐赠全流程的信息共享、数据存储、决策支持和流程追溯等。北京市应急物资社会捐赠体系运作模式如图5-3所示。

（一）规范应急物资捐赠管理

为保障应急物资捐赠管理规范性，捐赠物资应由市政府负责统一调配和分发，企业、个人一律不得接受捐赠物资。通过政府官网对外发布捐赠公告，

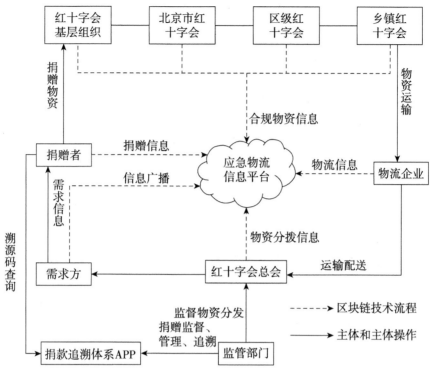

图 5-3　北京市应急物资社会捐赠体系运作模式

向社会开通捐物、捐款渠道。公告详细描述急需物资品种、品规、材质性能等要求，以及受捐方联系人、联系方式、收货地点等信息，方便社会捐赠。

（二）完善应急物资捐赠组织体系

在组织管理上，政府部门应成立核心领导小组，下设捐赠办。明确应急捐赠物资接收、登记、鉴定、存储轮换、调剂、征用管理，保障组织部门间的配合，发挥集体效能。

（三）制定应急物资捐赠标准

在捐赠标准上，一是对现有应急物资库房存量进行摸底。测算受灾地区实际需求量，细化工作区间人员应分配数量和使用时长，弄清需求底单，进一步明确应急捐赠物资接受清单。二是明确应急物资来源。包括自行采购物资、国家卫健委下拨物资、红十字会转捐物资、社会各界企业（个人）捐赠物资，以及海外社团、校友会、红十字、个人等捐赠物资。三是对应急捐赠物资进行有序鉴定分类。对捐赠物资的鉴定，有效区分应急物资和捐赠物资类别，紧扣应急所需特点，快速分配应急物资到一线使用。

三、应急物资储备

应急物资储备是突发事故应急救援和处置的重要物资支撑，是应急管理体系的重要组成部分。北京市要不断健全应急物资储备管理制度，搭建储备网络，丰富储备品种，使应急物资储备体系建设工作逐步得到完善。

（一）引导多元主体参与物资储备

常见应急物资储备主体包括政府、企业、市场、非政府组织和家庭，然而单一的储备主体并不能满足突发事件下对应急物资的需要，新时期，北京市应急物流体系的优化应该进一步丰富应急物资储备主体。一是鼓励引导多种储备主体分级、分类、分期科学储备应急物资，加强引导社会力量参与应急物资保障工作，积极建立由点及面的应急物资储备网络体系。二是建立畅通的物资储备社会参与渠道，鼓励企事业单位、社会组织、家庭等参与物资储备，将政府储备与商业储备（协议储备）、实物储备与生产能力储备、分散储备与集中储备、社会化储备与专业化储备有机结合，实现集中管理、统一调拨、统一配送，逐步构建多元主体共同储备的应急物资储备供应体系。

（二）创新应急物资储备管理模式

一是坚持以"按需储备"为导向，以"平战结合"为原则，定期开展形势研判和风险评估，会同应急管理部门优化调整市级救灾物资储备品种和规模，保持合理储备库存总量，丰富救灾物资储备品种，适当满足受灾群众差异化需求。二是以实物储备为基础，结合商业储备、产能储备等多种储备模式，探索建立救灾物资储备更新常态化轮换机制，完善救灾物资定期质量检测、评估机制，实现救灾储备物资及时更新，确保质量良好，最大限度发挥物资存储效能。

（三）建立健全应急物资储备体系

北京市要积极建设以政府储备为主、社会储备为辅的应急物资储备体系，完善以市级应急物资储备库为核心，区级应急物资储备库为支撑，街道（乡镇）储备库（点）为补充的市、区、街道（乡镇）三级应急物资储备体系。市、区两级政府相关部门作为应急物资的储备主体，分级落实储备责任，重点加强能源物资、应急救援物资、生活必需品、医药物资、应急装备储备。

（四）积极完善应急物资储备制度

一是建立应急物资储备管理协同联动机制，在横向协同与统筹管理方面进行强化，积极优化物资投放步骤，全力推进全市统一调配、就近支援的高效保障机制的建设发展。二是进一步完善市级应急物资的储备机制，出台应急物资储备的地方标准，健全应急物资储备的监管机制，进一步提升物资储备效能。

（五）加强重要物资储备监督管理

一是依托本市重要物资储备部门联席会议机制，配合重要物资统筹部门进一步完善重要物资储备管理体制机制，在保供稳价、灾害处置时，协助各储备管理部门做好应对工作。二是推进重要物资和应急物资统计工作常态化，逐步将全市各级储备物资纳入统计管理，实现全市物资储备情况明、底数清。

四、应急物资运输

应急物资运输是应急物流业务系统的关键与核心，要有效缩短应急物资运输时间以提高应急物流响应速度，需着眼于干线运输，以公路、铁路运输形式为主，紧急情况下运用航空运输形式，全面做好应急物资的紧急发运工作，保障应急物资运输畅通，及时有效地发挥应急物资的效用。

（一）大力提高应急物资运输能力

一是综合利用城市应急通道、公交快速通道、社区消防救援通道等，探索建立应急绿色通道工作机制，全面构建城市地面应急道路网络。二是健全运力调用调配工作机制，提高应急物资和救援力量快速调运能力。三是加强应急物流体系建设，完善铁路、公路、航空应急运力储备与调运机制。四是依托物流枢纽、基地和园区，建立平时服务、战时应急的物流设施体系。

（二）精准施策，科学协调运力

一是根据区域内的交通条件和应急物资的具体属性，制定科学的运力调用预案，完善应急物资装载程序，开展调运训练。二是与铁道、公路、民航等有关部门签订协议，建立合作机制，开展调运演练，保证应急物资调运所需运力的优先安排、优先调度、优先放行，保证应急物资能够及时、安全、快速调运送达。

（三）加强运输组织，使之合理有序

一般来说，突发事件发生后相当一段时期都比较混乱，因而更加强调运输的有序组织，使之为应急物流提供重要支持。北京市要在灾害发生前做好预案，在应急通道增加标志，靠前引导，增加临时服务点，设置路边信息台，实现 24 小时不间断无缝隙式主动服务。积极采取有效措施，提供全方位便捷服务，保证救援车辆的优先快速通行，为救援车辆开辟一条高效、便捷、畅通、免费通行的绿色通道。

（四）严密组织物资押运移交

由于运送的应急物资非常重要，且突发事件应对工作异常繁忙和急迫，容易出现应急物资交接现场的混乱。因此，应做好以下工作：一是充分考虑到各种可能出现的情况，必要时配备安保和器械装备，以防应急物资被不法分子哄抢。二是在应急物资调运出库、运输途中、抵达指定地点等阶段，遇非正常情况应及时向上级报告。三是对于运送的应急物资必须实施严格的交接手续，手续办结后应将调运任务执行情况向应急物流主管部门报告，并保留必要的凭证以备后查。

五、应急物资配送

应急物资配送作为应急物流中极为重要的一环，主要包括备货、储存、分拣及配货、配装、配送加工、配送服务等内容。北京市要围绕"高效率、高质量、低成本"的原则和"信息化、智能化、综合化"的要求构建应急物资配送系统。结合应急物流的特点，以应急需求为导向，主要从备货、理货和送货三个核心业务着手，构建包括运作系统、信息系统和决策系统的应急物资配送系统构架，如图 5-4 所示。

（一）完善应急物资运输运作系统

运作系统主要由备货、理货和送货三个部分组成。备货部分主要涉及订

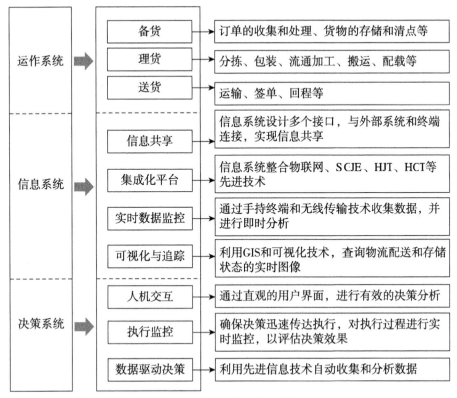

图 5-4 应急物资配送系统构架

单的收集和处理、存货的补仓、货物的存储和清点等功能。备货阶段，运作系统利用规模经济原理，运用 RFID（射频识别）、立体仓库、电子标签等技术，通过大量集中地补给、存储货物，从而提高应急应对能力并降低成本；理货阶段，应急物资配送系统采用自动分拣和自动化装卸设施等设备，快速有效地实现应急物资的清点和出库；送货阶段，通过接合第三方物流、企业物流等共同完成配送活动。

（二）建立应急物资运输信息系统

信息系统主要是一个信息共享交互平台，拥有众多的感应终端，利用物联网 RFID、GIS（地理信息系统）、GPS（全球定位系统）以及无线传输等技术实现信息搜集和集成、物流流程跟踪、库存智能控制、物流运输状态实时查询等功能。信息系统包括各种手持终端，并与相应的数据库相连，实现数据的实时收集和监控；运用 RFID、电子标签技术等对货物统一编码，实现货物身份认定，从而提高全流程运行效率；运用 GIS 和可视化技术等实现配送和存储状态的实时图像呈现；运用 GPS 和北斗导航等技术实现货物运输的全程定位和监控，为决策提供依据和支持。信息系统同时拥有众多的接口，可以与外界信息系统和终端连接，从而最大程度实现信息的共享。

（三）健全应急物资运输决策系统

基于现代科学技术的发展，利用计算机技术、仿真技术和信息技术等辅助决策者以人机交互的方式进行结构化或半结构化的决策。决策系统实现数据的自动监控和处理，同时收集相关数据为决策者提供决策支持，并且决策系统做出的决策能够无条件反馈给各信息系统接入单位，并实时监测各单位完成情况。

六、应急物资分发

应急物资分发是应急物流"最后一公里"的关键环节，是以配货、送货形式最终完成物流活动并实现资源配置的活动。北京市的各级组织应当组建一定的自身运输力量，同时发挥第三方物流资源的潜力，组织适度的配送服务，变被动的上门请领为主动的配送服务。特别是要着眼最后一公里甚至最后 100 米的物资需要，在组织战略层次干线运输的同时，积极开展面向受灾民众等需求用户的分发活动。

（一）保障应急物资分发效用最大化

一是要坚持"合理统筹、科学分布、合理储备、统一调配"的原则，同时考虑物资分发的时效性与最终的效用性，确保应急物资分发效用最大化原则。二是利用大数据信息系统平衡应急物资发放的供给与需求，统筹应急物资的分发管理，进一步提升北京市应急物流响应速度及全市应急处置能力。三是规范应急物资的分发流程，严格执行发放程序和有关要求，做到账目清楚、手续完备、规范有序、公开透明。

（二）科学准确匹配北京灾情

要针对北京市常见灾害的发生位置、类型、强度、波及范围等特点建立严密科学的应急物资分发方案，在应急物资分发之前分析不同受灾点的受损程度和物资需求紧急程度等灾情信息，使应急物资分发与实际灾害相匹配，最大限度地保证应急物资分发的有效性。

（三）规范应急物资包装标识

应急物资应该有清晰、有效的包装和标识。没有可靠牢固的包装，在装卸搬运、转运投送等环节可能会造成应急物资的大量毁损、变质、散落，特别是在灾区的恶劣环境下，物资更需要妥善的包装。没有清晰的标识，搞不清物资的品种规格，就难以进行及时准确的配送，在野外进行垂直投送的应急物资可能掉落预定区域之外而难以寻获。在应急物资分发过程中，要运用自动识别等先进技术对应急物资进行有效的包装和标识，畅通应急物资分发。

第三节　北京市应急物流新技术应用

一、区块链技术

区块链技术，也被称为分布式账本技术，是利用加密链式区块结构来验证与存储数据，利用分布式节点共识算法来生成和更新数据，利用智能合约来编程和操作数据的一种去中心化基础架构与分布式计算范式。作为一种新的架构理念、新的组织形式和新的应用模式，区块链技术具有分布式数据存储、点对点传输、共享机制、加密算法、时间戳能力等特性，提供了一个可以让区块链上的多方参与数据维护、保证数据一致性、信息可共享但不可篡改的分布式数据库，提高了信息的透明度、数据的稳定性和可靠性。在北京市应急物流体系建设中，区块链技术的应用可发挥十分重要的作用。

（一）助力应急物流的高效指挥调度

面对突发事件，如能构建公共信息平台，并与区块链技术进行融合，则在一定程度上可实现物资供给侧和需求侧信息的共享，避免信息不对称导致指挥调度无序低效。当突发事件发生时，内部的物资需求信息和由此引发的物流服务需求信息能够及时与物流服务供给信息进行有效共享和对接，为应急物流指挥调度提供及时有用的信息。区块链的去中心化和信息公开透明的特性，使应急物流系统获取信息的渠道增多，链上的各方都能及时获取相关信息，从而保证信息的准确性和指挥决策的正确度。

（二）提升应急物流的智慧化管理水平

随着现代物流信息技术的发展，物联网、大数据、云计算和人工智能等新一代信息技术开始应用于物流的各个方面。将区块链与物联网、大数据、人工智能等技术进行集成创新与深度融合应用，能有效提升应急物流的智慧化管理水平，在运输、配送等物流的各个环节为智慧应急物流带来新的契机。

一是结合物联网的区块链有助于应急物流优化节点布局。物联网可实现现实世界数字化，其将各种信息传感设备与互联网结合在一起，形成一个巨大的网络，可实现在任何时间、任何地点将人、机、物进行互联互通。将物联网结合到区块链中，利用物联网中的智能设备为应急物流节点进行布局，有助于各节点按照一定的行为和规则进行交互。区块链的分布式特性，使各物联网节点具有去中心化、信息公开透明、自治化和匿名化等特点。在结合了物联网的区块链的助力下，应急物流能更合理地进行节点布局，从而有效搭建物物互联的信息和价值交换网络。

二是结合大数据与云计算的区块链可实现应急物流管理信息化。将大数据与云计算结合到区块链中，可助力应急物流信息的整合与处理，实现管理信息化。大数据技术的特色在于对海量数据进行分布式挖掘。依托于云计算的分布式处理、云存储和虚拟化技术，大数据技术可对区块链上的信息进行整合和深度挖掘。首先，通过大数据对信息进行有效处理，提高需求预测精度，实现应急物流各环节、各部门数据整合，破解信息"碎片化"难题。其次，进一步对应急物流各方指标进行量化分析，则可为应急物资供给者、物流管理者、物流需求者和其他利益相关者建立共同的运营标准和协同合作模式，实现应急物流信息化，有效提升应急物流的管理效率。

三是结合人工智能的区块链可实现应急物流的智慧化。人工智能技术是研究如何应用计算机软硬件模拟人类某些智能行为的基本理论、方法和技术。运用人工智能技术可以对应急物流区块链上海量的数据进行实时或近实时的处理。对沉淀信息的价值进行深度挖掘，为后续决策提供支持，使应急物流活动更加智慧化。

（三）实现应急物流的可追溯性

因为区块链技术具有实时记账功能、信息公开透明，且在数据管理上具有不可篡改的特性以及时间戳能力，所以将区块链技术引入应急物流各个环节，将为应急物资溯源、防伪提供强有力的支撑。如在应急物流从前端的物资生产、采购、储存、保管到后端的运输、中转、配送及逆向物流等各个作业环节中引入区块链后，可实现应急物流全程可追溯，避免伪劣物资流入，保证应急物资质量。此外，因区块链技术具有智能合约的特性，在区块链链条上能形成完整的责任链条，可有效降低信任成本。

（四）区块链技术在应急物流体系建设上的应用优势

1. 去中心化

去中心化的分布式结构，能够使应急救援管理工作中的各方实现点对点的数据通信，可以保证信息的及时传递和共享。将信息及时上链，利用区块链强大的信息共享能力，使各项信息不需要层层上报，提高了执行的效率，契合了应急物流的时效性要求。

2. 数据不可篡改

区块链技术的去中心化本质和加密算法，可以保证所有物资流通节点都在全网传播，若某一节点的数据被篡改，将无法与其他节点上的信息保持一致。将其用于应急物资的采购、配送、分发环节，让运输、仓储、分发等数据以全链路的方式进行存证，使所有的流转信息可追溯。此外，将其用于物资捐赠环节，捐赠方、公益组织和获赠方三者之间的物资流动情况、捐赠物资所处环节等都将变得清晰明了。

3. 智能合约

智能合约，在无法更改数据的基础上，预先将规则条款以代码形式写在区块链上，并在预先设定的条件得到满足后立即自动执行协议条款，减少了人工干预和手工文书工作，简化了流程，提高了执行的效率，即使没有中心机构的监督，合约也能准确有序地执行。可将智能合约用于突发事件的监控预警、应急预案自动响应、供需快速匹配等方面，提高应急物流管理的效率。

二、物联网技术

物联网技术利用互联网或者局部网络等通信技术将传感器、控制器、机器、人员和物品以特定的方式联系起来，实现人与物、物与物之间的联系，同时也是对互联网的延伸和扩展。其核心技术主要包括 RFID 技术、传感器技术、无线网络技术、人工智能技术、云计算技术。由于我国应急物流起步较晚，所以在相关技术以及管理方面还不够完善，成本高、指挥效率低、信息化程度低是应急物流面临的主要问题，直接影响应急救援工作的运行效率。在这种形势下，将物联网技术应用于应急物流体系十分必要。

将物联网技术应用于应急物流管理，能够实现对物资的非接触式自动识别，有效应对各种恶劣环境；对物资进行可视性跟踪和溯源，并且对运送物资的车辆进行导航和定位，确保应急物资能够及时到达需求端，保证应急救援活动的顺利进行。

基于物联网技术的应急物流管理系统以实现由应急物流指挥中心对应急物资、车辆、人员进行统一监控调度，利用物联网技术对物资的需求、采购、仓储、运输、配送和分发进行全程的跟踪管理为目标，同时对车辆和人员进行优化调配，确保整个流程高效运行。目前，在应急物流作业中运用较为普遍和成熟的物联网技术是以运输、仓储为主线的应急物资全过程可视化，主要包括应急物资采购管理、应急物资 RFID 仓储管理、EPC（Electronic Product Code，电子产品代码）物联网系统、应急物资 GPS 与 GIS 配送调度和应急物流监控管理 5 个方面。

（一）应急物资采购管理

应急物资的采购基于物联网技术的全方位整体感知与敏感信息的快速传递功能。首先，利用互联网、无线网络实时和准确地将采购物资的全方位整体感知信息，从时间（或空间）上的一点传送到另一点，以备进行采购信息的处理、分析和加工，具体包括采购信息的发送、传输和接收等环节。

在应急物资采购中，将物资运送至正确的物资集散点，由该物资集散点进行物资整理、信息采集和入库，物资容量超过一定限度后会进行容量预警；同时，将物资种类与数量、集散点位置和集散点编号等信息上传至云端服务器，这些信息与物资管理调度中心同步，由运输车驾驶员与调度中心配合规划路线，提升物资采购效率。

（二）应急物资 RFID 仓储管理

应急物资的仓储状况直接影响应急救援工作的效率，所以合理控制仓储物资的种类和数量至关重要。RFID 技术作为非接触式的自动识别技术，是物联网的关键技术之一。RFID 在应急物资仓储管理系统中的主要应用方式为：将标签附在被识别物品的表面或内部，当被识别物品进入识别范围时，RFID 读写器自动无接触读写。它改变了传统的人工作业方式，使仓储系统在作业强度、作业精确度、存储效率等方面都产生了质的飞跃。另外，应急物流中的订单经过RFID 技术分析，严格按照订单管理模块对出库/入库物资进行控制，并且对仓储状况进行实时查询，实现仓储的高效管理。利用 RFID 技术可以对应急物资的库存进行权限控制，能够实现应急物资仓储管理的科学化和规范化。

（三）EPC 物联网系统

EPC 物联网系统是一个非常先进的综合系统。它由 EPC 电子编码体系、RFID 系统以及信息网络系统三个部分构成，其工作原理是将应急物资实体和互联网紧密联系在一起，从而实现"物物相联"的过渡系统，在整个应急物流的物资调度体系中起到信息传达过渡的作用。

EPC 物联网系统对物资储备点内的所有应急物资进行 EPC 标签绑定，并且将应急物资的详细信息存储在储备点的信息服务器内。当通过物资调度平台进行物资定位和信息追溯时，通过 ONS（对象名解析服务），调用查询相应物资储备点内数据库和信息服务器内对应物资的信息，从而实现应急物资的可视化和可追溯性，提高决策水平。

（四）应急物资 GPS 与 GIS 配送调度

应急物资对配送时间有较高要求，利用 GPS 技术的高精度、自动化、高效益等特点对车辆的运输能力、位置以及实时状态等信息进行管理，能够及时调整调度方案，提升配送效率；同时，利用 GIS 空间服务功能规划出最佳的运输路径，实现配送物资信息的实时共享。GPS 技术与 GIS 技术以及现代通信技术的结合，可实现对应急物流过程中的所有物资进行可视性的跟踪和溯源，保障应急物资供应的数量和质量，并对应急物流车辆进行导航、定位，使应急物资及时送达物资需求端，提高应急物流运输和配送的效率。

（五）应急物流监控管理

应急物流的监控管理主要包括利用可追溯系统以及自动监测和预警报警功能，对应急物资、应急物流车辆以及应急物流工作人员进行监控管理和预警，其目的是确保各个环节高效运行。第一，应急物资的可追溯系统。可追溯系统是现阶段应急物资质量安全管理最有效的手段，主要用于事后控制。利用物联网技术通过唯一的识别码对应急物资进行无疏漏追踪，保证物资在生产、运输和仓储全过程的安全与实效。第二，应急物流车辆的定位查询。给物资运输车辆装置 GPS 模块或者北斗定位模块及相应的软件，并进行唯一编号，物资管理调度中心可实时查询其位置，根据运输车辆的实时位置、物资集散点信息系统的云端数据、定位信息，以无线电方式或卫星电话、短信方式与物资运输车辆的司机通信并规划工作。第三，自动监测和预警报警功能。在日常应急管理中，当传感器监测的环境感知参数（包括人的行为）超过常态或预设的临界点时，会立即自动预警报警，启动保护装置，采取保护措施。因此，在应急物流体系中，对应急物资、车辆调度及人员的监控管理有利于保障物资质量和提升物流效率，实现人员的优化配置，保证各项工作有序运行。

物联网技术的发展，为应急物流体系的升级与完善提供了重要的技术保障。RFID、GPS 等物联网技术实现了物与物、物与人之间的高效连接，并且能够在信息平台上对整个流程中的物资、车辆、人员进行统一监控管理，确保应急物流工作高效运行，缩短应急调度时间，降低社会经济损失和促进应急领域的发展，对保障人民的生命和财产安全都有着极其重要的意义。

三、无人化技术

无人化技术在应急物流中的应用正在迅速发展，尤其是在面对突发灾害或公共卫生事件时，它的作用越发突出。通过采用无人机、无人驾驶车辆、机器人等先进技术，应急物流可以在提高响应速度的同时，降低人员风险，并实现高效的物流管理。以下是这些无人化技术在不同应急物流场景中的详细应用。

（一）无人机投递

无人机在应急物流中最具代表性的应用是在灾害和疫情等应急事件中快速投递物资。面对地震、洪水等灾害导致的道路受阻情况，无人机能够轻松越过障碍，将医疗物资、食品等送达灾区。无人机的优势在于灵活性高、飞行速度快，能够在短时间内覆盖广泛的区域。以 2020 年疫情防控期间的武汉为例，无人机被用于向封控区配送医疗物资，不仅缩短运输时间，还降低人力参与带来的病毒感染风险。无人机投递在未来的应急物流中将进一步发挥作用，特别是基于 5G 等技术的发展，实现远程精确控制。

（二）无人驾驶车辆

无人驾驶车辆适用于应急物流的干线运输和末端配送环节。尤其是在危险环境（如化工区）或大规模封闭区域（如疫情隔离区），无人驾驶车辆能够承担运输任务，减少人力的暴露风险。这些车辆具备自主导航、障碍物检测等功能，能够在恶劣环境下保持稳定运行。例如在疫情防控期间，无人驾驶车辆被应用于隔离区域的物资配送，自动装卸、自动配送，有效提升配送效率。无人驾驶技术的普及可以在未来帮助应急物流实现高效、安全的运输，特别是在灾害多发、基础设施薄弱的地区。

（三）无人仓储管理

在应急物流的仓储环节，无人化技术的应用有效提升仓储作业效率。在应急物资需求激增时，通过无人搬运设备（如自动导引车 AGV 和机械臂），仓库可以实现快速的物资存取。自动化仓储设备可以通过物联网连接，与应急指挥系统实时通信，实现物资的智能调度和追踪。这一技术在大型应急物资中心的应用尤其广泛，许多城市的应急物资仓库已投入无人化技术，通过 AGV 实现高效的物资流转，有效满足突发事件的物资需求。

（四）机器人配送

机器人配送主要应用于医院和隔离区等场景，在疫情等公共卫生事件中发挥重要作用。机器人可将药品、食物等物资从集中仓库自动配送至指定区域，减少人与人之间的直接接触，降低病毒传播的风险。例如在 2020 年疫情防控期间的方舱医院，机器人被用于递送药品、餐食等物资，通过自动导航和语音指令功能，机器人能够精确到达指定位置，提升医护人员的安全性。未来，机器人配送技术可以在更广泛的紧急救援场景中推广应用，特别是在生物危害和辐射环境中，保护一线人员的安全。

（五）数据分析与智能调度

数据分析与智能调度是无人化技术在应急物流中的"智慧大脑"，通过大数据和人工智能分析灾害信息，智能调度系统可以优化物资运输路径，保障资源分配更加精准。比如在洪水或地震灾区，基于实时数据的分析系统能够准确预测灾情发展，为应急物资的调配提供数据支持。结合 GIS 和无人化技术，灾区的需求定位、物资分配、路径优化等工作可以一体化实现，确保应急物资快速、准确地送达目标区域。

四、大数据与人工智能技术

大数据技术在应急物流中扮演着至关重要的角色，尤其是在信息不对称、资源紧缺的情况下，通过大数据的实时分析和预测能力，可以有效提升物流效率、优化资源配置，并确保应急物资的精准投放。以下是大数据与人工智能技术在应急物流中的几个关键应用场景。

（一）灾情预测与智能预警

人工智能通过对历史数据、卫星图像、天气数据等多种数据源进行机器学习分析，可以预测可能的灾害发生区域和发生概率。利用深度学习算法，大数据和 AI 系统能够从气象、地理等大量数据中提取潜在灾害模式，提前为应急物流提供预警信息。例如，在台风预测中，AI 可以通过对历史台风路径、气压、风速等数据的分析预测未来路径，为应急部门提前准备物资和规划物流方案提供支持。智能预警系统能够缩短响应时间，使救援物资和人员调配更加及时、精准。

（二）需求预测与物资调配

应急事件中物资需求往往变化迅速，大数据和人工智能技术通过对人口密度、受灾程度、历史需求数据的分析，可以快速预测灾区不同物资的需求情况。基于这些预测，人工智能还可以协助制订物资分配计划，确保资源按优先级合理分配，避免物资浪费或短缺。例如，在疫情防控期间，人工智能系统能够通过对各地区感染人数的实时分析，预测防疫物资的需求趋势，并制定分配策略，确保最需要的地区优先得到资源支持。这种智能分配技术为提高应急物流的效率和响应速度提供有力支撑。

（三）运输路线优化

在灾害应急物流中，路径的选择对救援效率至关重要。通过大数据技术对实时路况数据、道路受损情况和天气情况进行分析，可以动态优化运输路线，确保物资快速安全地到达灾区。人工智能技术利用实时交通数据、天气情况、道路受损情况等信息，进行路径优化和动态调度。结合 GPS、GIS 和大数据分析，系统可以智能避开受损道路，并选择更为畅通的替代路线，缩短运输时间。通过深度学习模型和优化算法，人工智能技术可以实时分析道路通行条件，动态调整配送路线，确保救援物资最快到达受灾区域。例如，结合无人驾驶车辆和路径规划算法，人工智能技术可以帮助应急车辆避开拥堵、受阻的路线，实现救援车辆的高效调度。路径优化技术尤其适用于灾后交通受阻的复杂环境，在极端情况下确保救援通道畅通。

（四）物资供应链监控

大数据技术可以对应急物资的供应链进行全程监控，确保物资在仓储、运输和配送环节高效运转。基于物联网设备和大数据系统，仓储物资的出入库情况可以被实时记录，运输过程中的每一环节也可以被精准监控。尤其是在物资紧缺、需求突发的情况下，实时的供应链监控可以让管理者清晰掌握库存情况，并根据需求变化及时补充。通过大数据分析供应链节点上的流通情况，还可以检测到潜在的供应链风险，从而提前预防物资断供问题。

（五）风险预警与决策支持

在应急物流中，除了满足物资需求，还需要时刻关注灾害带来的次生风险。通过大数据对灾区的环境、疫情发展、群众健康状态等多维度数据进行分析，可以实现风险预警，为应急指挥中心提供决策支持。例如，在传染病暴发时，大数据可以帮助预测疫情扩散趋势，为应急物资的投放和分配提供精确的指导。此外，通过大数据生成的多层次、多维度的灾情分析报告，管理者可以迅速做出资源分配、人员调度等重要决策，提升应急响应的整体效率。

（六）舆情分析与应急沟通

在应急物流中，大数据还可以对社交媒体、新闻报道、政府平台等多源数据进行舆情分析。通过分析灾区群众的需求反馈和网络舆论动向，可以帮助政府和救援组织了解灾区的真实情况，并进行及时的沟通和信息发布。例如，在疫情防控期间，分析社交媒体上的用户反馈，可以迅速获知群众的物资需求和不满之处，从而及时做出调整。人工智能技术通过对社交媒体、新闻评论等平台上的舆情数据进行情感分析，可以识别潜在问题并及时响应。

例如，通过自然语言处理技术，人工智能技术可以对公众情绪和需求做出精确分析，确保应急响应不仅在行动上快速有效，也在舆情管理上做到透明和稳妥，防止二次危机的产生。

五、5G 技术

第五代移动通信技术（5th Generation Mobile Networks，5G）作为一种全新的网络架构，具备高速度、泛在网、低功耗、低时延、万物互联以及重构安全 6 大特点，可提供更高的峰值速率、更佳的移动性能、毫秒级时延和超高密度连接。5G 技术在应急物流中具有广泛的应用前景，其高速率、低延迟和广覆盖的特点极大地提升应急响应的效率和信息处理能力。在突发灾害和公共卫生事件中，5G 技术可以通过实时数据传输、远程控制等功能，为应急物流提供全面支持。以下是 5G 技术在应急物流中的几个关键应用场景。

（一）实时数据传输与灾情监测

5G 网络具备超高速的数据传输能力，可将前方灾区的实时图像、视频和传感器数据传回指挥中心，帮助决策者迅速了解灾情。通过高清摄像头和无人机拍摄的画面，指挥中心能够实时监测灾区状况，并基于最新的灾情信息制订应急物流方案。这种高速的数据传输确保指挥中心和现场的信息同步，特别适用于自然灾害等紧急情况中，能够大大缩短决策时间，提高响应速度。

（二）无人机与无人车的远程控制

5G 的低时延特性使无人机和无人车在应急物流中得以更精确地远程控制。灾害发生后，无人机可以携带物资、摄像头或传感设备深入灾区，并通过 5G 网络将数据实时回传。无人车在受灾地区完成"最后一公里"的配送任务，快速投送物资，避免人力风险。利用 5G 的低时延优势，操作人员可以实时调整设备方向、速度和位置，大幅提高无人设备的操控性和响应精度，适合在灾后交通中断、人员不易进入的区域执行任务。

（三）应急物流的智能调度与动态优化

在应急物流的资源调度中，5G 技术支持的大数据和 AI 技术可以帮助物流系统实时采集和分析交通、天气、物资需求等多维数据。通过 5G 网络的超高速率传输，系统可以实时监控运输路线上的各种动态变化，实现路线的智能优化。结合 AI 算法，5G 网络下的调度系统能够根据最新路况信息和资源需求，自动调整配送路线和车辆调配，确保物资能尽快到达需求地点。这种动态调度适用于突发事件中的资源调配需求，提高物资的及时性和高效性。

（四）远程医疗与物资支持

5G 技术还为远程医疗在应急场景中的应用提供技术支撑。利用 5G 网络的高速传输和低时延，远程医疗专家可以通过高清视频诊疗设备为灾区受伤人员提供实时医疗支持。在隔离区或疫情暴发地，通过 5G 网络传输的医疗数据和影像能够帮助医生远程进行诊断和指导。除此之外，医疗物资的需求数据和补给信息可以实时传递给物流系统，确保物资的补给和配送更加精准。这种 5G 支持的远程医疗技术能够缓解灾区的医疗资源紧缺问题，为救援行动提供有力保障。

（五）物联网设备的广泛连接与应用

5G 技术能够同时连接大量的物联网设备，在应急物流中支持海量数据采集和智能控制。例如，灾区的环境传感器、车辆 GPS 定位器、无人机监控摄像头等物联网设备通过 5G 网络连接，形成一个完整的应急监控和物流体系。每个设备上传的实时数据可以被整合并传输到指挥中心，用于灾情评估、路线规划和物流调度。5G 技术下的物联网支持提高设备间的数据交互效率，使应急物流网络更加智能化、联动性更强。

（六）应急通信与协同工作

在灾害或突发事件中，通信网络容易中断，传统通信手段可能无法使用，而 5G 网络可以建立便携式应急基站，迅速恢复灾区的通信能力，确保信息的快速传递。5G 还支持多方实时视频会议，使救援人员和指挥中心保持高效沟通。在应急物流中，各个部门能够通过 5G 网络共享数据、视频，实时协同工作，形成统一的应急物流指挥平台。这种高效的沟通机制确保救援行动的协调性和信息透明度，减少救援过程中的信息误差。突发事件发生时，通过 5G 网络和智慧应急平台实现与无人机、救援车、指挥中心以及应急单兵装备等的联动，大大提升应急物资配送速度和远程救援能力。5G-IoT 应急物流信息平台联动示意如图 5-5 所示。

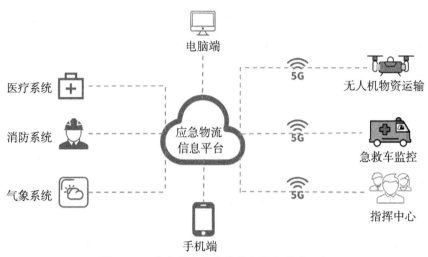

图 5-5　5G-IoT 应急物流信息平台联动示意

（七）应急物资的精确定位与追踪

5G 网络支持更高精度的定位技术，能够对应急物资和设备进行实时追踪和管理。在物流过程中，5G 支持的高精度定位系统可以实时更新每一批物资的具体位置，确保物资准确无误地送达指定地点。此外，在灾区的物资存储点，结合 5G 的物联网设备能够自动记录出入库信息，生成动态库存报告，减少物资损耗。这种精确的定位和追踪技术在应急物流中极为重要，确保关键物资在紧急情况下不会延误或丢失。

第四节　北京市应急物流保障系统

北京市应急物流保障系统包括 5 个子系统：应急物资保障子系统、交通保障子系统、设施设备保障子系统、应急物流企业保障子系统和人员保障子系统。

一、应急物资保障子系统

（一）应急物资保障机制

建议北京市建立健全平时服务与灾时应急相结合、实物储备与产能储备相结合的应急物资储备保障制度，实现应急物资的集中管理和统一调拨。应急管理部门牵头健全应急物资储备管理制度，制订应急物资储备规划并组织实施，建立统一互联的应急物资信息平台和调拨机制，在救灾时统一调度。

1. 应急物资供应保障

应急管理、商务、粮食和储备及处置主责部门会同规划自然资源、财政等部门，分别建设本行业（领域）应急物资的监管、生产、采购、储备、更新、补充、调拨和紧急配送体系，确保突发事件应急所需物资的及时供应；经济和信息化、规划自然资源、发展改革、市场监管、商务、科技、财政等部门，按职责做好应急物资相关规划布局、认证审批、建设投产、研发创新、激励扶持等工作，增强多灾巨灾条件下的重要物资快速投产和持续生产能力。市相关部门和有关单位应根据需要，采取能力储备等方式，与有关企业签订合同，保障应急物资的生产和供给。

2. 应急物资储备保障

应急管理、发展改革、商务、粮食和储备、市场监管、农业农村等部门按照职责分工，负责掌握本市生活必需品市场的总需求、储备和经营库存、生产能力、销售、价格的变化情况，负责应急机制启动后的市场监测和应急方案实施，调动生活必需品大型生产企业、经营企业的现有库存投放市场，组织郊区生产基地和社会商业库存充实零售市场。药监、卫生健康部门负责编制应急药品、物资储备目录和计划，组织落实应急医疗救治基地的应急药品、物资装备，负责应急药品储备和供应。粮食和储备部门负责保障基本生活物资的实物储备。

3. 应急物资的调度协调

市相关部门和有关单位根据自身应急救援业务需求，按照"平战结合"的原则，配备现场救援和工程抢险装备与器材，建立相应的维护、保养和调用等制度；处置主责部门根据处置需要提出应急物资需求，经分管市领导批准后下达应急物资调拨指令。国务院及其有关部门、其他省区市需要调拨本市应急物资时，由市应急委统一协调。

4. 应急物资储备的有效补充

市相关部门应充分利用外部资源，积极建立与国家有关部门、部队、其他省区市的物资调剂供应渠道，作为本市应急物资储备体系的有效补充，以备物资短缺时迅速调入。依法推动家庭应急物资储备。必要时以政府名义向单位和个人征用应急救援所需设备、设施、场地、交通工具和其他物资，要求生产、供应生活必需品和应急救援物资的企业组织生产，保证供给。

5. 应急物资的储备管理

市应急局牵头，发展改革、财政、规划自然资源等部门协助，制定本市应急物资标准，建设市级应急物资储备库。市专项应急指挥部办公室、各相关部门、各有关单位、各区根据不同突发事件的种类，制订本领域、本行业、本部门、本地区的应急物资储备计划，建设应急物资储备库和应急物资数据库，开展应急物资的监管、生产、储备、更新、补充、调拨和紧急配送体系建设等工作。

6. 应急物资的补偿机制

进一步完善突发事件应急准备和应急处置经费保障，将所需经费纳入政府预算。建立应急资源征用补偿机制，必要时，按照"先征用，后补偿"的办法，满足专用装备、应急物资的急需。事件处置结束后，由属地政府、市属行业主管部门，按照有关规定给予被征用方经济补偿。

（二）完善措施

应急物资保障体系有待完善。要紧紧围绕国家应急体系建设与应急物资保障需要，根据应急物资保障特点，系统性考虑突发公共事件所需应急物资的储备、生产、采购、运输、储存、装卸、搬运、包装、流通加工、分拨、快递、配送、回收以及信息处理等活动，以提升应急物资保障能力与推进应急物资保障现代化为主线，以补齐能力短板为突破方向，以先进技术与组织方式为支撑，以创新体制机制为保障，大力建设供需实时对接、干线支线末端有效衔接、水陆空协同、全国联动、军民融合、国际国内协调、安全高效的现代化应急物资保障体系。

一是完善应急物资保障体制与法律法规。明确不同公共突发事件中应急物资主管或牵头部门，建立由交通、铁路、民航、邮政、卫生、应急、发展改革、工信、商务、财政、金融、市场监管、农业农村、民政、公安、海关、军队、外交、红十字会等共同参与的应急物资保障联席会议制度。健全中央地方联动机制、供需对接机制、军民融合保障机制、社会力量动员及补偿机制、常态化演练及考核评估机制等。按照"第一时间、最快响应"的要求，完善相关法规、政策、标准，使应急物资保障在体制机制、指挥流程、协同机制、职责分工上有法可依，使军、地、政、企在力量与资源融合上有操作标准。对应急物资储备、生产、采购、捐赠、运输、配送等组织协调、工作流程等法律法规进行修订，明确各利益相关主体的责权利。

二是建立应急物资保障大数据平台。全面提升应急物资保障的网络化、数字化、智能化水平，构建基于政府、军队、社会、企业等多领域融合的应急物资保障大数据平台，使其涵盖应急物资生产储备、捐赠分配、交通运输、邮政快递、分发配送、应急需求等各方面的信息。该平台的建立既有利于政府部门全面掌握情况，进行形势判断，也有利于应急物资保障体系各参与方的协同协作。

三是加强应急物资储备体系建设。借鉴国外经验，推动应急物资储备专业化与社会化的有机结合，建成国家、地方、军队、企事业单位甚至家庭的一体化储备体系。合理安排应急物资储备规模及结构，建设网格化布局的应急物资储备中心库。中央及省（区、市）地方财政在年度财政预算中，可设立应急储备专款。应急物资储备要充分发挥市场机制作用，及时了解医药企业、工业企业、商超、粮库等的储存情况，提前协调好各种用品的价格，避免价格上涨导致购货不足。做好应急人力资源储备，培训使用和操作应急装备、设备的人员。

四是完善应急物流网络。充分发挥铁路、公路、航空、水路、邮政快递、仓储配送的比较优势，促进彼此有效衔接、互为补充，形成组合优势，构建立体、综合、现代化的应急物流网络。加强国内与国际应急物流网络的有序衔接。合理布局应急物流中心，提升组织能力与服务水平。

五是补齐航空物流、医药物流、冷链物流等短板。从战略高度建设一支与交通强国、大规模应急物资保障相适应的规模化、现代化航空货运机队，布局好航空物流枢纽与货运机场体系，降低战略性国际通道的对外依赖程度。引导大型医药物流企业通过重组、兼并、合作的方式整合中小型医药物流企业，形成辐射合理区域范围的网络健全、手段先进、配送及时的医药物流服务能力。对医药物流中心建设做好规划，合理布局医药物流中心。健全冷链物流行业标准，提高冷链物流企业管理水平，加强冷链物流体系建设。

二、交通保障子系统

（一）交通保障机制

由市交通委牵头，民航华北地区管理局、中国铁路北京局集团有限公司等单位配合，建立健全交通运输保障联动机制。突发事件发生后，交通、住房城乡建设、城市管理和水务等部门组织专业应急队伍，尽快恢复被毁坏的公路、轨道交通、铁路、机场及有关设施，保障交通路线畅通。公安交通管理部门根据需要开设应急救援绿色通道。必要时，可紧急动员和征用其他部门及社会的交通设施装备。公安、应急管理、消防、卫生健康和红十字会等部门和单位，积极加强空中救援力量建设，建立健全空中救援指挥调度和综合保障机制，提高空中应急救援能力。

（二）完善措施

确保应急物资快速准确运抵目的地并及时配送至急需应急物资的单位或个人，是应急物流保障能力建设的主要目标。针对应急物资交通运输保障方面存在的薄弱环节，建议按照平急结合、军民融合、共享联动的总体思路，着力完善工作机制和政策制度，充分挖掘我国既有交通线路网络、物流枢纽网络、运力资源等物流资源潜力，构建平急结合、保障有力的应急物流网络及运力储备体系，有效增强交通运输行业对于突发公共事件应急物资的保障作用。

一是充分利用北京综合立体交通网络，合理配置应急物流服务设施或服务功能。建立突发公共事件贴近战时统一管控保通的交通网络应急管控制度。实施国家应急物资物流指挥协调机构在国务院应对突发公共事件联防联控机制框架下制订的交通网络管控保通方案，有效保障突发公共事件贴近战时应急物资物流网络畅通、高效。

二是充分利用中央投资补助或规划建设的国家物流枢纽、多式联运示范工程、货运枢纽（物流园区）等物流枢纽场站资源，发挥其在全国物流网络中的关键节点、重要平台和枢纽服务作用，明确应急物流服务保障要求，构建应急物资中转、转运及分拨、配送的物流枢纽场站网络。

三是充分利用中国国家铁路集团、中国邮政集团、中国国际航空公司等大型国有运输企业，集中统一的国防交通战备运输资源和国家军队运输资源，明确北京应急物流运力配置保障要求，并坚持军民融合，积极联合国防交通战备、国家军队运输资源，发挥我国集中力量办大事的制度优势，构建"召之即来、来之能战、战之必胜"的北京应急物流运力储备队伍。

四是充分发挥地方交通运输主管部门、行业协会、无车承运人试点企业在组织调动社会物流资源方面的作用，完善社会物流资源的应急征用制度及配套补偿政策，依托北京交通运输主管部门、中国物流协会与中国道路运输协会等物流领域相关协会、无车承运人试点企业组织整合调动社会物流资源，构建我国应急物流的社会运力储备队伍。

三、设施设备保障子系统

物流设施设备资源是开展应急物流的核心支撑要素，应着力为应急物流的高效开展提供设施设备等资源保障。应急物流设施设备资源保障主要包括应急物流基础设施选址、应急物流通道规划、应急物流设备配置与征用和应急物流车队组建等方面。

（一）应急物流基础设施选址

应急物流基础设施主要包括各类应急物流中心或配送中心、应急物流资源储备库等，其布局的科学性和合理性将会直接影响应急物流运作效率。在具体选址方面，需要综合考虑交通、灾害发生率、人口密度等因素，科学做出规划和选址。为了提升应急物流基础设施的使用效率，建议在规划建设时坚持"新建与征用、应急使用与日常使用"相结合，做好制度配套，充分使用国家现有各级物资储备库和征用社会物流园区、专业物流企业的物流中心或配送中心等专业物流基础设施，在保证企业正常运营的前提下，承担起应急救援任务。

（二）应急物流通道规划

在应急物流通道规划建设方面，借助现有各类突发事件大数据分析，识别出重点区域，在区域内实施多线路规划，以免单线受阻影响应急物流救援效率，进而造成损失。在确保应急物流救援通道畅通方面，由于应急物流通道的跨区域特性，涉及多地区和多部门管理，在具体实践中频频出现条块分割、地方保护主义等所引发的堵路、违规设卡等问题。为此，必须树立"一盘棋"的应急物流思想，强化应急物流绿色通道建设与落实，在应急物流救援期间，确保应急物流专用绿色通道畅通，着力提高应急物流救援效率。

（三）应急物流设备配置与征用

应急物流设备主要包括各类应急运输设备、装卸搬运设备、应急通信设备等。为了适应突发事件发生后的自然地质条件等因素，建议选用灵活性高、适应性强、与其他救援设备配套性好的应急物流设备。同时，还要提高应急物流设备管理水平，对参与救援的应急物流车辆进行实时监控，发现问题及时解决。

在应急物流设备征用方面，除了政府提供的常规救援设备，还可以向军队、专业第三方物流企业及其他相关企业进行征用，并做好征用制度配套，明确征用标准及程序，以实现应急物流设备征用的可得性和规范化，提高应急物流救援效率。

（四）应急物流车队组建

在应急物流车队组建方面，建议构建起一套"由北京各级交通运输主管部门主抓、同级运管机构管理、专业行业协会搭建平台、物流企业具体承担组建"的运作机制，构建起多级联动、跨区域救援的应急物流车队保障体系，切实提升应急物流救援效率。

四、应急物流企业保障子系统

针对各种突发事件的时间的紧急性、信息的不确定性、物流的非标准性、救灾的弱经济性等特点，在突发事件发生前，建立系统化的应急物流体系，即"业务持续管理（BCM）"，以应对各类灾害。无论是国家、地方政府还是企业，通过业务持续管理，可确保快速恢复业务。突发事件发生时，可迅速提供救灾物资、仓库、卡车、物流专业人员以及企业资金的保障。

（一）灾害前业务持续计划（BCP）

灾害发生前，企业基于业务管理要求和规章流程，制订业务持续计划（BCP），可在突发事件发生后迅速做出反应，以确保关键业务功能的持续性，而不造成业务中断或业务流程本质的改变，最终减少灾害带来的损失，有效地保障各项业务的连续性。突发事件发生时，物流企业的业务能力会突然下滑并持续一段时间，通过制订业务持续计划可以尽量缩短这个时间。例如，物流企业有 20 辆卡车，若事先没有制订业务持续计划，突发事件发生时 20 辆卡车可能都不能使用。若事先制订了业务持续计划，其中的 6 辆车可以正常使用，则可确保 30% 的物流业务。在这期间，物流企业可以抓紧时间尽快恢复全部业务。

1. 灾害备份管理

突发事件发生前，一方面，客户对物流企业提出，受灾前是否有应对突发事件的预案、受灾时如何确保仓库与卡车的持续提供、受灾后恢复物流业务需要的时间等问题。同时，物流企业不可以把业务停止的责任归于灾害，否则将失去很多客户而倒闭。另一方面，物流企业从客户可以承受业务停止的中断时间、可以复工复产的恢复时间、采取应急措施后最大的业务恢复程度等 3 个方面判断客户应对灾害的承受能力。物流企业进行数据备份、信息备份以及系统备份等灾害备份管理。客户与物流企业建立双向灾害备份的规范化管理，可最大程度降低损失。

2. 风险预估地图制作

事先制作灾害发生可能性的风险预估地图，物流企业可依据风险预估地图评估客户存在的风险情况，根据风险程度，制定调整应急仓库、调配应急卡车、筹集救灾物资等保障措施，确保灾害发生时将损失降到最低。

（二）灾害时的风险评估

1. 风险分类与评估

首先，物流企业尽可能考虑各类风险情况，所有风险都应纳入物流企业的评估范围。按照风险程度可将风险分为无法应对的风险、可应对的风险、暂时不用应对的风险 3 个级别。按照风险内容可将风险分为企业内部风险（过程风险、控制风险）、企业之间的风险（需求风险、供应风险）、企业外部风险（环境风险）3 个类别。对风险进行准确定位，除可分析企业自身的风险，还可评估供应链上存在的各种潜在风险，从而制订合理的风险应对计划。其次，物流企业要兼顾灾害控制与灾害预防两个方面。最后，风险评估的结果，是一份灾害风险效益分析的详细陈述报告。在报告中，要准确描述灾害风险，提出需要采取的保障业务连续性和应对风险的措施，分析控制、应对灾害风险而带来的收益。

2. 灾害数据收集处理

突发事件发生时，根据灾害情况，准确地收集灾害数据与信息，迅速通知相关人员避险。首先，确认所有人员的安全情况，并立刻进行救灾抢险活动，防止灾害波纹效应的发生。其次，做好救灾物资的储备调运工作，确保自然灾害最低 3 天、公共卫生灾害最低 3 周的救灾物资储备量。救灾抢险时，不能只顾本地企业的利益，还要兼顾周边地区的利益。最后，需要把握每个客户的现状，并预估各种风险。此外，按照以下顺序，预先确定物流企业各职能部门的分工协作和可替代性等内容：第一，通知员工灾害发生；第二，确认员工人身安全；第三，把握仓库、卡车、员工、资金的情况；第四，制定物流企业应急报告；第五，物流企业现场作业准备；第六，联系政府部门、行业协会以及货主企业，提出并实施专业应急物流方案；第七，恢复客户业务，并针对"谁、何时、何地"等逐项予以定位。

3. 生产运行中心管理

当灾害发生时，建立包括资源需求预案、业务恢复预案、紧急事件响应、应急管理人员架构等内容在内的规划。

一是资源需求预案，主要聚焦于在灾害或突发事件中所需的物资、人力等资源的识别与准备。通过对生产运行中心的关键资源进行详细梳理，可确保在紧急情况下快速调配所需资源，避免因缺少必要的支持而延误救援或恢复进程。资源需求预案还应包含资源调配渠道及供应商联络方式的清单，以保障应急时的高效响应。此外，须定期对资源库存进行检查和更新，确保资源处于可用状态。

二是业务恢复预案，确保在灾害发生后能够迅速恢复关键业务功能，维持生产运行中心的基本运作。此预案应根据业务流程的优先级制定，明确恢复的时间节点和顺序。业务恢复预案应包括恢复流程的具体步骤、关键设备的修复和替代方案，确保能够快速启动备选方案。为增强预案的实用性，须定期进行演练和评估，并根据实际情况不断优化。

三是紧急事件响应，其机制是应对突发事件时的核心程序，包含事件分级、预警触发条件、响应策略等内容。该机制要求在突发事件初期就迅速评估事态的严重程度，确定合适的响应等级，并启动相应的应急措施。紧急事件响应还应覆盖与外部应急机构的联动机制，以便在重大灾害中获取额外支持。建立完善的事件响应程序，可有效提升组织在灾害中的反应速度和协调能力。

四是应急管理人员架构，其是应急响应的组织基础，明确了各级人员在应急中的角色和职责。该架构应清晰划分指挥、协调、执行等不同职能，以便在突发情况下能够迅速形成合力。应急管理人员架构还须包含定期的培训和演练安排，以确保所有参与人员熟悉自己的任务和流程。此外，人员架构设计中应考虑后备人员的安排，以在主要管理人员缺位时保持应急响应的连续性。

（三）灾后恢复

1. 计划可行性

灾后恢复的关键在于制订可行的应急预案，以确保灾害发生时物流企业能够迅速响应并恢复运营。首先，应制订详细的应急预案，以应对可能的封路、封城等情况，确保业务的连续性。其次，当客户因灾害停产时，需制订针对性的恢复方案，帮助客户尽快恢复正常运行。此外，企业应定期模拟灾害情境，通过演练提高员工的应急反应能力，并评估和检验业务持续管理的实际效果，以确保预案的可行性和有效性。

2. 业务持续中心管理

在制订业务持续计划时，需全面涵盖业务影响分析、恢复策略制定、信息通信保障、第三方合作、危机公关及供应链危机管理等内容。业务影响分析有助于识别灾害对业务的潜在影响，并制定相应的恢复策略。信息通信保障确保在灾后能够维持正常的通信和数据传输。与第三方合作机构的协作方案则帮助协调资源。危机公关用于处理外部沟通和维护企业形象。供应链危机管理则确保供应链各环节的稳定，保证恢复工作顺利进行。

3. 灾后恢复措施

在灾后恢复过程中，物流企业需采取一系列具体措施以确保恢复工作顺利进行。首先，应关注仓库和卡车的替代性，确保灾后这些关键设施能够迅速恢复使用。其次，通信和数据的保障也是关键，需要定期备份重要数据，并建立灾后数据恢复流程。再次，卡车燃料的保障尤为重要，企业需确保灾后燃料供应充足，以满足运输需求。又次，污染废弃物的处理也需特别注意，应指定专人管理并定期检查，避免环境污染和高额的清理费用。最后，对于中小物流企业而言，确保资金周转安全至关重要，企业需准备足够的流动资金以应对货款回收困难和其他紧急支出。如遇资金困难，可通过行业协会或向地方政府申请援助。

4. 灾后业务恢复指标

灾害发生后，在整个业务恢复过程中，恢复时间目标（RTO）、恢复点目标（RPO）是最关键的衡量指标。这两个指标需要明确从灾害发生后导致客户业务停止到物流企业采取应急措施使客户恢复业务的时间，以及可以使客户完全消除此次灾害影响而达到正常的业务运行状态的时间。因此，灾害发生后，物流企业不仅需要快速提出解决方案和采取应急措施，还需要从客户的角度，了解灾害对客户造成的损害程度，才能从供应链运行的深层次实施行之有效的应急物流管理。物流企业只有在充分了解和关注灾害对客户产生的影响的基础上构建应急组织机制、研发应急技术、制订应急物流专业人员管理方案、筹措应急所需资金、筹备应急物资、管理应急物资储存、安排应急物资的运输，才能真正实现人尽其才、地尽其利、物尽其用、货畅其流的效果。

五、人员保障子系统

市应急委统一领导市级专业应急队伍的规划建设，并由市应急办进行统筹管理。市相关专项指挥部、相关部门和有关单位统筹规划本行业（领域）市级专业应急队伍的建设和管理工作。未组建市级专业应急队伍的部门，应根据实际工作需要，与相关部门建立专业应急队伍使用机制。

突发事件发生后，负责或参与应急处置的市相关部门和有关单位根据突发事件的性质和特点，有权调用市级相关专业应急队伍。专业应急队伍到达事发现场后，接受现场指挥部的统一指挥调度。根据需要，由市应急委统一调动专业应急队伍赴京外地区执行任务。市相关部门和有关单位按照国家有关部门要求调动专业应急队伍赴京外地区执行任务时，应及时向市应急办报告。

（一）应急保障队伍的组成

北京市消防救援总队是首都地区应急处置与救援的核心力量，负责综合性消防救援工作，并主导指挥调度相关灾害事故的救援行动。作为首都的主力军，北京市消防救援总队在应急处置与救援过程中扮演着关键角色，协调各类应急资源，确保快速有效地响应和处置。

专业应急队伍由市、区两级应急管理、网信、经济和信息化、公安、生态环境、交通、水务、住房城乡建设、农业农村、卫生健康、城市管理、宣传等部门根据其职能分工和实际需要组建。这些队伍在各自的专业领域内承担关键的处置和救援任务，确保应急响应的专业性和针对性。

基层应急队伍是应急处置的第一线力量，由各区统筹管理，依托街道（乡镇）、社区（村）内的城市协管员、灾害信息员、群测群防员、基层网格员等安全管理人员，以及社区志愿者、警务人员、医务人员等专业人员组建。这些队伍在突发事件发生时，能够迅速到达现场，开展信息报告和初步处置，发挥熟悉情况和反应迅速的优势。

社会应急队伍作为应急处置和救援的辅助力量，由市、区两级相关部门负责指导和支持。社会应急队伍包括红十字会、共青团、应急志愿者等，通过法律法规、服务协作平台和联演联训机制，提高组织、技术装备、能力培训和演练水平。这些队伍在突发事件中负责抢险救援、卫生防疫、群众安置、设施抢修和心理安抚等工作，并鼓励企事业单位和社会组织有序参与公共安全和应急管理。

驻京部队应急力量由中部战区、北京卫戍区、武警北京总队及预备役部队、民兵组成，作为应急处置和救援的突击力量，按照规定参与北京市突发事件的应急工作。这些部队需要配备必要的装备，进行针对性的训练和演练。市相关部门和单位应与驻京部队加强沟通对接、信息共享和联合演练，以提高协同应对能力。

应急专家队伍是应急处置和救援的智力支持力量。市相关部门在自然灾害、事故灾难、公共卫生事件、社会安全事件及综合管理等领域建立了由专家学者和具有丰富实践经验的行政管理人员组成的专家队伍。这些专家队伍为公共安全规划、信息系统建设与管理、灾害发展趋势预判等方面提供专业意见和建议。专家队伍还负责研究突发事件的发生规律、发展趋势、救灾方案、处置措施、灾害损失评估和恢复方案，并为突发事件的应对工作提供科学有效的决策支持。

（二）优化举措

一是建立应急物流专业队伍。充分发挥行业组织作用，牵头制定行业标准，协助政府制定相关行业政策，授权建立应急物流企业专业化队伍。重点扶持精研保障预案、演练指导、辅助决策的专家型人才。同时，开展应急物流行业培训认证，授权开展应急物流保障第三方评估等。

二是提升基层应急物流人员储备能力。基层应急物流人员是应急储备中不可或缺的力量，也是应急处置中的一线关键力量，他们的物资保障能力和水平影响着基层突发公共事件的及时发现、识别和处置效果。应重点培养、锻炼快速分仓布局、港口装卸搬运、集装包装作业人员以及大型货车司机等基层应急物流关键岗位人才。物资储备体系应下沉基层，定期开展物资调度、使用和应急演练，提升基层人员的物资保障能力和物资使用能力。

三是加强应急物流人才支撑。加快补齐应急物流专业人才支撑方面的短板，创新应急物流人才教育和管理工作，健全专业人才培养招录机制，加强应急物流学科建设，引导全国高校大力培养各类应急物流专业人才。根据应急物流岗位的能力需求，重点培养统筹能力强、管理素质高、专业技能全的指挥管理人才。依托军地院校、科研院所、行业组织建立应急物流研究机构，开展应急物流专业学历教育队伍和专业化队伍的任职培训与演练。

第五节　北京市应急物流预案体系

应急物流预案是针对各种可能发生的突发公共事件所需的应急物流保障行动而制定的指导性文件，是预防和处置突发事件时组织开展物流保障活动的行动指南，是突发公共事件预防和应急救援的重要组成部分，在应急行动的管理和保障中起着关键作用。

一、北京市应急物流预案制定原则

（一）法律依据

应以习近平新时代中国特色社会主义思想为指导，依据《中华人民共和国突发事件应对法》《国家突发公共事件总体应急预案》和《北京市实施〈中华人民共和国突发事件应对法〉办法》《北京市人民政府工作规则》等有关法律、法规、规章和文件，以及北京市突发事件应对工作实际，编制北京市应急物流预案。

（二）目的与意义

1. 守卫首都安全

北京市是中华人民共和国的首都，是全国的政治中心、文化中心、国际交往中心和科技创新中心。建设和管理好首都，是国家治理体系和治理能力现代化的重要内容。首都安全关乎国家安全。

2. 保障重大活动

北京是超大城市，人口稠密，流动人口多，建筑密集，经济要素高度积聚，政治、文化及国际交往活动频繁。受各类风险因素影响，各类国家大型活动存在诸多产生突发事件的条件、因素。

3. 化解重大风险

制定应急物流预案，对于积极防范化解重大安全风险，提升突发事件应急处置水平，维护国家安全和社会稳定，保护人民群众生命财产安全，推进城市治理体系和治理能力现代化，为建设国际一流的和谐宜居之都营造安全稳定的社会环境等，具有重大意义。

4. 保障应急物流

根据指挥协同、物资筹措、储运配送、技术支持等不同阶段、环节的特殊要求和重点任务，分类制定相应的应急预案，形成环环相扣、配套衔接的应急物流预案体系，确保强大的应急物流保障能力。

（三）工作原则

1. 坚持人民至上、生命至上

深入贯彻落实习近平总书记关于应急管理和防灾减灾救灾重要论述精神，坚持总体国家安全观，坚持以人民为中心，强化首都意识，坚决扛起全力防范化解重大安全风险的政治责任和社会责任，最大程度减轻突发事件的危害，不断增强人民群众的获得感、幸福感、安全感。

2. 坚持党委领导、统分结合

在市委的统一领导下，市应急委、市委应对重大突发公共卫生事件领导机构、市委平安北京建设领导小组等领导指挥机构统筹负责，各行业（领域）部门、各区持续完善分类管理、源头防控的突发事件风险防范和应对职责体系，形成"党委领导、政府主导，部门联动、条块结合，专业处置、社会参与"的工作格局。

3. 坚持分级负责、属地为主

建立市、区两级突发事件应急指挥体系。市级统筹指导、靠前指挥，协调调度资源开展应对工作；区级履行属地责任，及时启动应急响应，全面负责本区域突发事件的组织应对工作。注重组织动员社会力量广泛参与，形成工作合力。健全完善部门之间、条块之间、各类力量之间的协调联动机制。

4. 坚持区域协同、联防联控

健全完善首都地区应急协调联动机制，强化与国家有关部门、驻京部队、中央在京单位以及周边省区市的联防联控，加强信息沟通、政策协调和资源共享。推动京津冀地区应急合作，联合开展应急演练，实现信息共享、应急资源合作、重大应急策略和措施联动。

5. 坚持依法规范、科技支撑

健全应急管理配套法规、规章与制度，推进突发事件应对工作规范化、制度化、法治化建设。立足首都科技创新优势，加强应急管理科学研究和技术开发，充分发挥专家队伍和专业人员作用，提高突发事件应对的科学化、专业化、智能化、精细化水平。

二、完善北京市应急物流法律法规体系

应急物流机制是应急管理机制的重要组成部分，因此在构建应急物流法律法规体系时，应注意其与应急法制之间的从属关系，使其被包含于应急法律法规体系中。在构建应急物流法律法规体系时，应当深入分析相关法律法规的现状，梳理现有法律法规的脉络，整合不同层次、类别的法律法规，消除其中的冲突与矛盾，及时清理过时、错误的内容，强化应急物流法律法规体系的系统性与协调性。

（一）制定具有针对性的应急物流法律法规

一是制定应急物流专项法律。抓紧制定针对性强的应急物流专项法律，系统性规范应急物流。例如，捐赠管理，应急物资管理，军队参与救灾的合法性，公民在救灾中的权、责、利及奖、惩原则，灾后回收物流问题等，都需进行专项确定。对于应急物资再回收，尤其应该予以重视。应急物流中的回收物流涉及的救援设施设备和物资种类众多，且都需要回收政府仓库储存，以备再用，但由于数量多、分布广、回收难，容易出现挪用、浪费、丢弃等

情况，因此需要在法律上明确做法，并且需要完善的物流系统配合充足的资金加以实施。同时，随着网络的普及，电子商务在应急物流中发挥的作用越发突出，但相关法律规范尚未具体体现。例如，应急物资网上采购、第三方物流加入都离不开电商系统的完善，所以规范电商法律也是构建应急物流法律体系的重要环节。

二是结合地方特色制定地方法规与条例。由于全国各地区之间的情况差异很大，因此全国统一的法规有时对于某些地方而言并不适用。北京市应结合地区特点积极制定具有本地特色的地方法规，针对本地区的灾害性事件做出应急物流规定。根据北京市常见的自然灾害制定相应的应急物流预案。对临时性法律文件也应区别对待，如果其只针对一次特定的灾害事件，可以在事件处理结束后解除其法律效力；如果其对某类事件都有借鉴意义，可通过上报全国人大、国务院将其修订为法律法规。构建全流程一体化的灾害性事件应急物流法律法规体系，使得每一项工作都有法可依。

三是明确专职管理机构的法律权责。尽管我国早在 2006 年就成立了全国性应急物流社会团体——中国物流与采购联合会应急物流专业委员会，但是，北京市目前尚无统一的应急物流管理机构，完善机构建设意义重大。建议建立北京市应急物流专职管理机构，通过应急物流立法，规范应急物流运行，形成以政府指导为主体的指挥体系。平时，该机构负责与应急管理部门的协调工作，主要职责包括应急物资储备管理、设计应急物资配送路线、预测区域应急物资需求、制定应急物流预案等。突发事件发生时，该机构统筹协调交通、消防等部门及社团、企业，促进救援活动有序进行。

（二）构建应急物流补偿法律体系

一是系统化完善补偿法律体系。首先，将现有应急物流补偿的法律规范梳理、汇编成册，使其体系化，并对当前的应急物流补偿工作给予一定的指导意见。其次，对国家承担应急物流补偿的财政资金予以明确且系统的规定，确立财政资金的使用目的、使用形式、使用方式，将用于应急物流补偿的财政资金的申请程序、补偿的标准法治化、体系化。最后，对民间组织的参与给予系统且明确的规定，确立社会团体、市场部门进入应急物流活动的程序、应当具备的资质以及退出机制。

二是明确补偿主体的权利义务。目前，我国应急物流的补偿主体主要是政府及其相关的机构。但是，由政府调用的社会资源和支配的财政能力是有限度的，应考虑逐步建立政府与市场相结合的补偿机制，把政府的强制力与市场的低成本运作进行有机结合。设立专门的补偿金管理机构，在应急物流活动中，明确政府征用民间物资的权力边界，明确政府征用应急物资的前提条件、征用对象、征用方式，以及对应急物资使用信息的公开方式、时间，预防发生补偿金挪用、乱占等现象。政府补偿方式，建议形成以现金补偿为主，返还原物、补偿财产、安排就业等灵活补偿方式为辅的制度。

三是完善补偿纠纷解决机制。在整个补偿程序中，如果出现纠纷，如数额争议，补偿机构是否按程序办事，补偿主体多报、瞒报等情况，涉及纠纷解决机制的建立问题。当民事主体存在违法行为时，相关权力机关应根据实际情况参照有关法律法规进行罚款、拘留、行政处罚等；当行政主体存在处理不当或违法行为时可通过行政诉讼、行政复议等方式来解决。补偿纠纷解决机制的建立可以为补偿机制的完善提供有力的保障，使补偿工作依法顺利完成。

三、强化应急物流标准

（一）建立统一的指挥标准

目前，我国应急物流采用的模式是以政府为主导，人民军队为救援主要力量，发生突发事件后，成立临时指挥小组来指挥救援工作，缺乏统一有效的指挥。因此，制定突发事件应急物流指挥标准是完善应急物流体系的第一要务。在统一的指挥标准的指导下，设立一个功能完备、专业化程度较高的政府性质的常设应急物流指挥中心，以应对灾害性事件发生后的物流问题。应急物流指挥中心应具有信息化程度高、保障能力强、适应力强等特征，平时做好应急物流的准备与协调工作；在灾时进入紧急状态，根据受灾地区情况，结合以往工作经验及专家意见做出决策，指挥各相关部门进行救援工作。

（二）制定统一的基础标准

应急物流各环节、各方面的基础标准是应急物流高效运作的基础。应尽快完善相关的基础标准，如应急物资储备标准、应急物资配送标准、应急物流人员工作执行标准、应急物流基础设施标准以及运输工具标准等，为救援工作提供技术支持，使救援各环节紧密衔接，保证救援物资与人员快速抵达灾区，以进一步确保灾害性事件应急物流的高效运作。应急物资储备与配送方面，制定应急物资储备的种类、地点、规格以及规模、物流配送中心的位置、用地以及作业规模等标准；应急物流工作人员方面，制定配送人员身体条件、学历以及专业技术资格等标准；应急物流基础设施与工具方面，完善道路与车辆的相关标准，保证道路与车辆畅通无阻。

（三）完善信息化标准

应急物流组织运作中，信息化水平是影响其运作效率的重要因素。北京市要建立统一的应急物流信息平台，准确及时地传递应急物流信息。要全面提高应急物流运作信息化水平，逐步完善信息化标准。按照标准对信息进行筛选，更快地筛选出有用的信息，及时掌握具体灾情的整体情况。依托标准对反馈信息进行评估与审核，并通过记录进行经验积累。同时，实现更准确的应急物资需求与调配预测。

（四）健全资源征用与补偿标准

资源征用是保证应急物资供应的常用办法。我国对于资源征用后的补偿以政府补偿为主，尚无市场化的风险分担机制。有关征用补偿的法律法规也分散于各部法律之中，其标准有待统一。将征用补偿机制标准化、法治化既可以使政府征用资源时有法可依，也可以有效防止政府因社会公共利益而对个人及企业利益造成损害。应当设立北京市的地方征用补偿标准，参照北京市各地区经济发展水平、人民生活状况、被征用物资损耗情况设立补偿基金标准。

四、保障应急物流政策有效实行

（一）建立应急物流政策保障部门

建议应急物流政策保障部门由多个政府相关部门以及应急物流领域相关专家构成。明确应急物流政策保障部门的职能。

一是依据国家法律进一步制定符合地区实际的应急物流法律，确保灾情发生时，应急物流活动有法可依，实现应急物流规范化、高效化发展，对应急物流活动起到规范、激励、约束等作用。

二是设计、制定好遭遇突发公共事件等紧急情况时，地方政府与相关物流企业的契约制度，明确各主体的责任和义务，建立应急物流补偿制度，对服务于应急保障的物流企业给予一定的资金支持，吸引物流企业与运输配送部门签订应急救助协议，保障其工作积极性。

三是在灾情发生时，针对应急物流运作过程中物资供需信息传递不畅、物资调度困难、应急保障成本高等问题，制定相应的支持政策，以保证应急物流的高效运行。

（二）应急物资运输保障政策制度

一是健全应急物资运输保障机构职能和运行机制。建立分工明确、职责清晰、响应及时、流程规范、全程可控的应急物资运输组织管理机构。突发事件应急响应时，负责应急物资运输保障组织工作；平时，负责应急物资运输物流网络规划、节点设施和运力资源的配置原则和标准的制定，应急物资运输保障专项预案的制定、日常演练以及应急运输保障能力评估工作。

二是加快编制应急物资运输专项预案。针对不同类型突发事件下应急物流运输保障的特征，基于统一协调、多主体融合、多种运输方式协作、保证干线运输时限与运输能力的原则，分门别类制定应急物资干线运输专项预案。运用仿真技术，从运达时效、运输能力、点线能力匹配、协同运作效率等多个方面评估预案的实施效果。

三是完善应急物资运输绿色通道通行制度。制定明确统一的应急物资运输绿色通道通行标准、车辆识别标准（车辆标识、通行证等）、信息交互标准、审批流程等，实现跨区域、跨部门的联合保障标准统一、缩短沟通协调时间，切实保障绿色通道通行顺畅。

（三）应急物资保障政策制度

一是完善应急物资保障统筹协同机制。明确不同类型公共突发事件中应急物资主管或牵头部门，建立由交通、铁路、民航、邮政、卫生、应急、发展改革、工信、商务、财政、金融、市场监管、民政、军队、红十字会等共同参与的应急物资保障联席会议制度。完善应急物资保障法规、政策、标准，推动各相关部门在应急物资生产、储备、采购、捐赠等环节的协同运作。

二是建立应急物资保供机制。推动优质大型电商平台信息接入应急资源管理平台，与应急物资生产企业实现对接，建立联动工作机制，通过大数据技术分析应急物资供需情况，指导应急物资协调生产，合理确定未来产能。对应急物资供应方实施优惠政策。推动有关部门加大财政补贴、税收减免、信贷支持力度，引导应急物资供应企业积极响应政府需求，保证应急物资供应。

三是建立健全应急物资紧急采购制度。着力将紧急采购纳入政府采购法律体系之中，明确紧急采购的适用情况、运行流程以及人员与机构配置等内容。构建紧急采购触发机制。依据《中华人民共和国突发事件应对法》，结合风险级别和紧迫程度，确定相应紧急采购级别，对应不同的采购方式和流程。建立紧急采购后续审查制度。在简化采购审批流程的前提下加强后续审计审查，最大限度做到公开透明和流程可追溯，接受社会公众监督。

第六节 北京市应急物流公共信息平台构建

应急物流公共信息平台是应急管理信息平台的一个构件，通过对公共物流数据（如交通流背景数据、物流枢纽货物跟踪信息、政府部门公共信息、物流企业运力信息等）的采集、分析及处理，为参与应急物流的多方提供基础支撑信息，满足应急物流信息系统中部分功能（如运输方案制订、车辆调度、货物跟踪、交通状况查询）对信息的需求，支撑应急物流信息系统功能的实现。

应急物流公共信息平台不同于政府或企业的内部信息平台，也不同于当前常见的物流公共信息平台，是满足灾时物流运作之需，向物流链上各类用户提供信息交互、共享服务的开放式平台。目前，我国主要有三类物流公共信息平台。一是政府公共物流服务与监管平台。这类平台是依靠国家财政性投资完成、为有关政府部门的行政职能服务的。例如铁路运输管理信息系统（TMIS）。二是物流枢纽（如口岸、港区、物流园区等）的公共信息平台。这类平台通常属于地区性基础建设范畴。三是商业性物流信息平台。这些平台是市场需求驱动的、专业化的平台，共有两类。一类是以行业物流业务为基础的行业物流信息平台，是连接上下游合作伙伴的信息系统，如汽车物流信息平台、医药物流信息平台、烟草物流信息平台等。另一类以特定的物流服务功能为基础，如公路货运信息平台、国际海运货代信息平台等，主要功能是整合供方与需方的信息，降低交易成本，通过优化资源配置来获得商机。

一、构建应急物流公共信息平台的必要性

（一）信息交换与共享

构建应急物流公共信息系统，将参与应急物流活动的各个主体所产生的

信息发布在统一的信息平台上，直接进行信息的传递，实现不同地域之间数据的交换和共享，提高信息传递效率，有利于保证应急物流信息沟通的时效性和信息传递的准确性，提高应急救灾管理水平。

（二）资源调节

突发事件发生后，庞大的救灾物资的储存与管理需要大数据平台发挥作用，信息平台对采集到的数据信息进行处理和分析，提取出有价值的信息，对应急物资进行系统化的管理，实现资源配置最优化，保证应急物流工作安全高效开展。

二、应急物流公共信息平台的构建原则

构建应急物流公共信息平台，需要遵循以下原则：

一是基础设施统一建设。统一建设应急物流公共信息平台各子系统的基础设施，为各种处理、计算和管理功能提供统一的网络平台。

二是数据资源共享。建立应急物流基础资源数据库，打破不同行业部门之间的限制，实现应急物流信息资源共享。

三是开放性和标准性。平台是一个开放的、分布式的系统，可以提供不同层次、不同需求的信息服务，因此，需要采用符合国家标准的标准化数据接口和通信协议。

四是先进性和可扩展性。需要把握技术的发展趋势，在兼容已有的信息技术的基础上，采用最新的技术成果，不断完善平台建设。同时，平台需要随着技术的发展和应急物流需求的增加而更新，因此，平台应该具有可扩展性。

五是可靠性和安全性。平台应安全可靠，确保主要设备不中断工作和数据不丢失，采用模块化设计，确保模块间的独立性。

六是实用性。平台以操作方便、简洁高效、易于维护为目标，整体设计、统一操作，既能够实现快速反应，又便于管理者开展业务，提高工作效率。

三、应急物流公共信息平台总体架构

应急物流公共信息平台采用"平战结合，以平为主"的设计理念。"平"时能够满足各级部门的安全管理工作的需要，"战"时能够满足应急值守、应

急评估、应急决策和应急指挥等应急工作的需要，提高各级部门应对各类突发事故的响应能力和科学决策水平。平台结合 GIS、GPS、遥感遥测系统、电视会议系统以及视频监控系统等，多元整合应急资源信息，通过软件、硬件相结合的应急保障技术体系，重点关注状态监测、故障预警、应急调度以及过程分析等应急环节。

为实现北京市应急物流公共信息平台的功能，根据信息系统的一般层次结构，以物联网相关技术为支撑，以实际应急救灾要求为基准，对信息平台结构进行设计。这种结构，充分利用物联网的信息采集以及信息处理的功能，对信息平台进行支撑，使物流管理活动更加全面、灵活。应急物流公共信息平台架构主要分为感知层、传输层、数据层、支撑层、应用层、用户层等，如图 5-6 所示。

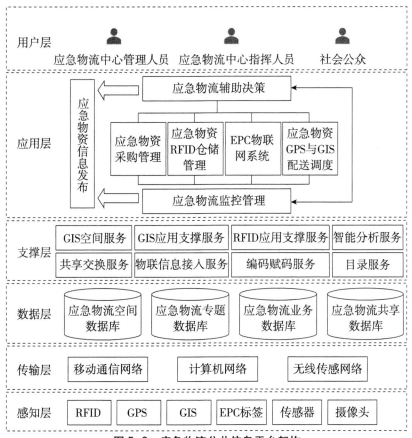

图 5-6 应急物流公共信息平台架构

1. 感知层

感知层主要应用 RFID、GPS、GIS、EPC 标签等技术，实现救灾资金实物信息的动态、实时采集、监视与管理，完成数据的规范、统一、传递等任务，实现物理世界与信息世界的对接与融合。其输入端连接各地理位置分散的数据采集设备，实时、自动化感知和采集物资种类、数量、分布、状态以及受灾情况、救灾物资需求等信息，保证对所需信息的快速、及时、准确、全面采集。

2. 传输层

传输层主要依靠现有的各种通信网络，进行灾时信息传输和通信。传输层利用各种先进、成熟的网络技术和通信技术，建设一个可实现各种综合网络应用的高速计算机网络系统，提供便捷、高速、稳定、及时、安全的信息传输，也是实现信息互通的基础。如果正常的通信中断，相关部门则启用应急通信等，保证信息网络在第一时间打通。

3. 数据层

数据层即系统的资源中心，负责存储、处理平台数据资源，对基础数据与数据层应用数据进行统一整合。其包含的数据库有应急物流空间数据库、应急物流专题数据库、应急物流业务数据库、应急物流共享数据库等。数据库中包括的危险源数据、隐患数据、风险数据、应急预案、应急物资、救援队伍、避难场所、应急专家以及网络舆情等数据与数据服务云平台之间实现数据交换和共享，为应用层提出的各种问题提供数据支撑。考虑到应急物流数据的多源特点，可在数据层采用基于区块链的分布式记账技术，保证上链信息的科学分类、自动加密和不可篡改。

4. 支撑层

支撑层是整个平台架构的基础，包括 GIS 空间服务、GIS 应用支撑服务、RFID 应用支撑服务、智能分析服务、共享交换服务、物联信息接入服务、编码赋码服务、目录服务等。支撑层是平台架构的重要支撑基础，包括连通服务、流程服务、GIS 服务、安全服务、适配器、云服务以及数据资源池等用来保证体系应用正常运行的相关服务。

5. 应用层

应用层覆盖各业务要素，包含应急物流监控管理、应急物流辅助决策、应急物资信息发布。应急物流监控管理主要包括对应急物资、应急物流车辆以及应急物流工作人员进行监控管理，保障应急物资的质量和速度，确保各个环节高效运行。应急物流辅助决策主要包括应急物资综合查询、应急物资需求分析、统计分析和物流配送决策分析，这些辅助决策能够为应急物流管理系统制定的各项决策提供有力的依据，确保各项决策的科学性和合理性，对应急物流管理系统的高效运行具有重要的作用。应急物资信息发布主要是将应急物资的实时状态向应急机构和公众进行公示，利于对应急物资进行合理调配。

6. 用户层

用户层即应急物流公共信息平台的决策者，包括应急物流中心管理人员、应急物流中心指挥人员和社会公众等，拥有多种应急物流决策场景。用户层为应急物流决策者，包括应急监测预警、应急指挥协调、应急物资保障、应急运输投送、应急安全生产、应急信息共享、应急医疗救援、应急综合事务处理等。用户层根据用户对物流信息需求的不同程度和层级提供交互操作与执行界面。基础信息查询交流时，平台用户可进行基础的信息查询；在线商贸交易服务时，企业用户可依托平台对物流商贸活动实现在线交易；电子办公服务时，政府用户可实现线上联合办公，为企业用户服务；政府监管时，政府用户可对物流活动实现线上纵向与横向结合的监管模式；利用大数据分析战略决策时，政府和企业用户可依托平台所提供的大数据分析进行决策。

四、应急物流公共信息平台用户需求

应急物流公共信息平台是一个满足用户需求的平台，各用户的资源信息在平台上实时共享，并及时发布和更新，便于政府对社会物资情况的掌握并根据灾区实际情况和现有的物资储备情况采取有效措施，进而提高整体的应急反应能力和应急处置水平。因此在构建应急物流公共信息平台之前有必要明确信息平台的用户以及用户的信息需求。应急物流公共信息平台的用户包括政府应急指挥机构、职能部门、专家智囊团、应急物资的供应商、各加盟物流中心、第三方物流企业、救灾物资管理部门、公众等，可以归纳为三类，政府部门、应急物流参与企业和公众，如图 5-7 所示。

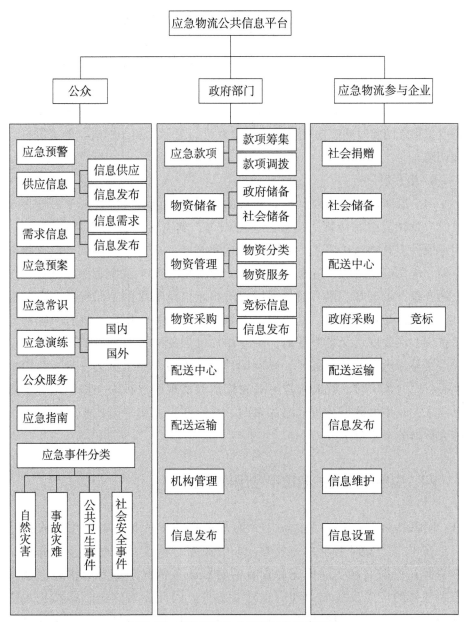

图 5-7　应急物流公共信息平台用户需求

（一）政府部门

政府部门包括政府应急指挥机构、职能部门及专家智囊团，是应急救援活动的组织者和管理者。

一是政府应急指挥机构。政府应急指挥机构的主要职责是根据各职能部门提供的信息，在专家智囊团和相关辅助决策机构的协助下进行决策和指挥调度。它需要现场的、实时的信息来全方位地了解灾区情况，更需要专家智囊团和相关辅助决策机构提供的专家预案信息来更好地指挥应急救助工作。在这里，应急物流公共信息平台的主要作用是管理好信息来满足政府指挥决策者对信息的需要。

二是职能部门。职能部门包括地震、气象、卫生防疫、环保和交通等部门，在灾害发生前预防和监测突发自然灾害，并实时更新基础数据库。当灾害发生时，职能部门根据数据采集系统和预警监测系统采集到的数据，以最快的速度向上级部门报告灾害状况，并执行上级指挥机构的指令。职能部门主要为信息平台提供信息，是应急物流公共信息平台信息的源头。

三是专家智囊团。他们需要职能部门提供的灾区现场信息和相关数据，并根据这些信息在相关决策部门的辅助下，生成应对自然灾害的专家预案，包括资源调度方案、运输路线方案、物资配送方案等，为政府应急指挥机构提供应急所需的专家预案。他们既为应急物流公共信息平台提供信息，又从应急物流公共信息平台上获取信息。

（二）应急物流参与企业

应急物流参与企业包括应急物资的供应商、各加盟物流中心、第三方物流企业、救灾物资管理部门，这些参与主体主要利用应急物流公共信息平台了解灾情及救援信息，包括应急物资、应急资金等资源短缺信息，及时发布自身的资源拥有情况，并在政府部门的统一指挥与安排下，积极组织救援力量和救援物资与装备，参与救援服务活动。如应急物资供应商根据自身的特点和政府应急采购计划，通过信息平台来承担储备物资的供应任务；第三方物流企业借助信息平台与应急物资生产商、物资管理部门沟通协调，在政府指挥机构的统一领导下共同完成救灾物资的运输和配送；救灾物资管理部门负责向应急物资供应商采购应急物资并储备物资，另外，通过应急物流公共信息平台对社会捐赠的救灾物资进行统一管理。

（三）公众

公众包括灾区范围内和灾区外的民众，是应急物流公共信息平台的主要参与主体之一。灾区外的民众需要政府通过应急物流公共信息平台及时发布灾区现场信息、物资短缺信息等，然后借助信息平台向受灾地区捐献衣物。如果救援人员紧缺，他们自愿前往灾区义务救援，并且还可以就突发事件的救援活动提出自己的建议。灾区内的民众需要信息平台向外传递受灾情况，有利于外部根据灾区现场情况来展开救援。另外，信息平台能够提供信息交流来消除灾区内民众的恐慌心理，安抚民心，引导民众自救或他救。

五、应急物流公共信息平台的功能

应急物流公共信息平台不同于政府或企业的内部信息平台，具有以下几个方面的功能：一是对应急物流供需信息进行采集，实现对应急物流需求的准确感知。二是与社会上现有的物流枢纽公共信息平台和商业性物流信息平台进行联网，以最有效地整合应急物流资源。三是为参与应急物流的多方进行信息匹配，竭力避免物资和运力的供需不平衡现象。四是为应急物流的各级领导指挥机构提供决策和监管信息。五是为相关部门提供实时的辅助信息，促进应急物流平台与其他子系统的协同。六是作为政府应急管理部门及时向公众发布信息的平台和公众实时反馈信息的渠道，提高应急物流的实施效率，使应急物流管理体系的系统功能得以充分发挥。

应急物流公共信息平台要满足应急物流中政府管理部门、相关职能部门和物流企业等不同参与主体的功能需求。北京市应急物流公共信息平台的主要功能模块应该包括应急物流信息管理、应急物流资源管理、应急物流指挥协调、应急物流决策支持和应急物流业务管理等，其结构如图 5-8 所示。

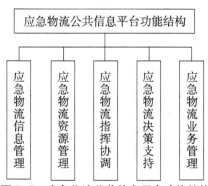

图 5-8　应急物流公共信息平台功能结构

(一) 应急物流信息管理

应急物流信息管理包括信息输入、信息维护、信息查询、信息发布和用户管理等，通过对平台各类数据库的管理与维护，实现各类数据的采集、整合、更新、处理、统计与分析等。信息输入包括数据的自动采集、导入和提取等；信息维护包括数据的修改与更新，数据的加工处理、数据库的备份与恢复等；信息查询和发布主要供用户通过应急物流公共信息平台，对应急物流供需信息、政策信息及应急物流相关的实时公共信息进行发布和查阅；用户管理主要负责对平台的用户权限进行管理，保障信息平台涉及的重要数据与信息的安全，并为用户提供个性化服务。

(二) 应急物流资源管理

应急物流资源管理主要包括应急物资管理、资金管理和人力资源管理。应急物资管理主要包括应急物资的分类、储备、集结和分配等；资金管理主要包括应急资金的筹措、调拨和登记等；人力资源管理包括政府管理部门、相关职能部门、企业和其他团体的专业人才的信息登记与管理。在突发事件发生时，应急物流资源管理功能模块能够及时地调动物资、资金和人力等各类资源，为应急物流提供资源保障。

(三) 应急物流指挥协调

应急物流指挥协调功能主要包括应急物流部门间的沟通协调和应急物流的指挥控制。应急物流公共信息平台汇集了各相关部门的信息系统以及其中的各类信息，平台的沟通协调功能能够实现应急物流信息的跨部门连接和交互，促进应急物流的通畅运行；指挥控制功能基于对各类数据的处理与分析，辅助应急物流指挥管理者对应急物流过程进行控制，指导应急物流运行。

(四) 应急物流决策支持

应急物流决策支持功能模块以应急物流公共信息平台收集的信息为基础，综合运用运筹学、系统模拟等方法，利用各种决策模型，对应急物流业务实施方案进行优化，为各级指挥管理者提供科学决策依据，提高决策的科学性和准确性。它主要用于应急物流的预警、应急物流预案的选择、应急物流优化方案的制订和应急物流效果评价等。

（五）应急物流业务管理

应急物流业务管理基于应急物流公共信息平台的数据，在科学决策的支持下，实现对应急物流各个环节业务处理的管理，主要包括应急物流仓储管理、应急物流运输管理、应急物流配送管理等。应急物流业务管理功能模块通过对应急物流过程中产生的物理信息进行分析处理，实现其服务范围内的物流资源整合和优化配置。

六、北京市应急物流公共信息平台子系统

为解决北京市突发公共事件应急物流管理中存在的运作低效等问题，提出由政府主导、城市有关企业组织参与的应急物流多级协同运作模式。应急物流公共信息平台在运作过程中涉及诸多主体，各主体之间信息传递错综复杂，图5-9展示了应急物流过程中的信息流向情况。

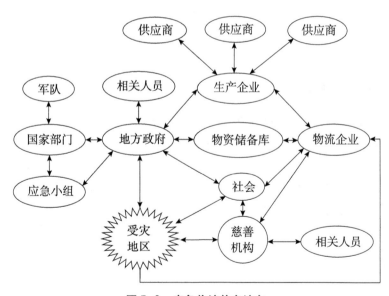

图5-9 应急物流信息流向

北京市应急物流公共信息平台分为应急物流指挥控制子系统、应急物流业务子系统、应急物流预案子系统，各子系统之间可以进行信息共享和

流程直接处理，实现横向兼容，并将遍布全市的应急物流参与企业连接起来，构成纵向一体化，如图 5-10 所示。

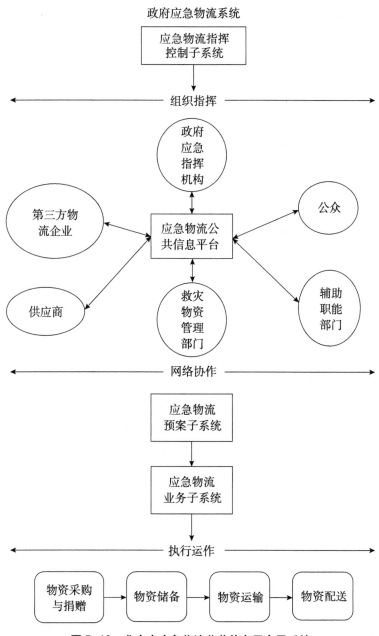

图 5-10　北京市应急物流公共信息平台子系统

（一）应急物流指挥控制子系统

北京市应急物流指挥控制子系统是用来统一指挥协调各个部门，统筹管理多渠道救援物资，保证应急物流活动有序进行的系统。它可为灾害救助应急物流提供统一的指挥决策和物资调度，包括统一管理各类物资、整合各部门职能、制定决策。

1. 应急物流指挥控制子系统细分

应急物流指挥控制子系统分为以下三大子系统。

一是智能监控系统。一旦发现异常，智能监控系统立即向监控中心报警，并对从政府应急物流系统中采集到的海量数据进行高速分析和筛选，为监控者提供有用的关键信息。

二是信息获取系统。快速有效地采集现场信息，并进行分析处理，形成数据库，为突发事件的动态预测提供依据，实现物流信息和应急平台之间的互通、互联和互操作。

三是应急指挥决策系统。根据事态类型和级别调用应急预案，结合灾区情况辅助决策人员制订突发事件的应急物流方案，做好救援物资的筹措、调度、运输、配送等工作。

2. 应急物流指挥控制子系统运作流程

在横向上，应急物流指挥控制子系统加强同级协同管理，确保管理规范和信息畅通，实现资源和信息共享；在纵向上，加强管控一体化，建立从中央、北京市、区到乡镇的四级应急物流指挥控制平台体系，中央、市级以政策制定和指导协调为主，区、乡镇级以预防和现场救援为主。中央应急物流指挥控制平台指挥北京市、区、乡镇子系统，形成上下通畅的体系，使采购部门、储备部门、运输部门、配送部门形成统一的运作体系。在灾害发生后，通过信息传递、协同和管控三大机制，形成一个完善的应急物流指挥控制系统网络，如图5-11所示。

（二）应急物流业务子系统

应急物流业务子系统是指在应急救援中，对应急物资采购与捐赠、储备、运输、配送、发放、监督等业务进行具体操作的系统。在灾难突然降临时，应急物流业务子系统只有依靠自动化、智能化、网络化的信息技术，才能有的放矢，合理安排救灾物资的筹集、采购、请领、配送等各项工作，第一时间开展救灾工作。

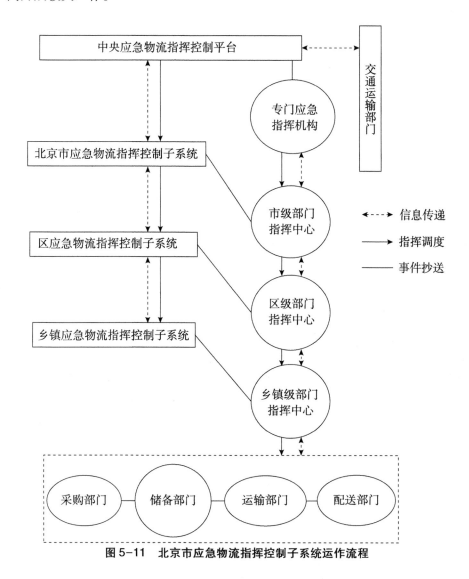

图 5-11　北京市应急物流指挥控制子系统运作流程

1. 应急物流业务子系统物资保障

（1）应急物资采购与捐赠。

应急物资管理部门在获取信息平台分析所得物资需求后，应迅速了解附近应急物资储备基地以及电商、商超、医药企业的储备是否充足，如库存充足则将相关信息通过信息平台反馈给应急物资运输与配送管理部门，安排应急运输和配送。若不足，则应迅速组织应急物资采购工作，线上可依托信息平台对接供应商，并安排相关企业组织生产，同时做好社会捐赠物资保管工作。

在供给网络方面，完善应急物资生产企业信息数据库，摸清企业日常和最大产能，并注意生产企业信息的动态更新。在需求网络方面，推动各级政府依托公共物流信息平台采集需求信息，并实现线上应急物资采购。为实现供需网络的无缝衔接和协调运行，构建应急运输与物流企业数据库，掌握城市应急运力情况。通过全市统一的应急物流信息平台，实现国家以及地方应急物流指挥平台和各类企业信息平台的有效对接，建立政企间综合信息的互联互通机制。

在应急物资捐赠上，采用"区块链+社会捐赠物资管理"模式，各环节的信息都被写入区块链分布式账本，实现去中心化的捐赠及公开透明的信任化管理。在受助点，受助者只需要提交捐赠项目的详细支持材料即可，其权限为启动应急物资申请以及接收物资。申请后，平台将审查由受助者发起的项目，审核通过则将基于受助者的项目生成相应的智能合约。智能合约将经过数字签名发布在区块链上，后续如果发现项目存在欺诈问题，可以追究其责任。此外，捐赠者可以在捐赠节点浏览项目后确定金额并进行捐赠，智能合约将根据每个捐赠信息更新区块链状态，并将捐赠信息写入区块链。当受助点启用捐赠物资时，捐赠者将收到相关反馈。同时，应急物资捐赠的浏览器向所有用户开放，所以公众可以通过公共端口查询链上的数据，共享物资的捐赠、流转、使用等相关信息。应急物资捐赠过程各环节的信息安全存储在区块链上，不能被篡改，任何欺诈行为都会被发现，整个系统高度透明。

（2）应急物资储备管理。

日常应对所储备的应急物资的种类、规模、结构、数量进行定期盘点，实现各类储备物资数据在信息平台上的实时更新。实现应急物资目录常态化更新，将最新的应急物资目录嵌入应急物流公平信息平台。建立应急物资储备数据核查机制，核查各级管理部门上报所储备的应急物资的真实性和准确性，并对应急物资数据及时更新。定期组织专人进行线上数据及线下资源核查，避免因数据错误误导应急物流指挥调度。

（3）应急物资运输管理。

应急物资运输管理部门通过信息平台收到应急物资管理部门反馈的信息后，应迅速与铁路部门、军区部队、相关物流企业以及基层社区组织等按照预案，制订好应急运输计划，及时到达应急物资管理部门通知的取货点取货，并将政策支持需求反馈给交通运输部门或军区运输部门，请求给予应急物资运输车队优先路权、开辟绿色通道、相关物流从业人员优先返岗等政策，保障应急物资供应的通达。

（4）应急物资配送管理。

在应急物流指挥平台中设置应急物资调配模块、配送网络优化模块和配送监督模块。自动匹配的物资供需信息应当传递至应急物资调配模块，由物流企业整合应急物资的各项信息，再经过配送网络优化模块进行仓储和配送路径的优化。后续将配送的路径和供需双方的用户信息与地址信息传送给配送团队，由配送团队去供货地取货后配送至终端用户。

将全市的地理数据和影像信息接入应急物流公共信息平台，使指挥人员在确定受灾空间范围后，更为直观清晰地了解受灾地区的地理特征，有助于制订针对性较强的应急物流方案。同时，要实现应急物流公共信息平台和市交通信息平台的衔接，实时掌握道路状况，避免出现应急物资运输车辆受阻、拥堵等降低应急物流效率的情况。

（5）应急物资发放监管。

为实现应急物资在信息平台的实时监控和数据共享，要推进应急物资编目规范化。分别对自然灾害、事故灾难、公共卫生事件和社会安全事件等所需的应急物资进行梳理分类，完成通用、专用和特需应急物资的编目编码，实现从物资生产出厂到终端用户使用全过程可视化管理。打破多层级、多部门间应急物资数据资源共享壁垒，加强各类物资数据通用性整合，将原有各自分散的、不同格式的、不同类别的应急物资数据统一接入北京市应急物流公共信息平台，实现数据录入的标准化、规范化。

运用区块链技术构建应急物资溯源追踪管理平台，在实现应急物资统筹管理和有序调配的同时，确保物资质量安全以及来源去向明确。一是建立溯源防伪模块。无论是应急储备物资还是应急采购与捐赠物资，都必须经过基于区块链的溯源防伪系统认证，实现从原料采购、检验、入库、生产到产品的检验、入库、发货出库的全程数据记录。二是建立去向管理模块。在此模块中，准确记录所有储备、采购和捐赠物资的去向数据，实现捐赠流程和受赠信息全程可溯源，增强多方信任，确保应急物流管理部门调度的物资得到有效利用。

2. 应急物流业务子系统运作流程

在应急物流统一指挥中心的指令下，应急物流业务子系统以信息网络为依托,把应急物资采购与捐赠部门、应急物资储备管理部门、应急物资运输管理部门、应急物资配送管理部门等整合到应急物资供应链中,通过前馈的信息流和反馈的物流及共享信息流,使各部门协调一致地完成物资的采购与捐赠、储备、运输、配送和发放监管。应急物流业务子系统有利于强化供应链各环节的连接,增强各部门间的信息共享与交流,消除各自为政、高度分割的职能部门障碍。北京市应急物流业务子系统运作流程如图 5-12 所示。

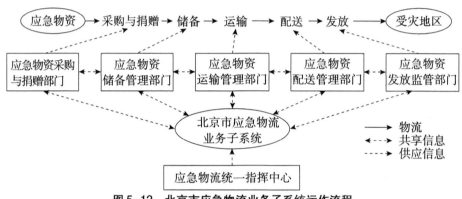

图 5-12　北京市应急物流业务子系统运作流程

(三) 应急物流预案子系统

应急物流预案作为应对突发事件的重要组成部分,是救援行动迅速、有序、高效进行的关键所在,也是减少灾区人员伤亡与经济损失的先决条件。建立具有前瞻性的应急物流预案,对北京市物流信息系统高效运行有重要指导意义。应急物流预案子系统在平时负责应急物资预案的管理工作,应急救援时提供应急物资的准确预测,保障应急物流工作顺利进行。

1. 应急物流预案子系统总体结构

应急物流预案子系统主要包括预案编辑和救援物资生成两个方面的内容,总体结构如图 5-13 所示。

2. 应急物流预案子系统数据库

建议在应急物流信息集成与管理平台中设立预案相关的模型及数据库,实现以下功能。

(1) 预案设计与演练。

由北京市各级应急物流指挥机构牵头,促成政府部门与应急物流专家、

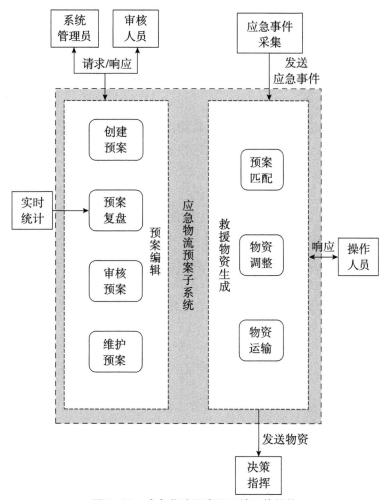

图 5-13　应急物流预案子系统总体结构

应急物流企业等多方合作，在国家和北京市总体应急预案的统揽下，共同进行应急物流预案的设计与演练。综合考量北京市各类灾害的实际情况，通过预案编制实现应急物流和应急物资管理程序化，明确各方主体责任。依托应急物流预案信息系统，定期进行应急物流预案的演练，加强协调配合，提高整体联动能力，确保在重大突发事件发生时能够果断决策与快速运行。

（2）预警管理与自动响应。

根据突发事件的分类、等级、影响范围等因素，定义明确的预警指标。实现北京市灾害预警中心与应急物流管理部门在信息系统方面的无缝对接，借助区块链技术的数据实时共享以及数据防篡改的特性，加强应急物流系统对各类预警指标的实时监控，对各项数据进行汇总整理及分析识别，并基于分析结果做好预警。将国家和北京市的总体应急预案与应急物流预案以智能合约的形式写入程序，根据采集到的各项数据信息进行自动分析和应急物流预案响应。

（3）预案优化改进。

基于不同类型突发事件对应的应急物流运作特点，以应急物流预案演练产生的大量数据和信息为依据，运用定性和定量方法相结合的方式，从内容完整度、响应速度、专业程度、费用支出合理性以及灵活有效性等方面出发，给予当前预案客观评价，建立预案优化改进模块，针对应急预案演练中暴露的问题及时修订和完善预案，优化应急物流系统。

3. 应急物流预案子系统运作流程

应急物流预案子系统运作流程一般为：自然灾害等灾难突然发生—受灾情况评估报告与动态发布—政府等部门启动救灾应急预案—社会各界爱心单位、基金组织、慈善机构、爱心人士参与救灾，如图5-14所示。

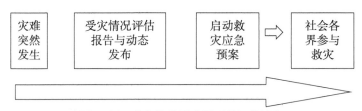

图5-14　应急物流预案子系统运作流程

第六章　北京市应急物流系统与管理

北京市"四个中心"的城市战略定位，对城市应急管理体系建设提出了新的更高要求。应急物流系统运作机制是指应对突发公共事件时，对所需应急物资进行组织领导、筹措征集、储备保管、调配运输和信息化管理的机制。该机制有助于提高应急物资的综合利用效能，并反馈物资使用、状态等信息，确保突发公共事件处置工作正常运转。

第一节　北京市应急物流运作系统

北京市构建"政、企、军、民"协同的应急物流运作系统，主要由应急物资筹措、应急物资调度、应急物资配送以及逆向物流等环节组成。北京市应急物流运作系统如图 6-1 所示。

一、应急物资筹措系统

物资的筹措是保障救灾的首要环节。应急物资主要包含保障受灾人民生产生活的物资，具有解决或处理伤者救助、卫生防疫、灾后重建、恢复生产、恢复秩序等的功能和价值。相较于普通物资，应急物资具有不确定性、不可替代性、时效性、滞后性，其特点都是由自身属性决定的。应急物资筹措由应急物资储备、紧急采购、社会各界的捐赠三方面组成。

（一）应急物资储备

按照物资储备主体的不同，北京市应急物资储备层次体系由市级救灾物资、代储中央救灾物资以及区代储市级救灾物资三部分构成。市级救灾物资是指北京市财政安排资金或使用救灾捐赠资金，由北京市民政局购置、储备

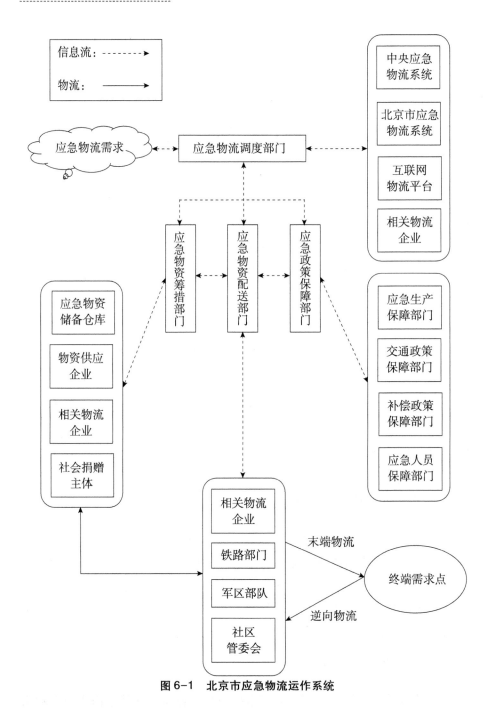

图 6-1 北京市应急物流运作系统

和管理，专项用于紧急抢险转移安置灾民、安排灾民基本生活及救灾人员防护装备的各类物资，民政部调拨给北京市安排使用的救灾物资以及经法定程序转为救灾储备的社会捐赠救灾物资。代储中央救灾物资是指由中央财政安排资金，由民政部购置，指定北京市民政局代为储备和管理的救灾物资。区代储市级救灾物资是指由市民政局根据救灾工作的需要，商市财政局后，委托区民政局代为储备、管理的救灾物资。市民政局对区代储市级救灾物资行使所有权和调拨权。

1. 应急储备物资购置

市级救灾储备物资主要储备需求量较大、价值较高、需要定制定招、储存周期较长的救灾物资。市民政局会同市财政局负责制订市级救灾物资储备总体规划，确定年度购置计划。发生重特大自然灾害须应急追加市级救灾物资的，由市民政局会同市财政局制订应急购置计划。市民政局根据确定的市级救灾储备物资年度购置计划和应急购置计划，按照政府采购政策规定，采取公开招投标方式，购置市级救灾储备物资。

2. 应急储备物资经费保障

市级救灾物资采购所需经费，由市民政局在部门编制预算时提出经费预算，经市财政局审核后列入年度部门预算。救灾物资管理经费是指专项用于救灾物资储备管理所发生的仓库租赁费、仓库维护费、物资维护保养费、物资保险费、救灾车辆维护保养和保险费、队伍建设费、接收物资出入库管理费、物资检验检测费、人工费（管理人员工资及保险等费用）、库房防汛费、短途装运费、储备救灾物资所需设备购置及维护保养费等。市级救灾物资管理经费按照实际需求由市民政局提出经费预算，经市财政局审核后列入年度部门预算予以保障；区代储市级救灾物资管理经费按照不超过上年度实际储备物资总金额的8%安排，所需经费由市级财政拨付代储市级救灾物资的区财政；代储中央救灾物资管理经费由市民政局根据财政部和民政部联合下达的额度进行管理使用。

3. 应急物资储备管理

（1）针对救灾储备物资实行封闭式管理，专库存储，专人负责。

建立健全救灾物资储备管理制度，包括物资台账和管理经费会计账等。救灾储备物资入库、保管、出库、回收要有完备的凭证手续。建立安全、消防等安全检查制度，定期对库房及周边环境组织安全检查，专人管理、专人负责，实行24小时值守。建立库房管理领导责任制度和物资调度管理制度，加强仓储物资的日常性管理，发现安全隐患及时解决，确保安全。市级救灾物资储备库和代储设施应符合民政部《救灾物资储备库建设标准》，采用市民政局制定的统一仓库标识。库房应具备地势优良、通风良好、密闭性强等条件，货物的分类、码放要符合有关库房管理规定及货物技术标准的要求，应具备防火、防盗、防潮、防鼠、防污染等措施。

（2）现场验收入库应急储备物资。

救灾物资管理单位接到市级救灾物资或代储中央物资入库通知后，应及时配合指定的救灾物资检测机构对入库物资的数量、质量和包装进行现场验收，并在验收工作完成后 5 个工作日内将验收入库的情况报告市民政局。储存的每批物资要有标签，标明品名、规格、产地、编号、数量、质量、生产日期、入库时间等。救灾物资实行分区、分类、分色管理，分类及码放要符合有关库房管理规定及货物技术标准的要求，要码放整齐，留有通道，严禁接触酸、碱、油脂、氧化剂和有机溶剂等。储备物资要做到实物、标签、账目相符，定期盘库。

（3）定期检验在库应急储备物资。

为确保储备物资的使用质量，对物资实行定期检验制度。市民政局每年组织专业技术检测机构对储存时间达到 3 年以上的物资进行定期检验，按照分类、分批次、分生产厂家各随机抽取 1~3 件进行破坏性理化指标检测。对因超过年限或非人为因素导致该批次储备物资技术指标下降，影响正常使用的，可申请报废。每次抽检使用的物资，要按批次分类对应存放，预备下次抽检时重复使用，避免造成物资浪费。救灾物资管理单位应于每年的 6 月 10 日、12 月 10 日前向市民政局书面报告救灾物资储备管理情况，内容包括入库、出库、调用、报废的物资种类、数量和时间、仓储设施及专项管理经费使用支出情况等；每年 1 月 10 日前，市民政局会同市财政局向民政部和财政部报告上年度中央救灾物资储存情况，内容包括入库、出库、报废的物资种类、数量和时间等。

（4）报废超过使用年限、不合格及自然损坏应急储备物资。

救灾物资出现超过使用年限、经理化检测指标不合格或自然损坏的情况，应按以下程序进行报废：超过使用年限或自然损坏导致无法使用的救灾物资，经检测后，由物资管理单位或代储单位向市民政局提交报废申请，经报市财政局批准后进行报废。申请内容包括申请报废的物资品种、数量、储存时间、报废原因和处理意见。经批准报废的市级救灾储备物资，由市民政局会同市财政局制订物资更新计划。市民政局按照政府采购相关要求完成物资采购更新任务，保障物资储备总量。对已经批准报废的救灾物资，要及时清理出库并充分利用，做好销账记录和残值回收工作，处理报废救灾物资所得款项按照国库集中收缴管理有关规定，上缴市级财政。代储中央救灾物资的检测、报废工作由民政部根据国家相关规定执行。

（二）应急物资紧急采购管理

一是增强紧急采购方式的科学性。借鉴国际先进经验，通过事前预判、制定预案与预先购买等手段在事前阶段增强物资供应保障。一方面，按照紧急采购目录与相关部门委托，采取公开招标、谈判方式确定中标供应商，预先签署战略协议，形成稳定可靠的应急供应商队伍。另一方面，制定紧急采购预案，做好采购战略部署。事中阶段，科学选用采购方式。紧急状况下，可着力增强对单一来源采购、竞争性谈判等方式的运用，并通过书面文件的形式加以保障，针对不同采购金额分别设定不同层级的审批权限。

二是兼顾紧急采购程序的规范性与灵活性。从程序规范性角度来看，建议建立紧急采购触发机制。准确定义、细化明确具体的启动情形，科学评估紧急状况的风险级别与紧迫程度，以此触发相应级别的采购机制。不同级别的机制适用不同的采购流程，要简化审批程序、缩短招标期限，同时要避免发生过度使用紧急采购程序，要兼顾采购效率和竞争性。要加强紧急采购程序的灵活性。以"应急至上"为原则，建立采购"绿色通道"，依法采用协议供货、定点采购以及添购等方式解决紧急需求，压缩外部审批或评审环节。实现采购事务集约化处理，力求采购人"同类事项集中办理"，通过联合采购等方式，合并实施同类采购项目，促进公共资源集约使用。

三是优化供应商选择机制。政府要依托社会与市场供应能力履行应急采购保障职能。应在稳定采购渠道的基础上，尽可能多地搜集市场中的供应商信息，通过有效的竞争机制挑选出能力卓越的供应商，开发后备供应商，不断完善供应补给链，并实行动态化与全面化管理，综合分析、择优选用，从而实现采购渠道的升级。同时，适当向中小企业倾斜紧急采购活动，切实减轻企业负担，实现企业稳定发展。当地域内突发紧急情况时，应急采购也可适当向本地供应商倾斜，以节省采购时间与运输成本。

四是完善紧急采购合同管理。要强化紧急采购合同定价管理。一方面，通过松绑采购定价权、灵活调整定价方式等提升紧急采购合同定价的灵活性与高效性。另一方面，根据不同阶段的现实情况科学选择定价方法、确定采购的合理价格区间。设定最高或最低限价，防止畸高畸低价格干扰市场秩序，有效控制采购成本。与此同时，还应在合理定价的基础上建立网上价格监测监控机制并实时更新公示，指导供应商合理报价和采购人理性采购。

五是构建紧急采购信息公开机制。积极推进紧急采购意向公开。依法在紧急采购平台上及时、完整、准确发布采购信息，鼓励采用网络手段进一步提高采购信息发布规范性，进一步提高紧急采购透明度。建立紧急采购信息网络公示制度。依托大数据分析、人工智能、区块链等电子信息技术，促进紧急采购需求、采购结果以及合同履行情况等信息数据动态共享，将紧急采购实况进行可视化展示，增强公众参与知情权。

六是建立紧急采购监督审查制度。重视紧急采购过程控制，重视紧急采购配套监督管理制度，内外兼防采购人与供应商，保证紧急采购依法有序开展。注重紧急采购项目风险防控，建议成立紧急采购风险防控委员会，从经济效益、社会效益、环境效益等方面合理设计评估指标体系，不断完善紧急采购风险评估及应对方案。建立紧急采购后续审查机制，运用审计手段加大对紧急采购项目的审查力度，保证与采购行为记录相关的各类电子或纸质材料留存完善。

（三）社会捐赠物资管理

社会捐赠物资存在质量良莠不齐、种类复杂多样的特征。对于社会捐赠物资可以由应急管理部门完成分类后再交给物流企业完成配送。强化社会捐赠物资管理主要包括以下举措。

一是依法依规接受、管理捐赠物资。各级政府民政部门应依法指导、督促慈善组织等，严格遵守《中华人民共和国慈善法》《中华人民共和国红十字会法》《慈善组织公开募捐管理办法》等法律法规的规定，按照"坚持自愿、合理引导、尊重意愿、及时拨付"的原则统筹安排，加强监督，实现募捐等慈善活动的公开透明开展，管好用好捐赠物资。

二是加快捐赠物资拨付速度。规范社会捐赠物资管理使用办法。建立健全捐赠资金拨付、物资发放工作流程，加快工作节奏，建立快速便捷的分配通道，按照应急物流指挥机构的要求，与各应急物资需求点实现有效对接，提高捐赠款物拨付效率，做到"快进快出、物走账清"，防止捐赠物资积压。

三是强化社会捐赠物资使用监督。慈善组织等要切实做好捐赠物资使用情况跟踪管理。要建立捐赠物资使用信息反馈机制，加强回访，及时跟进捐赠物资使用情况。要建立慈善项目实施过程监督机制，在慈善项目实施过程中，项目管理人员按一定比例对受益人以电话询问、现场走访等形式，了解慈善项目实施情况及效果，客观做出评价，并做好书面记录。鼓励慈善组织等委托第三方机构开展慈善捐赠物资使用情况评估工作。

四是促进捐赠物资信息公开透明。严格按照《慈善组织信息公开办法》《关于红十字会开展公开募捐有关问题的通知》等的相关规定，在全国慈善信息公开平台"慈善中国"上做好信息公开工作。开展公开募捐的慈善组织等，在公开募捐活动结束后 3 个月内，要在"慈善中国"上公开募得款物情况、款物使用情况及尚未使用款物的使用计划等。对公开募捐周期超过 6 个月的，慈善组织等至少每 3 个月在"慈善中国"上公开一次募得款物情况和已经使用的募得款物的用途。

二、应急物资调度系统

（一）调度原则

救灾储备物资的调度坚持"先急后缓、先主后次、先进先出、就近调用"的原则，统筹安排，合理使用。市级救灾储备物资主要用于本市受灾群众的安置及生活救助。受灾区使用救灾储备物资时，应先动用本级救灾储备物资，在本级救灾储备物资全部使用仍然不能满足需要的情况下，可申请使用市级救灾储备物资。

（二）调度申请

申请使用市级救灾储备物资时，应由受灾地的区民政局向市民政局提出书面申请。书面申请内容应包括：自然灾害发生时间、地点、种类，转移安置人员或避灾人员数量；需用救灾物资种类、数量；本级救灾储备物资总量，已动用本级救灾储备物资数量；申请市级救灾储备物资数量等。市民政局根据受灾区的书面申请，结合受灾群众生活救助资金安排情况，统筹确定物资调拨方案，并向申请救灾储备物资的区民政局和物资管理单位发出调拨通知。紧急情况下，申请使用市级救灾储备物资时，受灾区可先电话报请市民政局批准，后补申请手续。

（三）调度流程

1. 市内调度流程及注意事项

救灾物资管理单位接到调拨通知后，按照调拨物资的种类、数量、批号、调运地点办理出库手续，在 24 小时内完成储备物资发运工作，并及时向市民政局反馈调运情况。在组织发货后 5 个工作日内将物资出库清单、运输凭证复印件上报市民政局。向本市受灾区调拨市级救灾物资所发生的运输、装卸等费用由救灾物资管理单位先行垫付，调运工作完成后由物资管理单位按规定向市民政局申请专项救灾物资运输经费。使用市级救灾储备物资的区在接收救灾储备物资时应进行清点和验收，及时向市民政局反馈，若发生数量或质量等问题，要及时协调处理并将有关情况向市民政局报告。

2. 市外调度流程及注意事项

外省（自治区、直辖市）遭受自然灾害等突发事件时，根据民政部要求，经市政府批准，市民政局会同市财政局共同做好支援灾区物资调拨工作。支援灾区调拨救灾物资所发生的运输、装卸等费用由救灾物资管理单位先行垫付，调运工作完成后由物资管理单位按规定向市民政局申请专项救灾物资运输经费。物资运输要按照《中华人民共和国民法典》中的有关规定执行，对调运物资进行全面保价。使用救灾储备物资的单位应按照市民政局调拨通知的要求，对调拨来的救灾物资进行清点和验收，及时向市民政局反馈接收情况，若发生数量或质量等问题，要及时协调处理并将有关情况向市民政局报告。

3. 代储中央救灾物资调拨流程及注意事项

市民政局接到代储中央救灾物资的调拨通知后，应迅速向救灾物资管理部门下达调拨通知。物资管理部门按照调拨的种类、数量、批号、调运地点及时办理出库手续，应在 24 小时内完成代储中央救灾物资首批物资的发运工作。调拨代储中央救灾物资的运输、装卸等费用由救灾物资管理单位先行垫付，使用救灾物资的省（自治区、直辖市）人民政府应在物资运抵目的地后的 20 个工作日内与物资管理单位结算。本市发生自然灾害等突发事件后，在市级救灾储备物资不足的情况下，可向民政部申请中央救灾储备物资，动用代储中央救灾储备物资时，按照《中央应急抢险救灾物资储备管理暂行办法》的相关规定执行。

（四）北京市应急物流调度指挥平台建设

一是建设统一的应急物流调度指挥信息平台。利用并整合现有各系统、各部门、各企业、各类别的物流信息平台，构建统一完善的应急物流信息平台，实现物资需求、物流资源、通道及环境等信息实时呈现，用于应急物流调度指挥，并依托行业组织或企事业单位对调度平台开展常态化运行维护。

二是完善应急调度指挥平台信息共享、网络对接机制。平台在与其他各类平台协同运行的过程中，主要实现三方面功能：其一，与应急物资及物流需求部门的应急物流需求信息对接，实时获取包括应急物资种类与所在地、运送目的地等的信息；其二，与各种运输方式的应急运力资源信息对接，及时获取、调度应急运力资源并合理匹配应急物流需求，及时下达指令；其三，与不同方式的交通运输网络运行监控平台和应急物流运行监控调度平台对接，实时了解并及时反馈应急物资运行状态。

三、应急物资配送系统

北京市应急物资配送系统缺乏相应的一体化的物资配送保障协同组织机制，未能将物流企业有效地组织起来，也就不能充分利用社会物流企业资源增强应急服务能力。针对上述问题，提出以下建议。

（一）健全城市应急物资配送组织指挥功能

统筹管理应急物资末端配送服务保障工作，提升城市应急物流系统的组织、调度和协调能力。加强与卫生、发展改革、工信等应急体系的相关职能部门的对接，承接政府委托的相关物资的应急配送任务，与慈善机构、社会组织等对接，受理其委托应急物资的分拨配送需求；有效组织与快速调度纳入城市应急物资末端配送服务体系的物流资源，集中调配人、车、货、场、路等各种资源力量，专职负责协调组织城市应急物资末端配送，推动应急物资配送需求与应急运力精准匹配；整合城市物流资源，联合相关行业协会等组织，采取动员、征用等非常规的手段和措施获取物资配送资源，统一规划布局应急物资末端配送网络，制订组织物流配送企业参与应急物资末端配送方案，形成强大的城市快速响应的应急物资末端配送能力；建立并开通应急保障专用通道或程序，协调应急物资的优先通过权，提高应急物资末端配送效率，保障应急物资的顺利送达。

（二）建立城市主要物流企业协同运作机制

建立城市应急指挥中心与城市主要物流企业的联动机制，负责突发公共事件时快速联合相关物流运输协会等迅速组织主要物流企业，充分发挥专业物流企业在城市应急配送系统中的作用，组建以规模化物流配送企业为主体的城市应急物流服务队伍，建立物流企业之间的协同运作机制。建立以主要物流企业为主体的应急物资末端配送服务团队，明确相关物流运输企业在应急物资运输方面承担的责任和义务，组织城市应急物资末端配送，推动应急物资配送需求与应急运力精准匹配，迅速形成强大的、快速响应的、专业化的应急物资末端配送能力，以满足应急物资需求。

（三）形成城市应急物流网络快速构建机制

以本地规模化物流企业的基础设施为依托设置城市分拨（转运）中心和配送中心，构建分拨（转运）中心直达配送的一级配送模式和分拨（转运）中心经配送中心中转的二级配送模式相结合的城市应急物流网络。以分拨（转运）中心、配送中心为载体，配置城市应急物资末端配送服务资源，结合应急物资末端配送网络资源配置和物流企业服务能力，统一制订组织规模化物流配送企业进入分拨（转运）中心或配送中心的方案。物流配送企业入驻分拨（转运）中心、配送中心，承担组织应急物资配送任务，入驻分拨（转运）中心、配送中心的物流配送企业负责分拨（转运）中心、配送中心的管理和配送服务，配送运力不足时，负责协调组织社会运力，供入驻物流配送企业调配使用。强化分拨（转运）中心作为城市应急物流系统的核心作用，通过对分拨（转运）中心的调度指挥，整合本地物资运输配送能力，实现本地物资配送资源协同运作。明确相关物流运输企业在应急物资运输方面承担的责任和义务，确立突发事件下政府对有关物资运输资源的调配和使用权力，在土地资源、税收等方面给予政策扶持。

（四）加快形成面向社区应急服务的城市物资配送服务体系

目前，北京市的城市物流体系发展已进入转型升级的阶段，北京市制订了详细的物流专项规划，积极推动"大型综合物流园区（物流基地）+

物流中心+配送中心"＋"末端网点"的"3＋1"城市物流节点网络体系建设。其中，末端物流设施包括末端配送场站和末端营业网点，是物流基础设施网络的四级节点和配送服务的末端运作实施设施。末端物流设施建设是中心城区物流服务系统的重要基础性资源，和目前的社区物流服务紧密相关，应将应急物流服务纳入末端网点的统筹功能，建设城市物流综合服务体，融合快递配送、应急物资发放等应急服务功能，并重构社区的应急物流服务新流程，将城市物流综合服务体建设成社区活动枢纽，形成以社区物流服务为基础的生活保障平台，使社区管理机构有必要的管理抓手，便于进行业务的统筹管理。同时，还要注重加强末端网点与上层网络节点的联系，特别是重要物资的核心节点，必要时建立起末端网点和这类节点之间的扁平化沟通渠道，形成可以快速反应的运行机制，提升应急保障能力。

（五）提升城市应急物流系统信息化和智能化水平

建立开放的物流信息平台实现内外信息的采集、交换、分析、发布，将通向灾区的干线运输、灾区的末端配送有机整合起来，制订周密的货物交接、人员交接、信息沟通、决策支持方案，加快城市应急物流信息化、智能化运行，为城市应急物流体系各参与方的协作提供平台支持。通过人工智能等先进技术，实现供需实时精准对接，并依托大数据的支持预测应急物资需求。加大智能服务末端设施的建设力度，运用无人车、无人机、无人仓等技术手段，实施点对点的便利化、快速精准配送。

四、应急物资再利用系统

部分应急物资可以循环使用，应急物流的回收环节能够针对循环使用的物资进行有序回收、清洁、维护、再次使用。应急物流回收环节要严格拟定回收制度以规整受灾群众的物资使用行为，清理回收后的应急物资储备于地方应急仓库。突发灾害事件发生前期，应急物流回收环节要利用"推式"供应链管理的模式，在应急决策指挥中心的统筹下推送各种救灾物资，待突发事件平稳后，再依据灾区的实际需求采用"拉式"供应链管理模式。根据《北京市应急救灾物资储备管理办法》，对应急物资的使用以及回收工作提出以下建议：

（一）规范应急物资发放监管工作

调拨的救灾物资所有权归使用地人民政府，由使用地人民政府民政部门会同财政部门管理。同级财政部门承担相应的管理经费。救灾物资使用地的区民政局和街道（乡镇）在发放救灾物资时，应做到账目清楚、程序合规、手续完备，救灾物资每次的发放情况都应登记造册，建立台账，并将发放明细以适当方式向社会公布。救灾物资使用地的区民政局应对救灾物资使用者进行必要的技术指导，教育使用者爱护救灾物资，不得外借、租售和丢弃救灾物资。区民政局应当会同财政、监察、审计等部门，及时对救灾物资的发放使用情况进行监督检查。

（二）严格执行应急物资专项使用规定

救灾物资严格按规定用途专项使用，按需发放，不得截留、平调或改变用途。发放时要优先照顾因受灾无生活自救能力的灾民及优抚对象、城市三无人员、农村五保供养对象、残疾人和贫困户。发放救灾物资可采取集中发放和分散发放两种形式。采取集中发放的，由救灾物资使用地的区民政局会同街道（乡镇）在灾区设置救灾物资发放点，由救灾物资发放点直接向受灾群众发放；对确实无能力领取救灾物资的老弱病残人员，经街道（乡镇）核实后，可委托亲属或村（居）民委员会工作人员代领。采取分散发放的，街道（乡镇）在区民政局的指导下，按受灾需要救助群众的生活实际，将上级调拨的救灾物资或本级储备物资直接发放到户。

（三）科学回收可循环应急物资

救灾物资分为回收类物资和非回收类物资。回收类物资和非回收类物资品种由市民政局商市财政局确定。救灾物资使用结束后，未动用或可回收的救灾物资，由使用地的区民政局进行回收，经维修、清洗、消毒和整理后，作为本级救灾物资存储。对使用后没有回收价值的救灾物资，由救灾物资使用地的区民政局统一排查清理。对非回收类物资，发放给受灾群众使用后，不再进行回收。物资回收过程中发生的经费问题，由区财政局统一安排。救灾物资在回收报废过程中产生的残值收入，按照国库集中收缴管理有关规定，缴入同级国库。回收工作完成后，救灾物资使用地的区民政局应会同区财政局及时将救灾物资的使用、回收、损坏、报废情况以及储存地点和受益人（次）数上报市民政局和市财政局。市民政局和市财政局继续予以跟踪考核。

第二节　北京市应急物流系统运作机制

一、指挥协同机制

在指挥机构、响应与协同机制方面，北京市政府应建立健全由应急管理部门牵头，粮食和物资储备部门、民政部门、卫健委、驻地部队等部门共同参与的指挥协调机构，建立由其他相关部门或组织，如街道社区、物流企业、应急物资供应商、志愿者团队、慈善机构等组成的应急物流分级、分类、分期响应与协作体系。

二、信息传递机制

北京市政府应制定统一的信息传递机制，规范应急物资需求、储备、采购以及事发地的交通运输条件等重要信息的反馈流程、反馈方式和反馈口径。制定应急物资需求信息的优先级分级标准，以便对所汇集的物资需求信息进行优先级判定。确定各类信息特别是物资需求信息的统一发布渠道。

三、灾前准备机制

（一）强化灾害危险评估

灾害发生之前，政府针对各种可能的灾害突发情况，通过危险评估，认识并分析灾害的各种潜在危险，制作灾害发生可能性的"危险评估地图"。政府通过"危险评估地图"指导物流企业根据潜在危险，制定"增加应急仓库""调配应急卡车"和"购置救灾物资"等对策。另外，市应急管理局有必要与物流企业合作制定关于救灾物资、物流设备等重要资产的安全保障措施；同时，制定有可能造成严重损失的预防减灾措施，确保灾难发生时将损失降到最低。

（二）以应急值守加强对突发事件的应对准备

加强应急值守和信息报送，严格执行领导在岗带班和重要岗位 24 小时值班制度，监督各级应急救援队伍做好应急准备。同时，全市应急管理系统应加强风险分析、研判和应急准备，强化组织领导和责任落实，配合相关部门进一步完善专项应急预案和提升应急措施的针对性。

（三）依托日常演练强化应急物流运作能力

市应急管理局统筹全市的应急演练工作，负责市级重点应急演练的规划、组织协调、考核评估与综合管理，检查指导全市综合应急演练工作，并定期组织全市跨部门、跨行业（领域）的应急演练。应急演练包括规划与计划、准备、实施、评估总结和改进五个阶段。有关部门，通过应急演练发现和解决应急物流工作中存在的问题，落实岗位责任，熟悉应急工作的指挥机制和决策、协调、处置程序，评价应急准备状态，培训和检验应急队伍的快速反应能力，提高各部门之间协调配合和现场处置的能力。

四、灾时预警机制

（一）健全突发事件预警制度

市应急办负责全市突发事件预警工作的监督和综合管理，市相关部门负责相关类别突发事件预警工作，各区、重点地区管委会负责本地区突发事件预警管理工作。按照突发事件的紧急程度、发展势态和可能造成的危害，预警分为一级、二级、三级和四级，预警级别分别用红色、橙色、黄色和蓝色标示，一级为最高级别。预警级别划分按国家标准执行，国家尚未制定预警级别划分标准的，市相关部门可以先行制定，经市政府批准后，报国务院或国务院确定的部门备案。

（二）规范预警发布和解除机制

蓝色、黄色预警由市相关专项指挥部办公室、市相关部门负责发布和解除，并报市应急办备案。橙色、红色预警由市相关专项指挥部办公室、市相关部门向市应急办提出预警建议，其中，橙色预警由市应急办报分管市领导批准、红色预警由市应急办报市应急委主任批准后，由市应急办或授权市相关专项指挥部办公室、市相关部门发布和解除。将可能影响本市以外其他地区的橙色、红色预警信息，及时上报国家有关部门，并向可能受到危害的相关地区通报；需要向公众发布的预警信息，由市相关专项指挥部办公室、市相关部门履行审批程序，并由市预警信息发布中心按规定统一对外发布。

（三）完善监测预警支持系统

市气象、生态环境、金融、文化和旅游、商务等相关部门应充分利用现代化监测手段，强化数字化监测基础设施和专业预警预报信息系统建设。市应急办会同市各专项指挥部办公室、市相关部门和有关单位，建立健全本市综合风险管理信息系统，逐步实现跨地区、跨行业（领域）的风险综合监测与突发事件预警。市相关部门和有关单位及各区、重点地区管委会应建立专业/区域风险管理信息系统，提高风险早期识别和预警预报能力。完善市、区两级预警信息发布平台建设。

（四）提升风险监测预警能力

着力提升综合风险监测研判水平，健全风险动态联合会商机制，加快自然灾害监测预警信息化工程建设，汇聚部门、地方和社会各类数据，建设国家灾害综合监测预警平台。着力提升高危行业安全风险监测预警能力，建设城乡安全风险监测预警工程，加快实施"工业互联网+安全生产"行动计划，推进重大危险源监测预警联网。着力提升地震监测预警能力，全面推进地震预警工程项目建设。

五、灾中保障机制

（一）应急联动响应机制

要建立由政府牵头，军队、企业、基层社区组织等多方主体联动的长效响应机制。以"政企协同、军民融合"为原则，在发生突发事件时，促使各方形成合力，提升应急物流服务效率与品质。建议由北京市应急管理局牵头建立与物流协会、核心企业、社区居委会以及军队的合作沟通机制。平时，各主体按照功能定位，分门别类地对应急物流各要素进行有效管理；共同开展应急方案研究、应急预案制定工作，明确各主体的责任，保证应急物流的有效衔接，定期举行应急物流合作演练，强化各部门之间的应急协同配合；共同参与建立应急物流信息平台，提升应急物流信息的互通共享水平。

（二）应急物资保障机制

自 2019 年以来，北京市应急管理局与市粮食和物资储备局密切合作，建立了一整套应急物资快速保障工作机制。2019 年 5 月，原属市民政局负责储备和调拨的市级救灾物资与应急物资划转至市应急管理局。这部分应急物资的储备和调拨职能被一分为二，市应急管理局负责这批物资的使用和调拨，市粮食和物资储备局负责储备和管理。原本属于单一机构管理的应急救灾物资，现在分属两个部门负责监管，因此，必须加强市应急管理局同市粮食和物资储备局的沟通，完善工作流程，明确机制如何运转，保障基层间有效对接。2019 年，经过市应急管理局与市粮食和物资储备局多次商议，双方确定了 6 项工作机制，明确市级应急物资及救灾装备暂存以市粮食和物资储备局管理为主，市应急管理局向市粮食和物资储备局发出调拨通知，市粮食和物资储备局根据通知要求，下达调运出库通知，并负责应急储备物资的装载、运输和通行，并做好交接工作。

（三）加强应急通信保障

市应急管理局要加强应急通信保障力量建设，充分利用各类应急通信保障资源，以消防救援队伍为主，提高重大灾害事故前方指挥部和救援现场通信保障能力；建立全灾种应急通信手段，实现视频会议系统、手机、固话、卫星电话、移动指挥车、手持单兵设备等多种通信终端融合联通，确保断路、断网、断电等极端条件下通信畅通。

六、灾后恢复机制

（一）明确不同部门的善后处置职能

在市委、市政府的统一领导下，市相关部门和有关单位及区、重点地区管委会负责善后处置工作，及时制订恢复重建计划和善后处理措施，并组织实施。必要时，经市委、市政府批准，启动市突发事件应急救助指挥部或成立市善后工作领导机构。应急管理、卫生健康、公安部门牵头，组织相关部门和专业技术力量，按照有关规定，分别负责对自然灾害、事故灾难、公共卫生事件、社会安全事件造成的损失进行统计、核实和上报。城市管理、水务、交通等部门组织修复被破坏的城市基础设施，处置主责部门会同财政、发展改革部门制定应由政府补偿的补偿标准和办法，事发地的区政府做好征用补偿工作；审计部门对补偿物资的安排、拨付和使用进行监督，必要时实施跟踪审计；事发地的区政府组织乡镇政府（街道办事处）配合有关部门做好救助款物的管理、调拨、发放等工作。

（二）及时开展应急捐赠工作

突发事件发生后，民政部门、事件处置主责部门牵头，会同相关部门和社会组织，建立应急捐赠工作机制，依法组织开展公开募捐活动，及时发布救助需求信息，有序引导社会公众和慈善组织开展捐赠活动。红十字会、慈善协会等人民团体、社会公益性团体和组织，应当依据相关法律、法规、规章和各自的工作条例，积极开展互助互济、经常性救灾捐赠活动和专项募捐活动；加强与国际红十字会等国际组织的交流与合作，积极吸纳国际捐赠的救助款物。

（三）设置检查问责与奖惩机制

市委、市政府根据有关规定，建立健全应急管理工作领导责任制和责任追究制；对成绩突出的组织和个人，按照有关规定予以表彰或奖励，对未完成工作任务的进行通报批评并责成其限期整改。存在未按规定制定、修订应急预案，未按应急预案的规定履行相关职责导致突发事件发生或危害扩大，不服从上级党委政府统一指挥，迟报、漏报、瞒报突发事件信息，未及时组织开展生产自救和善后工作，截留、挤占、挪用应急物资等情况的，依据有关规定，对相关责任人员依法给予党纪政务处分；涉嫌犯罪的，移交司法机关依法追究刑事责任。

第三节　北京市应急物流分类管理

不同的突发事件对应急物资的需求不同，并对应急物流产生不同的影响。本节以自然灾害和突发公共卫生事件为例，说明应急物流分类管理的原因。

一、不同灾害对应急物资的需求和对应急物流的影响——分类管理原因分析

（一）自然灾害对应急物资的需求和对应急物流的影响

1. 地震灾害对应急物资的需求和对应急物流的影响

（1）地震灾害对应急物资的需求。

地震发生后，要对抢救埋压人员、医治伤员、水与食品供给、日用品救济、临时住房搭建、防雨与御寒取暖物资供应等工作做好计划安排，并迅速判断灾区的救援需求，包括运输工具需求、灾民食品需求、灾民日用品救济需求、灾民御寒衣物需求、灾民临时住房需求、灾民取暖物资需求等。

不同类型的灾害需要不同类型的应急救援物资，对应急物资进行科学分类，有助于更好地满足灾区物资需求。本书在整理多次地震救援资料和参阅大量文献的基础上，按照物资需求的重要性将其分为三类，如表6-1所示。

表6-1　地震灾害应急物资分类

物资类别	典型物资
重要物资	帐篷
	应急熟食、方便面、汽油、毛毯、棉毯
	衣服、鞋
	清洁饮水
	担架、术用血浆、绷带、纱布、碘酒、猪肉、鸡蛋、食糖、奶粉、鲜鱼
中等重要物资	石灰粉、十滴水、洋芋、土豆、肉罐头
	袜子、毛巾、口杯、新鲜蔬菜、饼干
一般物资	红汞、破伤风抗毒素
	牧草、牲畜棚圈、饲料
	铁锅、碗、水桶、勺、筷、煤油、矿碴、棉布、苇席、箔、麦秸、石棉瓦、木料、杂木杆、竹竿、铁丝、铁钉、麻绳、草袋、水泥、竹帘子
	棉花、绒裤、油毛毡、煤炭

（2）地震灾害对应急物流的影响。

地震是自然灾害中影响极为广泛、破坏力很大的灾害之一。它不仅直接造成山崩地裂、房屋倒塌、砂土液化、喷砂冒水，还会引起火灾、爆炸、水灾、滑坡、泥石流、毒气蔓延、瘟疫等次生灾害，造成生产停滞、秩序混乱、生活困苦、家庭破坏和人们心理的损害，这些次生灾害通常造成比地震的直接损失更大的灾难。

地震对应急物流的影响主要是其次生灾害对应急交通的影响，而且对城市的影响远远大于乡镇和农村。城市作为周边地区的政治、经济、文化中心，人口密集，生命线集中，建筑物高大密集，地上地下各类管网密布，缺乏灾害疏散避难场地，对城市供水、供电、供气、交通、通信等支持系统造成的破坏更大。城市的各类次生灾害源密集（见图6-2），人们对次生灾害的防御及应急能力差，基础设施的抗震性能也参差不齐，其防灾抗灾的脆弱性更加突出。加之灾情不断升级并迅速向周边地区辐射，因此城市作为地震次生灾害的重灾区和释放地，对灾害应急救援特别是应急物流管理造成了巨大的影响。

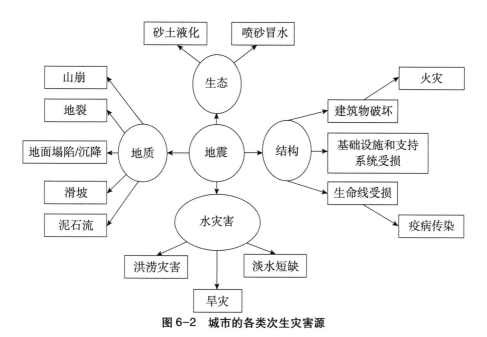

图6-2　城市的各类次生灾害源

2. 水灾害对应急物资的需求和对应急物流的影响

（1）水灾害对应急物资的需求。

在众多的自然灾害中，水灾害发生得最为频繁，且其影响也较为广泛。

水灾害是指水带来或造成的灾害，即水导致的对人类生命财产的危害现象，涉及水多、水少、水脏三种类型。其中，水多灾害主要是指因降水量过多而引发的洪涝灾害，水少灾害主要是指因降水量过少而引发的干旱灾害，这两种类型的灾害一般都由自然因素引起；水脏灾害主要是指人类生活用水或环境用水因受到污染而对生活与生产所造成的不利影响。

各类水灾害对应急物资需求的种类和数量有较大差异。根据水灾害类别和应急物资的重要性，对物资进行分类，如表6-2所示。

表6-2　水灾害应急物资分类

灾害类别	物资类别	典型物资
洪涝灾害	重要物资	帐篷
		救生衣、沙袋、排水泵、抽水机、冲锋舟
		清洁饮水、方便面、饼干、应急熟食、汽油、毛毯、棉毯、蜡烛、手电筒
		衣服、鞋
		担架、绷带、纱布、碘酒、猪肉、鸡蛋、食糖、奶粉、鲜鱼、食盐
	中等重要物资	洋芋、土豆、肉罐头、袜子、毛巾、蔬菜、饼干、饮水消毒片
	一般物资	红汞、破伤风抗毒素
		牧草、牲畜棚圈、饲料
		铁锅、碗、水桶、勺、筷、煤油、铁丝、铁钉、麻绳、草袋、水泥、竹帘子
旱灾	重要物资	清洁饮水、汽油、应急药品、应急熟食、方便面
		水泵、水管、水桶、其他供水管材
	中等重要物资	新鲜蔬菜、肉罐头、饼干、洋芋、土豆
	一般物资	牧草
		铁丝、铁钉、麻绳
水污染	重要物资	清洁饮水、汽油、排污泵、净水器、净水剂、熟食、方便面、急救药品
	中等重要物资	新鲜蔬菜、肉罐头、饼干、洋芋、土豆、饮水消毒片
	一般物资	牧草

（2）水灾害对应急物流的影响。

水灾害的破坏作用巨大，是影响我国国民经济、生产生活和社会发展的主要制约因素，包括导致通信与交通系统的破坏、引发全国性饥荒等。水灾害也会引起次生灾害。图6-3是由暴雨引发的水灾害的次生灾害链示意。综上所述，水污染和旱灾本身对应急物流的影响较小，而洪涝灾害对应急物流的影响较大，其引发的滑坡、泥石流等次生灾害可能对应急运输网络和通信基础设施造成破坏，造成水路运输物流的中断，对陆路和铁路物流造成较大破坏，还会使灾区的应急物资储备库的物资丢失、受损与受潮。

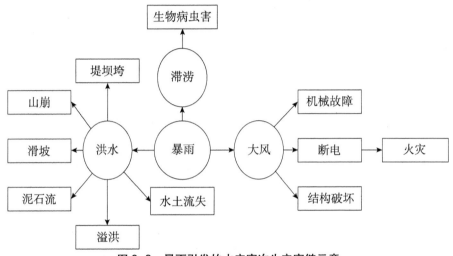

图6-3　暴雨引发的水灾害次生灾害链示意

（二）突发公共卫生事件对应急物资的需求和对应急物流的影响

1. 突发公共卫生事件对应急物资的需求

应对突发公共卫生事件的应急物资按作业方式分为个人防护类、医疗急救设备、检验设备、消杀设备、消洗用品等。

2. 突发公共卫生事件对应急物流的影响

（1）应急物资运输需求涉及范围广、增长迅速、持续时间长。突发公共卫生事件发生后，应急医疗物资需求增长迅速，并随病患数量的快速增加而持续加速增长，应急医疗物资出现严重短缺。与此同时，疫情防控工作持续进行，物资、人员流动受限，疫情严重地区居民日常生活保障物资问题也开始显现。多方筹集的应急物资需要源源不断地快速送达疫区，对应急物资运输需求大。表6-3为突发公共卫生事件应急物资分类。

表6-3　突发公共卫生事件应急物资分类

现场任务类型	作业方式	重点应急物资名称
医疗救护	个人防护	医用防护口罩;全密封(封闭)防护服;医用防护服(隔离衣、手术衣等);医用护目镜;乳胶手套或橡胶手套;医用头套;防护鞋套等
	医疗急救	伤员鉴别标签;急救背囊(箱);复苏背囊(箱);输注药供背囊;心脏除颤器;头部固定器;便携式氧气和复苏箱[简易呼吸器、多人吸氧器、氧气机(瓶、袋)、便携呼吸机、高效轻便制氧设备等];患者运送装备和用品[颈托、躯肢体固定托架(气囊)、关节夹板、担架、隔离担架、急救车、直升机救生吊具(索具、网)等];止血器和螺丝钳等
	检验	采样设备;医用检验与生化分析仪器(核酸检测设备、核酸检测试剂等);医用低温、冷疗设备;临床化学与医药标准物质等
防疫消杀	消杀	喷雾器;喷烟机;喷粉器;垃圾处理设备(垃圾焚烧炉、医用污物塑料袋等);高强度防渗漏尸体袋;检水检毒箱;高压消毒器;杀菌灯等
	洗消	消毒及消杀药品(预防性消毒药剂、杀虫药剂、杀菌药剂、灭鼠药剂、消毒粉、消毒液、碘制剂、消毒泡腾片、空气清菌片等);集成式公众洗消站(洗消喷淋器、洗消液均混罐、洗消帐篷等);单人洗消设备;个人洗消包;洗消器材[强酸/碱洗消器(剂)、生化细菌洗消器(剂)、移动式高压洗消泵、高压清洗机等];防护服清洗干燥设备;环境/设施类洗消器材及设备;洗消剂/粉类(季铵盐类、火碱、生石灰、有机磷降解酶、生化细菌洗消粉等)

（2）应急物资来源广、应急物流需求复杂、物流时限紧迫。疫情防控要求造成相关从业人员短缺、生产原料供应不足等问题，使应急医疗物资来源于国家储备、应急生产、海外采购和全社会捐赠等多种渠道，呈现多主体、多品种、多标准、零散以及分配条件不统一的显著特征。国家调拨与社会捐赠形式并存，在疫情初期由于应急物资紧缺，社会捐赠的医疗防护用品起到重要作用。应急医疗物资运输需求在空间分布上呈现供应点多、需求点散、

覆盖范围广的特点。在运输时限方面要求紧迫，需要多种运输方式、多方运输服务主体发挥各自的优势，协同运作，准确、适时地将应急物资送达，运输保障任务繁重且复杂。

（3）应急物流保障人力资源短缺、物流通道不畅、运输组织难度大。突发公共卫生事件后，可能启动重大突发公共卫生事件 I 级响应，重点疫区采取"封城"措施，大批货车驾驶员、配送人员处于被隔离状态。在疫情初期，外省市货车驾驶员执行一次到疫区的货运任务，出疫区就需要隔离，造成运输保障人力资源严重短缺。随着疫情的持续发展，各地政府根据疫情防控的需要纷纷进行道路交通管制，道路设卡导致运输通道不畅。此外，小区的封闭式防疫防控管理也使物资"最后一公里"的投送难度加大。承担应急物资运输保障任务的干线运输和物流配送企业的正常运作因防疫需要受到影响，运输组织难度加大。

（4）物流配送作业复杂、难度大。应急物资品类繁多，特别是医疗物资具有严格的等级划分和使用标准，需要精准分类配送。此外，应急物资来源渠道众多，除了国家统一计划调拨，社会捐赠的应急物资来源分散，通常多频次、不定时到达，来货的数量、品类和时间难以掌握。这些特征增加了应急物资到达分拣/配送中心后进行分类分拣作业的难度。与此同时，需求端对应急物资需求的急迫性，要求运输配送系统具有高水平的分拣和配送作业效率，而临时性的物流仓储场地设施设备能力和作业水平有限，进一步加大了运输配送作业组织难度。

（三）突发公共卫生事件应急物流与自然灾害应急物流对比

从应急目标来看，突发事件应急物流的共同目标都是快速及时响应，最大限度地挽救人民生命，但由于突发公共卫生事件具有高度的扩散性，其应急救援除了挽救人民生命，更需要对传染病的扩散进行有效控制。从物资种类来看，突发公共卫生事件应急物流以应急医疗物资为主，在隔离等政策的约束下可能涉及居民日常生活物资。从物资需求来看，突发公共卫生事件应急物资需求与其扩散规律有关，呈现明显的先上升后下降的动态性特征，其预测难度往往较大；而自然灾害物资需求与受灾人数相关，需求波动幅度较小，预测难度较小。从影响范围来看，突发公共卫生事件依赖个体传播，其扩散范围较为广泛且难以预测；自然灾害的发生和影响区域较为固定，灾害扩散性较弱，其影响范围相对于传染病来说要小得多。从持续时间和救援阶段来看，突发公共卫生事件防治依赖长期的有效防控措施与大范围的疫苗接种，而较长的持续时间和传染病的高度扩散性也导致了传染病的应急物流决策往往呈现出动态性和多周期的特征；而自然灾害的应急救援除了灾后的设施重建，其初期救援和设施修复的持续时间往往较短，调度往往只涉及单周期或少周期。具体如表6-4所示。

表6-4　突发公共卫生事件应急物流与自然灾害应急物流对比

项目	突发公共卫生事件应急物流	自然灾害应急物流
应急目标	防止疫情扩散，挽救人民生命	保障受灾人民生产生活，促进灾后重建
物资种类	以应急医疗物资为主，同时也包括隔离期间的基础生活物资	生活保障、医疗救助、灾难救援、灾后重建等多类物资
物资需求	与传染病扩散规律密切相关，呈现先上升后下降的动态性特征	与受影响区域总人口密切相关，物资需求动态波动幅度较小
影响范围	受灾区域广泛且不确定	受灾区域固定且扩散性较弱
持续时间	持续时间较长	除了灾后重建，初期救援持续时间较短
救援阶段	动态性明显，多周期的调度决策	动态性不显著，单周期或少周期的调度决策

二、应急物流分类管理对象的确定

（1）应急物流的分类管理，主要是基于灾害的应急物资分类管理。流体、载体和流向是典型的可分类要素。在自然灾害应急物流中，载体通常为中央到地方的各级应急物资储备库、交通枢纽与节点、区域物流中心以及社会团体和企业的储备库等，通常为临时确定的灾区救助站点。这个要素在灾害应急物流中属于可确定性和稳定性强的因素。

（2）应急物资的多种分类方式，可作为应急物流分类管理的依据。应急物资除按照使用功能进行通用分类外，还应综合考虑三个因素对物资管理的影响。第一个因素为应急物资的紧迫性程度。第二个因素为应急物资被运用的阶段。第三个因素为不同自然灾害对应急物资的差异性需求。在不考虑灾害级别的前提下，有的灾害需要的应急物资种类多，有的灾害需要的应急物资品种较为单一。这也与灾害本身的复杂性和破坏性有关。

三、应急物流分类管理的实现

（一）应急物资的分类储备

1. 单主体应急物资储备模式

（1）政府应急物资储备模式。

政府应急物资储备模式的储备主体为中央及各级地方政府，政府以其公信力、号召力和强大的军队力量为依托，在突发事件发生前，通过科学预测在全国范围内建立储备库，采购应急物资并进行储备，并由点及面完成从县到省再到中央的全面立体的应急物资政府储备网络体系。这种全面完善的储备网络体系能且仅能依托政府强大的公信力、执行力和资金得以实现。在突发事件发生后，政府储备可以作为短时间内最直接、最主要、最可靠的应急物资来源，为突发事件应急处置提供物资。突发事件发生后，政府就近调配必需的应急物资以保障受灾人群的基本生存需求，同时相关部门通过对突发事件有关信息的采集分析，完成对实际需要应急物资的种类和数量的预测，完成对应急物资来源渠道、调配路线、调配方式的优化组合，进而实现对应急物资的快速调配。

政府储备在突发事件发生后，依靠政府的调配渠道和调配能力可以实现快速调用，是应急物资的强有力来源保障。除了常见的物资储备，政府储备还包含应急管理的制度政策储备、应急管理人才储备、应急管理知识技能储备等其他储备模式不包含的内容。政府应急物资储备模式具有其他储备模式难以实现的如转移安置受灾人群、反思更新应急管理理论、普及突发事件基本常识和自救技能等功能。

（2）企业应急物资储备模式。

企业作为主体进行应急物资储备的情形有以下两种。

①与政府合作代储应急物资，也就是企业根据协议为所在地常见的突发事件进行的应急物资储备。企业代储分为实物储备和产能储备两种储备形式。协议企业实物储备是指为了更好地保障应急救援服务，政府通过评估选择符合条件的生产某类应急物资的企业，通过签订协议的方式，将一部分应急物资交由企业代储，突发公共事件后，政府储备的应急物资的数量或种类无法满足灾区需求时，企业应将签订协议的应急物资及时配送至灾区。企业实物储备丰富了储备的形式，极大地弥补了政府实物储备的不足。

②企业依据国家的法律法规对自身生产过程进行危险排查，对生产过程中的危险环节进行管控，并依据对具体环节的危险易发程度、发生后的影响范围与影响方式等多因素的分析判断在企业范围内进行专属应急物资储备。这种应急物资的储备主要是对危险处置设施进行储备，如石油加工储备企业就需要增加对包括灭火器、消防斧、火警预警装置、消防灭火装置的物资储备。

（3）市场应急物资储备。

绝大多数的应急物资的使用范围不局限于应急处置，这些物资除了能满足应对突发事件的需求，还有很多其他的作用，在突发事件未发生时作为商品在市场上自由流通。突发事件发生后，政府应急物资储备有限，一般仅能满足短期内应急处置的需求，企业应急物资储备最多也只能满足企业自救。随着时间的推移，在突发事件处置的中后期更多种类、更多数量的应急物资被需要，这时市场上流通的数量巨大，种类繁多的物资就成了应对突发事件最快速、最直接的来源，这也体现了应急管理中平战结合的观念。

（4）非政府组织应急物资储备。

随着社会的发展和人们思想素质的提升，我国的慈善事业也蓬勃发展，以红十字会为代表的非政府慈善组织也在应急物资供应中起到了越来越重要的作用。在这些非政府组织中，红十字会的储备体系最为完善、全面系统，其他的慈善机构相对规模较小，一般在社会基层中依托其管理者对突发事件的应对经验储备数量相对较少、种类较为单一的基础应急物资。

（5）家庭应急物资储备。

家庭作为最小的承载整体和突发事件的第一应对者，在突发事件发生到外界救援到达的这一时间段内，家庭成员有效的自救和互救将能最大限度保障生命财产安全。目前，家庭中常储备的应急物资为食物、饮用水、衣物等。随着安全意识的提高和安全知识的普及，家庭应急物资储备也逐渐增加了诸如灭火器等突发事件应对设施，甚至连安全避难场所中的发电机、净水机、通风装置等较专业的应急物资也逐渐出现在越来越多的家庭。

2. 多主体联合应急物资储备模式

随着突发事件应急管理的发展，各单主体储备模式的优势和弊端逐渐凸显，多个储备主体联合进行应急物资储备的模式能在保留单主体储备模式的优势的前提下弥补其储备能力的短板。多主体联合应急物资储备模式按政府在储备模式中发挥的具体作用可分为：政府主导的应急物资储备模式和政府引导的应急物资储备模式。

（1）政府主导的应急物资储备模式。

在这一模式中政府占据主导地位，在政府与企业的联合储备中，政府追求更低的储备成本和更高的物资储备效用，企业追求更高的收益、政府的合作意向、政府的有利政策和更多社会责任感的承担。政企联合储备模式能将政府的应急物资储备合并入企业的日常生产物资安全库存中，依托企业的规模经济实现闲置社会资源的解放，将专业的任务转移给专业的人去承担，一定程度上属于一种外包。企业在日常生产活动中储备的原材料、半成品以及生产活动所需的器械设备等都可以被纳入政企联合物资储备模式的储备物资范畴。政府在这一过程中减少了储备成本和管理成本，省去了物资储备过程中物资的折旧和更新的费用，使政府能用有限的资金去完成更多的应急物资储备。企业在联合储备中将政府储备融入企业的日常生产储备中，企业的储备成本并未增加，但是额外获得政府支付的政府应急物资储备费用和货款，甚至当储备周期内突发事件未发生时，这一部分政府的预付款完全成了企业的额外收入。

政府以部分储备物资的管控力换取了较低的储备成本，也就意味着相对于政府储备而言，政企联合储备中政府需要从其他角度增强对应急物资的管控。这可以依赖法律法规、参与储备管理、监督巡查等手段措施实现。政府与企业的联合储备建立在合约的前提下，受相关法律法规的约束，如果企业不履行合约，企业要承担经济责任、民事责任，甚至刑事责任。在联合储备中政府可以派遣成员参与物资的日常管理活动，及时向政府传递储备信息和快速发现储备中存在的问题，更全面地提升政府对储备物资的管控力。

（2）政府引导的应急物资储备模式。

政府与企业外的储备主体合作进行多主体联合应急物资储备时，并不能占据主导地位，只能通过政策法规、社会舆论风向、知识普及、民众素质提升等间接手段来实现对各主体应急物资储备的有利引导。

政府与市场联合进行应急物资储备，政府通过提升流通商的社会责任感、增加法律法规中对市场的管控、实行有效的市场宏观调控、规范市场流通渠道等手段控制市场价格变动的风险，规范市场应急物资来源渠道，降低政府对市场流通物资整合的难度和成本。

政府与非政府组织联合进行应急物资储备，面对有着较为完善的组织构架和制度的红十字会，政府应协助其向专业化、系统化方向靠拢。面对规模较小的慈善组织，政府应协助其引导社会的奉献风气，普及安全教育知识，简化公开捐献渠道，在涉及政府的手续环节中为其开放绿色通道。

政府与家庭联合进行应急物资储备，通过电视、广播、微博、微信等多种媒体形式普及风险预防和应对知识，增强个人的安全意识，引导家庭主体进行应急物资科学化、全面化、专业化的储备，提升家庭主体在突发事件发生之初自救和互救的能力。

（二）应急物资的分类采购

应急物资涉及衣、食、住等生活必需品，医疗药品与器械以及其他物品和设备等。当前民政系统储备的应急物资种类较单一，数量有限，须采取协议采购的方法进行补充，并对不同的物资采取相异的采购策略。

有效的方法之一是根据应急物资的重要性分类标准确定应急物资的采购策略。分为两种采购策略，一是基本生活物资和重要物资的采购策略。由于这两类物资需求的紧急程度高，采购成本较低，采购量大，物流成本高，风险大，应事先建立应急采购网络，健全应急采购机制。二是专业类应急物资的采购策略。这类物资的采购金额通常很高，风险较小，应通过政府采购保障物资可得性和成本经济性。

（三）应急物资的分类运输和配送策略

自然灾害和重大突发公共卫生事件对交通网络的破坏较大，往往会有一种甚至多种运输方式的功能不能正常发挥，造成应急交通运输的保障难度加大。因而，如何在现有运输网络的情况下对运力进行科学合理的使用和调配，是一个非常关键的科学问题，而分类管理有助于目标的实现。

1. 构建干线与末端有机衔接的应急物流网络

将自然灾害和重大突发公共卫生事件的应急物资运输需求纳入国家及省市的相关交通、物流规划中，制定应急物资储备点、分拨点以及运力资源的配置原则、标准、使用方式及保障政策，优化节点布局和资源配置；构建干线运输网络与城市末端配送网络有机衔接的应急物流网络，充分发挥综合运输系统的干线运输作用和城市交通运输系统的分拨配送作用，整体提升自然灾害和重大突发公共卫生事件下应急物资运输保障能力。

2. 建立覆盖运输全过程的应急物资运输指挥系统

综合运用大数据、物联网、区块链等新兴技术，以应急物资运输组织指挥中心为核心，以应急物资运输需求受理、运输计划制订、运输任务下达实施、全程运输监控、物流信息动态跟踪、信息汇总分析为主线，通过电子数据交换提升应急物资运输组织指挥手段。电子数据重点与物资筹备部门、慈善组织等的信息平台对接，受理运输需求；与干线物流企业及相关信息平台对接，下达运输和配送任务、获取车辆及物流动态跟踪信息。

3. 建立政府与社会物流运输企业的协同运作机制

充分发挥政府跨地区、跨行业的协调指挥功能，实现政府与企业的通力合作，有效引导社会力量协同参与应急物资运输保障工作。充分发挥大型物流运输企业服务网络覆盖面广、专业性强、服务能力和水平高的优势，提升应急物资运输保障能力。

4. 充分利用社会物流力量保障社会捐赠物资运输

应急物资运输保障能力的提升必须从政府调配物资和社会捐赠物资两个方面共同推进。提升物流仓网的动态优化调整能力，充分利用社会物流力量，优化社会捐赠流程，构建高效的社会捐赠物资运输保障系统，实现非定向捐赠物资集中调配和精准匹配、定向捐赠物资的直达高效运输，以整体提升社会捐赠物资的运输保障能力。

5. 强化应急物流网络末端配送的协同运作

城市末端配送系统需要充分发挥专业物流企业的作用，构筑以规模化物流配送企业为主体的应急物流末端配送服务队伍，建立物流企业之间的协同运行机制，推动应急物资配送需求与应急运力精准匹配，形成快速响应的专业化应急物流末端配送能力。

利用人工智能等先进技术，实时精准对接需求，并依托大数据预测后续的物资需求。利用物流企业的末端配送网络，运用无人车、无人机、无人仓等先进技术手段，实施点对点的便利化、快速精准配送。

强化分拨（转运）中心在城市物流配送系统中的核心作用。应急管理机构通过对分拨（转运）中心的调度指挥，整合本地物流运输配送能力，实现本地物资配送资源协同运作。以分拨（转运）中心为载体，配置城市应急物流末端配送服务资源。应急管理机构结合应急物流末端配送网络的资源配置和物流企业的服务能力与水平，制订物流企业进入分拨（转运）中心的方案，并负责管理入驻物流企业的运作，当配送运力不足时，负责协调组织社会运力。引导入驻分拨（转运）中心的物流企业承担分拨（转运）中心、配送中心的配送服务。建立开放的物流信息平台，实现内外信息的采集、交换、分析、发布，将干线运输、支线运输、末端配送有机结合起来，制订周密的货物交接、人员交接、信息沟通、决策支持方案，提高末端配送系统的运行效率。

（四）过剩和过期物资逆向应急物流管理策略

逆向应急物流始于需求中心，也就是应急物流供应网络的末端。需求中心主要分为避难所与物资集中分发点两类，在救援过程中承担应急救援物资分发的职能。应急救援对应急物资的需求是有阶段性的，随着救援工作的展开，某些应急物资开始闲置，这时应及时将受灾地的可重复利用物资回收至物流中心，在物流中心进行可使用性检测，将可再次使用的物资进行必要的维护和消毒，经检验不可再使用的物资则据实际情况退回供应商或销毁。经必要的维护和消毒后，应将可重复利用的物资进行包装、分类、贴标签并存储，以备再次使用，具体流程如图6-4所示。

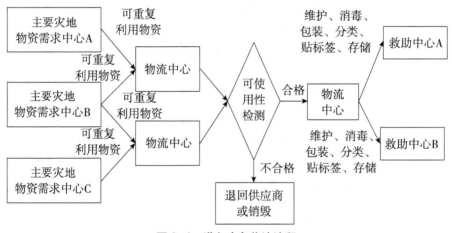

图6-4　逆向应急物流流程

第四节　物流应急分级管理

一、应急物流分级管理的意义和思路

（一）应急物流分级管理的意义

科学地确定应急物流级别的意义，在于从政府的应急管理能力出发，有

序地对应急物流进行组织和管理。不同类型和规模的自然灾害对应急物流的需求差异较大，须区别对待。本书力图依据应急物流组织主体和应急物资需求来对应急物流进行分级。

（二）应急物流分级管理的基本思路

应急物流的分级管理基于以下四点考虑。

（1）在灾害救援过程中应急物资需要的紧急度存在优先等级。灾害对人们的生产和生活造成巨大破坏后，那些救灾所需物资不可能也不应该同时到达应急处置现场。科学的做法是，在第一时间调集、采购、派发最需要的应急物资（优先级别最高的应急物资），确保这些物资能在最佳时间到达应急处置现场。然后，相应地准备、派发第二级、第三级应急物资。这样不仅能有效地提高应急物流效率，也将减少应急物资采购的盲目性和物流各节点不必要的物资积压，从而使整个应急物流工作有条不紊、有重点地实施。

（2）在灾害救援过程中应急物流的其他要素管理也存在优先等级。对自然灾害应急物流分级，对象不仅涉及应急物流的流体、流量、流向要素，也包括管理主体、流动载体等要素。可根据灾害的性质、危害程度确定应急物流统一指挥协调的主体，统筹应急物流的人力和运力，结合应急物流流量流向模型，启动相应的应急物流处理程序。

（3）应急物流分级管理需要动态的运作机制。突发事件对应急物流的需求有一个不断变化的过程，应急物流的组织、指挥和实现也是一个动态的调整过程。应急物流包括接到应急物流任务、应急物流决策响应主体、应急物资、运力等内容和级别的确定、应急物资获取物流、物资分拨、物资运输配送、物资发放、逆向物流、供需满足情况判定和应急物流的即时调整、应急物流结束等过程。在这个流程中，应急物流级别和管理策略的确定与更新都必须根据不断发展变化的形势适时进行调整。

（4）要根据灾害的发展态势和应急需求的满足情况不断更新应急物流的级别，即突发事件应急物流的分级管理需要根据即时更新的信息对未来时段的情况进行动态评估，以此制定有效的应急物流决策和方案。因此，需要采用一定的分级算法对动态的应急物流级别进行综合评估。

二、应急物流分级管理的实现

（一）应急物流主体的分级

1. 关键影响因素分析

应急物流主体的确定，主要取决于该主体在其行政职权范围内对应急物资的调度能力、对应急运力的指挥能力、对社会物流资源的协调能力、对应急物流网络运行的监控能力等多个因素。其中，对应急物资的调度能力需要对该主体的应急储备物资调拨权限、紧缺物资的应急采购和临时征用能力进行全面考核。于是确定这四个因素为自然灾害应急物流主体分级的决定因素，并假设各因素的影响权重分别为 ω_i（$i = 1$，2，3，4），根据公式得到需要进行拟合的曲线

$$A = \omega_1 k_1 + \omega_2 k_2 + \omega_3 k_3 + \omega_4 k_4 \qquad (6-1)$$

式（6-1）中，A 代表某应急物流需确定的主体级别，k_1 代表对应急物资的调度能力取值，k_2 代表对应急运力的指挥能力取值，k_3 代表对社会物流资源的协调能力取值，k_4 代表对应急物流网络运行的监控能力的取值。

2. 分级结果的评判集

以自然灾害为例，自然灾害应急物流主体可分为四个级别，分别为Ⅰ级、Ⅱ级、Ⅲ级、Ⅳ级，其对应的各级主体和预警旗颜色如表 6-5 所示。根据"重心下移"的分级管理原则，这四级应急物流，分别由国务院、区域级、

表 6-5　各级主体和预警旗颜色

应急主体	预警旗颜色	物流级别			
		Ⅰ级	Ⅱ级	Ⅲ级	Ⅳ级
国家级	红色	√			
区域级	橙色		√		
发生地省市级	黄色			√	
发生地县级	蓝色				√

发生地省市级、发生地县级政府的应急物流指挥中心进行应急物流的统一指挥和协调。其中，Ⅰ级应急物流表示应急物资的需求规模极大，需要动用全国力量，应急物流由国务院设立的应急物流指挥中心统一领导、协调和调度。Ⅱ级应急物流表示应急物资的需求规模大、种类多，需要动用全省甚至相邻省份的有关力量才能实现应急物流调度，这需要一个区域性的应急物流中心来领导和指挥。Ⅲ级应急物流表示应急物流的组织超出县级政府的应对能力，需要动用市级甚至省级有关部门的力量。Ⅳ级应急物流表示应急物资的调度范围在社区和基层范围之内，可被县级政府控制。

（二）应急物流客体的分级

1. 不同灾害应急物资需求分级的含义和必要性

以突发公共事件为例，突发公共事件应急物资需求分级，就是当公共事件发生后，应急物流指挥人员在应急物资需求预测的基础上，结合受灾区域的物资存量情况，对预测结果中的物资需求进行分级。分级的目的是确定下一步应急物资紧急保障的级别，级别高的物资优先保障，级别低的物资随后保障。

在实际的应急组织中，应急物流是一个多目标的复杂的决策问题，还要考虑灾后大量应急物资的全面筹措、调拨、临时堆放、运输和配送的问题。受运力和网络的约束，指挥人员必须明确哪些物资应该优先运输和配送，哪些物资可以稍微推迟一些时间。

2. 关键影响因素分析

突发公共事件应急物资需求分级决策应考虑的关键因素为应急物资的重要性、紧急性、不可替代性和缺口度。

（1）应急物资的重要性。应急物资的重要性是指某种应急物资在此次灾害应急管理中所起的作用，反映了应急物流决策者对该类物资重要程度的认识。通常情况下，与人们的生命息息相关的物资是最为重要的物资，如药品、救生器材等。物资的重要性越高，对应的需求级别越高。

（2）应急物资的紧急性。应急物资的紧急性是指某种应急物资的功用随着时间推移变化的程度，反映了物资需求的时间紧迫性。一般情况下，随着时间的推移物资的功用会降低，即错过了最佳的需求时机，物资能发挥的作用降至零。如当地震发生后，有一个 3 天的生命搜救期和 10 天的应急救援期。这两个时间段对应急物资的需求是有差异的，某些在3天生命搜救期需要的物资错过该时段后就不再有效了。紧急性越高的物资，对应的需求级别越高。

（3）应急物资的不可替代性。应急物资的不可替代性是指某种应急物资的功用不可由其他物资来实现，反映的是物资需求的稀缺性。不可替代性越高，对应的需求级别越高。

（4）应急物资的缺口度。应急物资的缺口度反映的是某应急物资的相对缺少程度。如果需要的物资在事发当地就能得到满足，该类物资的缺口度为零，这时，相应的需求级别就比较低。缺口度越大的物资，对应的需求级别越高。

3. 分级结果的评判集

和应急物流主体分级的原理一样，确定需要进行拟合的曲线为

$$B = \omega_1 k_1 + \omega_2 k_2 + \omega_3 k_3 + \omega_4 k_4 \qquad (6\text{-}2)$$

式（6-2）中，B 代表某类应急物资的需求级别，k_1 代表应急物资重要性取值，k_2 代表应急物资紧急性取值，k_3 代表应急物资不可替代性取值，k_4 代表应急物资缺口度取值。

应急物资需求级别的评判集如表6-6所示。将应急物资需求分为四级，级别从高到低依次为Ⅰ级（特别紧急的需求）、Ⅱ级（紧急的需求）、Ⅲ级（较为紧急的需求）、Ⅳ级（一般的需求），对应的颜色分别为红色（Ⅰ级）、橙色（Ⅱ级）、黄色（Ⅲ级）、蓝色（Ⅳ级）。

表6-6　应急物资需求级别的评判集

对应的颜色	需求级别			
	Ⅰ级（特别紧急的需求）	Ⅱ级（紧急的需求）	Ⅲ级（较为紧急的需求）	Ⅳ级（一般的需求）
红色	√			
橙色		√		
黄色			√	
蓝色				√

第五节　应急物流分期管理

一、应急物流分期管理思路

突发公共事件分期制度主要涉及应急管理的微观问题，旨在建立一个"全过程"的政府应急管理模式。突发公共事件通常遵循一个特定的生命周期。每一个级别的突发公共事件，都有发生、发展和减缓的阶段，需要采取不同的应急措施。因此，需要按照社会危害的发生过程将每一个等级的突发公共事件进行阶段性分期，以此作为政府采取应急措施的重要依据（若有必要，可再将每一期划分为若干等级）。根据社会危害可能造成危害和威胁、实际危害已经发生、危害逐步减弱和正常生活秩序恢复三个阶段，可将突发公共事件总体上划分为预警期、爆发期、缓解期和善后期四个阶段。

政府应急管理的目的是通过提高政府对突发公共事件发生的预见能力、事件发生后的救治能力以及善后恢复阶段的学习能力，及时有效地化解危急状态，尽快恢复正常的生活秩序。对突发公共事件进行分期的目的，在于科学地规定与上述各个阶段相适应的应急措施。

（1）预警期。主要任务是防范和阻止突发公共事件的发生，或者把突发公共事件控制在特定类型以及特定的区域内，其关键在于预警预备能力。

（2）爆发期。主要任务是及时控制突发公共事件并防止其蔓延，其关键在于快速反应能力。

（3）缓解期。主要任务是降低应急措施的强度并尽快恢复正常秩序。

（4）善后期。主要任务是对整个事件处理过程进行调查评估并总结经验，其关键在于评估学习能力。

分期管理的能力要求与主要任务如表6-7所示。当然，由于突发公共事件演变迅速，不容易划分各个阶段，而且很多时候是不同的阶段相互交织、循环往复，从而形成突发公共事件应急管理特定的生命周期。

表 6-7　分期管理的能力要求与主要任务

分期	阶段	能力要求	主要任务
预警期	事前	预警预备	防范事件的发生,尽可能控制事态发展

续表

分期	阶段	能力要求	主要任务
爆发期	事中	快速反应	及时控制突发公共事件并防止其蔓延
缓解期	事中	恢复重建	降低应急措施的强度并尽快恢复正常秩序
善后期	事后	评估学习	对事件处理过程进行调查评估并总结经验

应急物流的生命周期曲线如图 6-5 所示。

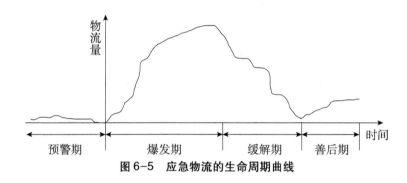

图 6-5 应急物流的生命周期曲线

二、各期应急物流的运作特点

（一）预警期

北京市人民政府要针对各种可能发生的突发事件，完善预测预警机制，开展风险分析，做到早发现、早报告、早处置。北京市政府要会同有关部门，整合各有关方面资源，建立健全快速反应系统；加强乡镇应急中心建设，建立统一接报、分级分类处置的应急平台；加强北京市应对突发事件的能力建设。

1. 监测

北京市建立突发事件风险管理体系和危险源、危险区域管理制度，健全安全隐患排查整改工作机制，实行分类分级管理和动态监控。各区应急委和天安门等重点地区管委会、市各专项指挥部办公室、相关部门和有关单位要加强对重要基础设施的安全监督检查。各区应急委和天安门等重点地区管委会、市各专项指挥部办公室、相关部门和有关单位要建立专业监测和社会监测相结合的突发事件监测体系，完善突发事件监测制度，规范信息的获取、报送、分析、发布格式和程序；根据突发事件种类和特点，建立健全各行业（领域）的基础信息数据库，完善监测网络，配备必要的设备设施，明确专职或兼职人员，对可能发生的突发事件进行监测。市、区应急办和天安门等重点地区应急管理部门负责组织各类突发事件信息的汇总、分析和处理；负责定期组织召开公共安全形势分析会议，研判突发事件应对的总体形势，提出防范措施建议。

2. 预警级别和发布

北京市建立健全突发事件预警制度。市应急办负责全市突发事件预警工作的监督和综合管理，市各专项指挥部办公室、市相关部门负责相关类别突发事件的预警工作，各区应急委、天安门等重点地区管委会负责本地区突发事件的预警管理工作。市突发事件预警信息发布中心负责组织本市各类突发事件预警信息的统一发布工作。

按照突发事件的紧急程度、发展势态和可能造成的危害程度将突发事件预警分为一级、二级、三级和四级，分别用红色、橙色、黄色和蓝色标示，一级为最高级别，如表6-8所示。预警级别划分按国家标准执行，国家尚未制定预警级别划分标准的，市相关部门可以先行制定，经市政府批准后，报国务院或国务院确定的部门备案。

表6-8　突发事件预警级别与发展态势

预警级别	发展态势
红色等级（一级）	预计将要发生特别重大以上突发事件,事件会随时发生,事态正在不断蔓延
橙色等级（二级）	预计将要发生重大以上突发事件,事件即将发生,事态正在逐步扩大
黄色等级（三级）	预计将要发生较大以上突发事件,事件已经临近,事态有扩大的趋势
蓝色等级（四级）	预计将要发生一般以上突发事件,事件即将临近,事态可能会扩大

（1）蓝色、黄色预警由市相关专项指挥部办公室或部门负责发布和解除，并报市应急办备案。橙色、红色预警由市相关专项指挥部办公室或部门向市应急办提出预警建议，由市应急办分别报请分管市领导或市应急委主任批准后，由市应急办或授权市相关专项指挥部办公室或部门发布和解除。

（2）各区、天安门等重点地区可根据本地区的实际情况，发布本地区的预警信息，并同时报市应急办及市有关部门备案。

（3）对于可能影响本市以外其他地区的橙色、红色预警信息，市相关专项指挥部办公室或部门应在报请分管市领导或市应急委主任批准后，及时上报国家有关部门，并向可能受到危害的相关地区通报；必要时，由市应急办报请市应急委主任或副主任批准后上报国务院应急办。

（4）国家相关法律、法规或规范性文件另有规定的，依照其规定执行。

（二）爆发期

1. 应急响应

（1）事发单位要立即组织本单位的应急救援队伍和工作人员营救受害人员，疏散、撤离、安置受到威胁的人员；采取其他防止危害扩大的必要措施；做好专业应急救援队伍的引导；向所在地政府及有关部门、单位报告。对因本单位的问题引发的或主体是本单位人员的社会安全事件，有关单位要迅速派出负责人赶赴现场开展劝解、疏导工作。

（2）街道办事处、乡镇政府要第一时间组织群众转移疏散，采取措施控制事态发展，做好专业应急救援队伍的引导等工作，及时向区政府报告事件情况。

（3）事发地居委会、村委会和其他组织要按照当地政府的决定、命令进行宣传动员，组织群众开展自救和互救，协助维护社会秩序。

（4）公民、法人和其他组织应迅速开展自救、互救，并采取必要的措施防止危害扩大；及时向政府有关部门和机构报告安全隐患和受灾情况；服从行业主管部门、街道（乡镇）的指挥和安排，配合做好应急处置和救援工作。

（5）在外省区市发生涉及本市人员和机构的突发事件，根据需要，由市突发事件应急救助指挥部或由市应急办会同市突发事件应急救助指挥部办公室协调开展应急救助工作。在境外发生涉及本市人员和机构的突发事件，由市涉外突发事件应急指挥部牵头，会同市相关部门、单位积极配合国家相关部门、我国驻外（港澳地区）派出机构做好境外领事保护工作。

2. 指挥与协调

突发事件发生后，在先期处置的基础上，由相关责任主体按照基本响应程序，启动相关应急预案的响应措施进行处置。当超出相关责任主体自身的处置能力时，可向上一级应急管理机构提出请求，由上一级应急管理机构决定是否启动更高级别的响应措施进行处置。

一般突发事件（Ⅳ级）：由事发地区应急委、重点地区管委会或市相关部门启动相关应急预案的Ⅳ级响应，负责指挥协调应急处置工作，根据实际需要，市相关专项指挥部、相关部门、有关单位负责协助做好相关工作。

较大突发事件（Ⅲ级）：发生在东城、西城、朝阳、海淀、丰台、石景山6个区和天安门等重点地区的较大突发事件，由市相关专项指挥部、相关部门、有关单位启动相关应急预案的Ⅲ级响应，负责指挥协调应急处置工作。发生在其他区的，由事发地区应急委或市相关部门启动相关应急预案的Ⅲ级响应，负责指挥协调应急处置工作；必要时，市相关专项指挥部、相关部门、有关单位协助做好相关工作，市委、市政府分管副秘书长或市应急办派人到场，协调有关部门开展工作。根据需要，由主责部门牵头组建现场指挥部。

重大突发事件（Ⅱ级）：由市相关专项指挥部、相关部门、有关单位启动相关应急预案的Ⅱ级响应，并负责具体的指挥和处置工作，由市应急委负责统一指挥应急处置工作。根据需要，分管市领导或副秘书长赶赴现场，并成立由市相关专项指挥部办公室、相关部门、有关单位和事发地区应急委、重点地区管委会组成的现场指挥部。其中：分管市领导或副秘书长任总指挥，负责应急处置的决策和协调工作；市相关专项指挥部办公室、相关部门、有关单位负责同志任执行总指挥，负责事件的具体指挥和处置工作。

特别重大突发事件（Ⅰ级）：由市相关专项指挥部、相关部门、有关单位启动相关应急预案的Ⅰ级响应，并负责具体的指挥和处置工作，由市应急委负责统一指挥应急处置工作。根据需要，市委书记、市长或分管市领导赶赴现场，并成立由市相关专项指挥部办公室、相关部门、有关单位和事发地区应急委、重点地区管委会组成的现场指挥部。其中：市委书记、市长或分管市领导任总指挥，负责应急处置的决策和协调工作；分管市领导或副秘书长，市相关专项指挥部办公室、相关部门、有关单位负责同志任执行总指挥，负责事件的具体指挥和处置工作。

当需要调度多个市级专项应急指挥部共同开展突发事件应急处置时，经市应急委主任批准，启动市应急委决策机制，由市委、市政府统一组织协调应对工作。同时，抽调相关部门人员启动联合办公机制，履行值守应急、信息汇总和综合协调职责，发挥运转枢纽作用。

3. 响应升级

如果突发事件的事态进一步扩大，预计依靠北京市现有应急资源和人力难以实施有效处置时，应以市应急委的名义，启动首都地区应急联动机制，协调中央/国家有关部委和中央在京单位、北京卫戍区、武警北京市总队、周边相关省区市参与处置工作。

当本市发生巨灾或突发事件造成的危害已十分严重,超出北京市自身的控制能力,需要国家或其他省区市提供援助和支持时,市应急委应提请市委、市政府立即将情况上报党中央、国务院,请其统一协调、调动各方面应急资源共同参与事件处置工作。当党中央、国务院启动或成立国家级突发事件应急指挥机构,并根据有关规定启动相应级别的响应时,市相关部门、有关单位要在国家相关应急指挥机构的统一指挥下,配合做好各项应急处置工作。

需要宣布北京市部分地区进入紧急状态的,经市应急办报请市主要领导批准后,依法以市政府名义提请国务院决定;如需全市进入紧急状态的,则依法并按《国家突发公共事件总体应急预案》的有关规定,报请国务院提请全国人大常委会决定后实施。

需要国际社会援助时,市应急办应与市政府外办、市政府新闻办密切配合,在报请市主要领导批准后,以市政府名义提请国务院决定,由指定机构向国际社会发出呼吁。

(三)缓解期

1. 善后处置

在市委、市政府、市应急委的统一领导下,由相关部门、有关单位和区、重点地区负责善后处置工作,及时制订恢复重建计划和善后处理措施,并组织实施。重大、特别重大突发事件发生后,必要时,经市委、市政府和市应急委批准,启用市突发事件应急救助指挥部或者成立市善后工作领导机构。市民政局、市安全监管局、市卫生健康委、市公安局牵头,组织相关部门和专业技术力量,按照有关规定,分别负责对自然灾害、事故灾难、公共卫生、社会安全事件造成的损失进行统计、核实和上报。

规划部门负责受突发事件影响地区居民住房和基本配套设施的选址、方案设计等工作,住房城乡建设部门负责居民住房建设的组织实施,属地政府负责对居民进行妥善安置;卫生健康、农业农村等部门负责疫病控制工作,环保部门提出事故后污染处置建议,由事发地的区政府、重点地区管委会负责现场清理和消除环境污染;电力、市政市容、水务、交通等部门应当及时组织修复被破坏的城市基础设施,承担突发事件处置的主责部门会同财政、发展改革部门制定应由政府补偿的补偿标准和办法,事发地的区政府做好征用补偿工作;审计、监察等部门应当对补偿物资的安排、拨付和使用进行监督，必要时实施跟踪审计，事发地的区政府组织基层政权组织，做好受灾地区社会管理工作，并配合有关部门做好救助款物的管理和调拨、发放等工作。

2. 社会救助与抚恤

民政部门负责统筹突发事件社会救助工作，做好受灾群众的安置，并会同商务等部门及时组织救灾物资的调拨和发放，保障群众基本生活。

市民政局牵头，会同有关单位加强对救灾捐赠物资的接收、登记和储备管理工作，及时向社会公布有关信息。

各级接受救灾捐赠部门应立即开通 24 小时捐赠热线，启动社会募捐机制，动员社会各界提供援助，并按照规定程序安排使用。民政部门要进一步推动接受捐赠工作的制度化和经常化，为灾后社会救助提供更加充足的物资保障。

红十字会、慈善协会等人民团体、社会公益性团体和组织，应依据相关法律法规和各自工作条例的规定，积极开展互助互济、经常性救灾捐赠活动和专项募捐活动。加强与国际红十字会等国际组织的交流与合作，积极吸纳国际捐赠的救助款物。

司法行政部门组织法律援助机构和有关社会力量为突发事件涉及人员提供法律援助，维护其合法权益。

工会、共青团、妇联、红十字会等团体，协助卫生等有关部门开展心理咨询、抚慰等心理危机干预工作。

民政部门会同财政等部门，对因灾伤亡人员和在救援工作中伤亡的人员给予抚慰或抚恤，同时给予必要的救助；对见义勇为人员依法确认，对因公牺牲者进行认定和追认为烈士。

（四）善后期

突发事件处置工作已基本完成，次生、衍生和事件危害被基本消除，应急处置工作即告结束。一般和较大突发事件由启动相应应急响应的市相关专项指挥部、相关部门、有关单位或相关区应急委、重点地区管委会宣布应急结束。重大、特别重大突发事件由市相关专项指挥部办公室、相关部门、有关单位或市应急办提出建议，并报分管市领导或市应急委主要领导批准后，由启动相应应急响应的市相关专项指挥部、相关部门、有关单位或市应急委宣布应急结束。应急结束后，应将情况及时通知参与事件处置的各相关单位，必要时还应通过广播电台、电视台等新闻媒体同时向社会发布应急结束信息。

第六节　应急物流的整合与协调管理

一、应急物流整合与协调管理的思路

在对应急物流"三分管理"（分类管理、分级管理、分期管理）进行了前述系统的研究后，还要对这三者如何有机地整合与协调进行研究，以更有序地满足灾后物流保障的需求。

时间和资源是自然灾害应急物流管理的两大约束条件。应急物流分期管理，就是体现如何在时间约束下进行有效的应急物流保障。"预警期、启动期、增长期、调整期、结束期和后灾害期"的划分能够非常清晰地告诉灾害应急管理者，没有发生灾害，该怎么办？已经发生灾害，该怎么办？在灾害的不同阶段，该怎么办？对时间约束考虑清楚外，就要认真对待资源约束。事实上，分级管理和分类管理都是从资源如何配置的角度进行诠释的，包括应急物资分类、应急物流策略分类、应急物流主体分级、应急物流客体分级、应急物流运力分级等。

因此，要对应急物流分类管理、分级管理、分期管理进行整合与协调，首先就要明确时间界限，然后在确定的"分期"里，考虑如何将分类管理和分级。图6-6描述的应急物流分类分级分期整合与协调管理框架，体现了这一思想。

二、应急物流整合与协调管理的策略

（一）预警期

作为应急物流开展前的准备阶段，这时期的主要任务是为灾害暴发后能及时且有序地进行应急物资保障，做好相关准备工作。各级应急物流主体在自己的职权职责范围内进行如下计划准备，包括开展易发性自然灾害的应急物流风险预测，制订各类灾害所需的应急物资进行分类分级供应计划，对应急物资储备的常规供应商、协议采购的合同方进行优化和确认，对应急物资的运输路径进行设计，根据长期建设的各类应急物流储备库及其他设施分类分级结果以及对紧缺资源的最低保有量的评估结果，合理配置、调整、储存

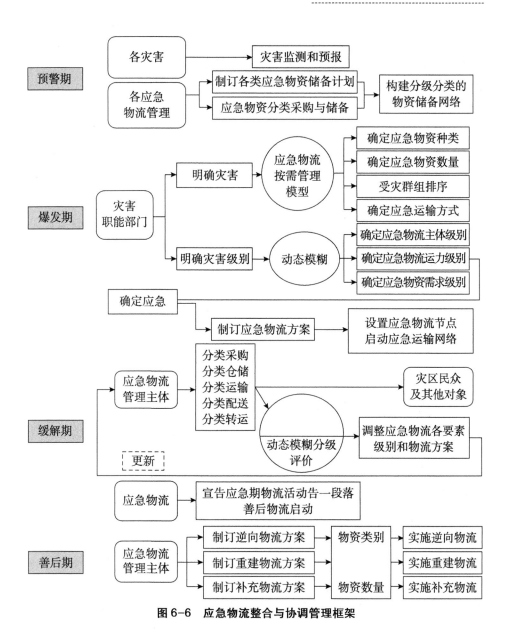

图 6-6　应急物流整合与协调管理框架

一定种类与数量的应急救援物资，建立合理的物资储备网络，提高灾害暴发后应急物资的紧急保障能力。

（二）爆发期

当突发事件爆发后，关键应对工作有三项：一是确定救灾应急物资需求，

207

要根据灾害发展势态、应急物流预案和当地自然社会条件，对应急物流的需求进行快速评估。二是迅速成立救灾指挥中心，立即展开救灾应急物资的筹措。在贮存物资不足的情况下，建立紧急供应渠道，征用运输工具，指挥救灾物资储备库提前做好物资备运工作，根据需要建立避难所或物资集中发放点，宣传、号召周边地区捐赠款物，以保障自然灾害初期所产生的大量应急物资需求。三是迅速成立救灾物资收集中心和救灾物资配送中心，立即展开救灾应急物资的调用和分配。救灾物资收集中心建立在未受灾地区和救灾捐助集中区，负责将社会团体和民众捐助的各类物资集中分类、包装，安排运输方式。救灾物资配送中心应建立在近灾区交通方便的地方，及时收集灾民需求，集中管理到达的各类救灾物资，并负责救灾物资的发放。

应急物流要对来源多样化的应急物资进行收集、分类、整理、包装、临时仓储、运输和发放，其运作过程从随机、自发和无序逐步走向计划、组织和有序。其中，救灾物资收集中心收集到社会捐助救灾物资后，对这些物资进行分类、分级、包装，根据灾区需求实际情况，将灾区需要的物资发送出去，而将灾区不需要的物资转交救灾物资储存库备用，将救灾不适宜物资及时处理。

救灾物资配送中心主要承担从各地运送来的捐赠物资的短期存放、理货，对药品、食品等的组合搭配，再包装加工，贴救助点编号职责，同时，还扮演应急物资需求和供应信息的收集与交换中心的角色，根据轻重缓急，迅速、准确地反馈给应急指挥部和捐赠地政府的有关部门，以协调应急物资的供需平衡。根据配送中心提供的信息，未受灾地区政府可以有针对性地开展募捐，同时根据运输能力，合理安排救灾物资的运输。

在爆发后期，应急物流指挥机构已能较为准确地预测和安排所需应急物资的时间、地点、种类和数量，所以在物资需求端、供给端、外部环境等方面与一般商业物流的差异已经消除。此时，可以借助第三方物流准时、快捷、成本低的优势，由专业第三方物流公司分类分级进行应急物资的运输、流通加工、短期仓储、发放等工作，以全面提高应急物流效率，减轻政府负担，实现指挥管理与物流分离，使政府更早地将工作重点转向生产和生活恢复的组织管理。

（三）缓解期

缓解期的目标是根据灾害形势动态调整应急物流系统各要素，以全面深入地满足灾区需求，同时避免应急物流资源被严重浪费。缓解期的管理重心是对灾区应急物资需求的满足情况进行评估，以决策应急物流的流向、流速、频率等问题，同时启动逆向物流，将某地应急物资临时存放区或者救助点的富余应急物资向其他未满足需求地区进行转移，或者将一些可重复使用物资回收至储备库。

应急物流系统进入缓解期有两个过渡条件：第一，灾害已经被有效控制；第二，应急物流执行机构对应急物流的评估和运作能力很强。需要注意的是，有些突发公共事件可能会不断地出现次生灾害。因此，那些应急物资临时存放区或应急避难所可能由于不断暴发的次生灾害的影响而增加设置，也可能由于灾区影响范围的变化而迁移，还可能由于灾情的减轻而减少设置。

（四）善后期

随着灾害应急管理工作的全面结束，应急物流也即将告一段落。在应急物流的尾期，主要进行的是一些善后性的物流工作。此前，物资配送中心已经开始对一些可重复使用的救灾物资进行回收和清理。此时，该中心更要强化该职能，并着手将这些物资移交给各级救灾物资储备仓库。

由于应急管理体系开始将工作重点转入恢复当地的生产、生活秩序，应急物流也进入后灾害期，对应于应急管理的善后处置阶段。后灾害期应急物流的主要任务有三个：第一是对灾后的剩余物资实施逆向物流。第二是对灾区开展重建活动需要的物资进行实时运输。第三是对应急物资储备库进行物资补充。此外，还要对灾害周期内的应急物流系统运行全过程进行调查评估，总结经验和不足。与应急管理相适应，这个阶段的应急物流持续时间也是整个生命周期中较长的一个阶段，它从开始进行灾后重建工作一直持续到灾区恢复正常生产、生活秩序。

第七章　基于云权重 TOPSIS 的北京市
应急物流能力评价研究

　　研究应急物流能力影响因素，构建应急物流能力评价指标体系，评估城市应急物流能力，对提高城市应急物流水平、完善应急物流保障举措、减弱灾害带来的负面影响、保障人民生活质量、促进社会稳定发展有重大意义。对北京市应急物流能力进行成长性的综合评价能够判断北京市应对突发事件的能力，为北京市应急物流能力的优化提供方向。根据北京市应急物流特点，从流通经济支持能力、基础设施支撑能力、人力资源保障能力、信息技术保障能力和政府指挥能力五个维度构建北京市应急物流能力评价指标体系；选择云权重——逼近理想解排序法（TOPSIS）综合评价方法，借鉴云模型思想，使德尔菲法得到的主观权重更具有参考性，从而确定专家意见较统一的最优权重；采用 TOPSIS 构建正负理想解集合，计算各年份与正负理想解的距离确定相对贴近度并进行排序，从而对 2003—2022 年北京市应急物流能力进行成长性评价。研究结果表明：云模型能准确地确定指标权重，云权重 TOPSIS 的评价结果更合理；在北京市应急物流能力相对贴近度排序中，发现北京市应急物流能力逐年提升，并且分别在 2003 年、2006 年、2011 年、2016 年和 2020 年发生了五次比较明显的提升，2022 年北京市应急物流能力已经达到相对高的水平。

第一节　城市应急物流评价理论分析

一、城市应急物流评价研究文献综述

1. 应急物流能力理论
应急物流能力是我国学者为研究、评价应急物流综合水平而给出的一个

定义，在 2003 年 SARS 病毒暴发后，有关应急物流的研究逐年大幅增加，王国文将 SARS 对我国的影响和中北美地区飓风对美国的影响做了对比，指出了我国应急物流建设的紧迫性。同年，高东椰、刘新华对应急物流理论进行了研究，提出新的定义——应急物流是指各类突发事件中对物资、人员、资金的需求进行紧急保障的一种特殊物流活动，并且指出应急物流具有突发性、不确定性、弱经济性、非常规性的特点，但在发展过程中也存在一些挑战。2004 年，"应急物流"这一概念被欧忠文等人首次提出，他们将应急物流定义为"是以提供突发性自然灾害、突发性公共卫生事件等突发性事件所需应急物资为目的，以追求时间效益最大化和灾害损失最小化为目标的特种物流活动"。他们比较了应急物流与普通物流的异同，指出应急物流也是由流体、载体、流向、流量、流程、流速等要素构成，具有空间效用、时间效用和形质效用。王旭坪等总结归纳了应急物流的六大特点，并对应急物流系统的设计原则、特点等做出了详细的阐述。尹传勇从概念、特点、分类、内容等角度提出我国应急物流发展存在一些不足之处，并提出了对策与建议。

2. 应急物流能力指标体系构建

依据应急物流关键要素，董雅楠、金建航从基础能力、指挥调度能力和技术能力三个维度构建了自然灾害应急物流能力评价指标体系。刘明菲、张明霞、程斌武以资源配置为视角，从资源保障能力、抢险救援能力、恢复重建能力维度构建城市洪涝灾害应急物流能力评价指标。Ren 等通过对邯郸物流企业的深入调研，从信息处理、管理、支持、急救、服务质量和物流成本六个方面分析了影响非常规突发事件下企业应急物流能力的指标。孙君、谭清美运用灰色 F-AHP 法，构建应急物流系统投入、应急物流运作管理、应急物流效率效果 3 个大类 15 项指标的应急物流能力评价指标体系。丁鹏玉运用访谈法和文献统计方法提取应急物流保障能力要素初始指标，进而编制了我国应急物流保障能力评价指标体系测评量表，通过对量表调查数据的探索性因子分析，构建出我国应急物流保障能力评价体系。杨洋等运用层次分析等方法从事件管理总流程的角度，总结形成了三个层级的城市应急能力评估指标体系，并将该体系在海南省、贵州省的多个市（县）进行了试点应用，提出指标体系和评估过程进一步改进的方法。黄飞结合 MPRR 模型理论识别出能够反映城市应急能力的指标要素。

3. 应急物流能力评价方法

刘明菲等为准确有效地评估重大突发公共卫生事件背景下的农产品冷链应急物流能力，提出一种基于组合赋权云模型的评价方法。冀巨海、张锐芳为了解决复杂应急物流系统中评价指标之间的不相容性和矛盾性，提出了一种基于可拓物元模型的应急物流绩效评价方法，较为客观地评价了应急物流系统。陈恒、祁宪超、张妍运用熵权 TOPSIS 法测度了我国 30 个省域 2012—2020 年的应急物流反应能力，运用 Dagum 基尼系数和面板固定效应模型，探索了应急物流反应能力的地区差异及其对经济增长的影响效应。肖遗规、李毅群构建了应急物流能力指标体系，采用组合赋权的方式确定指标权重，引入云模型实现评价语言量化，综合求解应急物流能力评价模型，并给出城市应急物流优化的建议。谈晓勇、黄雪艳基于熵权法与灰色综合评价法对应急物流保障能力进行全方位有效的评价。MA 等基于模糊物元法建立了京津冀地区应急物流能力分析模型。YANG 等提出了应急后勤能力的概念和基于概率语言术语集的评价模型。GUAN 等根据专家建议设计了地震救援应急物流能力评价指标体系，将云层次分析法及模糊综合评价法相结合构建评价模型。LIU 等总结以往的研究，建立了涵盖应急准备、响应和恢复的整个灾害周期的应急物流绩效评价指标体系，运用基于逼近理想解排序法和熵权法的模糊对称排序技术，结合多粒度语言评估信息对汶川地震应急物流绩效进行评价，验证了该方法的有效性和可靠性。针对新冠疫情，JIANG 等基于德尔菲法构建了防疫背景下的应急物流系统可靠性评价指标体系，利用决策实验室分析法和网络层次分析法，识别影响应急物流系统可靠性的关键因素。ZHANG 等根据突发公共卫生事件应急物流运行机制、相关研究结果以及专家建议，构建突发公共卫生事件的应急物流能力评价指标体系，运用神经网络建立应急物流能力的动态评估模型。SU 等结合已有研究及专家建议构建重大公共卫生事件中的生鲜农产品电商企业的应急物流能力评价指标体系，通过熵权法确定指标权重，并根据结果提出有关改进建议。

综上所述，在进行应急物流能力评价时，学者往往凭借专家经验或以往研究来构建评价指标体系，体现出较强的主观性、随意性及非透明性；方法选取上使用德尔菲法、层次分析法、熵权法，存在模糊性与随机性等问题，少有学者注意到了云模型的科学性，因此本书通过云模型计算评价指标权重，消除专家打分中的主观性与模糊性，通过 TOPSIS 测算北京市 2003—2022 年的应急物流能力，为北京市应急物流建设提供一定的理论依据。

二、北京市应急物流能力评价的基本思路

首先构建北京市应急物流能力评价指标体系，阐明设计指标体系时应遵循的原则，归纳总结北京市应急物流能力的影响因素，据此构建评价指标体系，并且明确权重计算的方法和评价的模型。其次对北京市应急物流能力进行评价研究，根据搜集的数据计算指标权重，代入评价模型，分析北京市应急物流能力。最后通过评价结果的分析，对提升北京市应急物流能力提出合理化的对策建议。北京市应急物流能力评价的技术路线如图 7-1 所示。

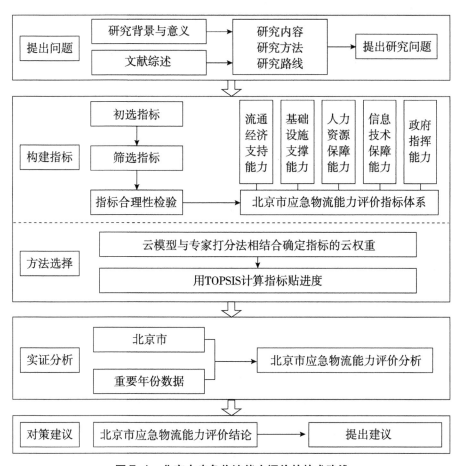

图 7-1　北京市应急物流能力评价的技术路线

三、北京市应急物流能力评价模型建立

（一）北京市应急物流能力评价指标体系构建

1. 初级指标确定及筛选

通过查阅图书、咨询专家、文献对比，以及对北京市突发事件应急物流能力的影响因素分析，遵循全面性、科学性、独立性、可比性、可得性和可观测性等原则，本书选择从流通经济支持能力、基础设施支撑能力、人力资源保障能力、信息技术保障能力和政府指挥能力 5 个维度构建北京市应急物流能力评价指标体系。初步选取 25 个二级指标，具体情况如表 7-1 所示。

表 7-1　北京市应急物流能力评价初选指标及可得性分析

一级指标		二级指标	可得性分析
城市应急物流能力评价	流通经济支持能力	地区生产总值	可获得
		社会消费品零售总额	可获得
		财政自给率	可获得
		社会物流总额	数据获得不完整并且缺失数据较多
		物流业固定资产投资总额	可获得
		信息及信息技术固定资产投资额	可获得
		灾害防治及应急管理支出	数据获得不完整并且缺失数据较多
	基础设施支撑能力	公路网密度	公路里程替代公路网密度
		货车保有量	可获得
		运输网络布局合理性	难获得
		5G 基站数	只能获取到近几年的数据
		应急物资储备库仓储面积	数据统计处于空白状态
	人力资源保障能力	信息和信息技术行业从业人员	可获得
		物流业从业人员	可获得
		应急救援队伍规模	数据统计处于空白状态

续表

一级指标	二级指标	可得性分析
信息技术保障能力	信息平台建设	难获得
	信息采集、分析及反馈能力	可获得
	灾害监测及预警能力	可获得
	信息沟通能力	难获得
	应急信息发布共享的及时性	可获得
	跟踪和追溯能力（应急物资）	难获得
政府指挥能力	组织应急演练活动和修订预案的频率	可获得
	应急组织机构与职责是否健全	可获得
	应急物流相关法律法规健全程度	可获得
	应急物流专家队伍建设规模	可获得

（表格最左侧纵排标题：城市应急物流能力评价）

　　流通经济支持能力是提高城市应急物流能力不可或缺的因素，是其他因素发挥作用的重要保障。本书结合流通经济和应急物流的相关研究，初步选取地区生产总值、社会消费品零售总额、财政自给率、社会物流总额、物流业固定资产投资总额、信息及信息技术固定资产投资额和灾害防治及应急管理支出作为流通经济支持能力下的二级指标。

　　基础设施支撑能力是城市应急物流网络建立的前提条件，是完成应急物流活动的基础，提高运输、仓储等装备和设施的智能化水平可以推动应急物流能力的提升。本书借鉴城市物流系统韧性和应急物流相关文献，初步选取公路网密度、货车保有量、运输网络布局合理性、5G 基站数和应急物资储备库仓储面积作为基础设施支撑能力下的二级指标。

　　人力资源保障能力反映了该地区专业人才对突发事件应急技术的研发能力和应急物流人员的服务能力。本书初步选取信息和信息技术行业从业人员、物流业从业人员以及应急救援队伍规模作为人力资源保障能力下的二级指标。

　　信息技术保障能力在城市应急信息的预测发布、搜集、分析处理及共享等方面发挥重要作用。本书初步选取信息平台建设，信息采集、分析及反馈能力，灾害监测及预警能力，信息沟通能力，应急信息发布共享的及时性以及跟踪和追溯能力（应急物资）作为信息技术保障能力下的二级指标。

政府指挥能力包括地区政府对突发事件的应急管理、指挥、救援能力，对制度、物资、人员、信息的宏观协调能力，以及在应急物流活动中的决策能力等。本书初步选取组织应急演练活动和修订预案的频率、应急组织机构与职责是否健全、应急物流相关法律法规健全程度以及应急物流专家队伍建设规模作为政府指挥能力下的二级指标。

初选指标中大多数指标的数据可以根据统计年鉴查得，但有些指标的数据很难获得。社会物流总额和灾害防治及应急管理支出这两个指标的数据获得不完整并且缺失数据较多，北京市统计年鉴中社会物流总额 2018 年、2019 年数据可以查得，但是其他年份这个指标的数据难以获得。灾害防治及应急管理支出在北京市应急管理局可以查到近几年的数据，其他年份的数据也难以获得。同样，由于 5G 技术近几年才广泛应用，5G 基站数指标也只能获取到近几年的数据。应急物资储备库仓储面积、应急救援队伍规模理论上是客观存在的，但是目前有关这些方面数据的统计处于空白状态。运输网络布局合理性、信息平台建设、信息沟通能力、跟踪和追溯能力（应急物资）等指标的数据也较难获得。因此，为了指标体系的可操作性，将这 9 项可获得性较差的指标剔除。公路网密度这个指标由于无法直接在统计年鉴中获得，因此选择公路里程替代公路网密度指标。

2. 评价指标体系建立

本书设定了 5 个一级指标和 16 个二级指标，共同构建北京市应急物流能力评价的指标体系，如表 7-2 所示。

表 7-2　北京市应急物流能力评价指标体系

一级指标		二级指标	调查内容
城市应急物流能力评价	流通经济支持能力	地区生产总值	考察一年内某地区常驻单位生产活动的最终价值
		社会消费品零售总额	考察各行业的消费品零售总额
		财政自给率	考察地方政府在财政收支方面的平衡程度
		物流业固定资产投资总额	考察某地区每年对交通运输、仓储和邮政业的固定资产投资额
		信息及信息技术固定资产投资额	考察某地区每年对信息传输、软件和信息技术服务业的固定资产投资额

	一级指标	二级指标	调查内容
城市应急物流能力评价	基础设施支撑能力	公路里程	考察区域内公路建设规模
		货车保有量	考察某一地区拥有的载货汽车总数
	人力资源保障能力	信息和信息技术行业从业人员	考察某地区从事信息传输、软件和信息技术服务业的人数
		物流业从业人员	考察某地区从事交通运输、仓储和邮递业的人员数量
	信息技术保障能力	信息采集、分析及反馈能力	考察应急物流活动过程中信息获取的速度
		灾害监测及预警能力	考察城市相关部门对自然灾害的实时监测和二次灾害的预警能力
		应急信息发布共享的及时性	考察各部门之间信息的沟通共享能力
	政府指挥能力	组织应急演练活动和修订预案的频率	考察政府组织应急演练活动和发布修订预案的频率
		应急组织机构与职责是否健全	考察政府应急组织机构和职责的健全程度
		应急物流相关法律法规健全程度	考察应急物流相关法律法规的健全程度
		应急物流专家队伍建设规模	考察城市应急物流领域的专家建设情况

（二）云权重-TOPSIS 法的求解步骤

云权重-TOPSIS 法是一种融合云模型与 TOPSIS 法的目标决策分析法，指标权重是判断评价模型是否客观合理的重要部分，本书将德尔菲法和云模型结合起来计算指标权重，可以有效降低德尔菲法的主观性。TOPSIS 法通过比较评价对象与理想点之间的相对距离，进而量化排序。

1. 云权重的确定

分析云图厚度来判断离散程度，判断专家对云权重评分结果的一致性，然后不断修改云权重，直到云图的离散程度较好，得到统一的专家意见。具体步骤如下。

（1）德尔菲法

德尔菲法是一种反馈匿名函询法，流程为向专家咨询无法获得数据的定性指标的评分或者指标的权重，得到专家意见后进行整理归纳和统计，如果统计后专家间的结果较分散，则将结果匿名反馈给各专家，再次征求专家意见，直到专家给出的意见较一致时结束咨询，统计出结果。

（2）云模型

云模型是李德毅院士在概率理论和模糊集合理论交互结合的基础上所提出的一种用于实现某定性概念与其定量表示之间不确定性转换的模型。该模型能够有效克服问题的不确定性，较好地描述定性概念的随机性和模糊性。目前，该模型已被广泛应用于自然和社会科学领域。

①云的基本定义

设 $U = \{x\}$ 为一个用精确数值表示的定量论域，C 为 U 上的一个定性概念，U 中的元素 x 是该定性概念 C 的一次随机实现，x 对 C 的隶属度 $\mu(x) \in [0, 1]$ 是具有稳定倾向的随机数，即：$\mu(x)：U \to [0, 1]$，$\forall x \in U$，$x \to \mu(x)$，则 x 在论域 U 上的分布称为云，每个 $[x, \mu(x)]$ 称作一个云滴。

云模型通过3个数字特征即期望 Ex、熵 En 和超熵 He 来描述定性概念的定量特征，记为 $C(Ex, En, He)$。其中，Ex 为论域 U 中最能代表定性概念 C 的点，反映云的重心位置；En 为对定性概念的不确定性度量，反映云滴的分散程度和取值范围，En 越大，曲线的带宽就越大；He 为熵值的熵，度量熵的不确定性，He 越大，云滴越离散，云图就越厚。

②云发生器

云发生器是将云模型应用到实践中的关键工具。云发生器分为正向发生器、逆向云发生器，它的作用主要是对定性和定量概念进行转换。

第一，正向发生器是定性转定量的算法，先根据云的数字特征产生设定的云滴数，而每个云滴的生成，都是一次概念的反应。算法步骤为

1）生成期望值为 En，标准差为 He 的正态随机数，如式（7-1）。

$$E'n \sim N(En, He^2) \tag{7-1}$$

2）生成 Ex 为期望，$E'n^2$ 为方差的正态随机数，如式（7-2）。

$$x \sim N(Ex, E'n^2) \tag{7-2}$$

3）根据给定值 x 和期望值 Ex，测算出隶属度的值，如式（7-3）。

$$\mu(x) = e^{-\frac{(x-Ex)^2}{2E'n^2}} \tag{7-3}$$

4）令（x，y）为一个云滴，它代表一种确定观念，代表一种数量上的特征，其中 x 代表确定观念中的数量，y 则代表隶属度。

5）重复步骤 1）至 4），直到生成所需云滴数 n。

第二，逆向云发生器是定量转定性的算法，是将收集回的原始数据按照此算法转换为数字特征值。逆向云发生器有两种算法，按照是否需要确定度区分开来。第一类是需要样本确定度数据的算法，其算法包括均值法和拟合法；第二类是不需要样本确定度数据的算法。其中，第一类需要确定度数据的均值法和拟合法在实际应用中并不适用，因此采用第二类算法，这种算法只需要通过反映云滴定性概念的定量值就可以得出云模型的数字特征值（Ex，En，He），具体步骤为

1）计算样本期望 Ex、样本方差 S^2，如式（7-4）、式（7-5）。

$$Ex = \frac{1}{n} \sum_{i=1}^{n} x_i \tag{7-4}$$

$$S^2 = \frac{1}{n-1} \sum_{i=1}^{n} (x_i - Ex)^2 \tag{7-5}$$

2）计算熵 En，由样本均值可得熵，如式（7-6）。

$$En = \sqrt{\frac{\pi}{2}} \cdot \frac{1}{n} \sum_{i=1}^{n} |x_i - Ex| \tag{7-6}$$

3）计算超熵 He，由样本方差和熵可得到超熵，如式（7-7）。

$$He = \sqrt{|S^2 - En^2|} \tag{7-7}$$

4）最终 Ex、En、He 为云模型的数字特征值（Ex，En，He）。

（3）归一化处理

在得到各云权重之后，对同层指标的云权重进行归一化处理，如式（7-8）、式（7-9），并计算指标综合权重，如式（7-10）。

$$w'_{ij} = \frac{w_{ij}}{\sum_{j=1}^{n} w_{ij}} \tag{7-8}$$

$$w'_i = \frac{w_i}{\sum_{i=1}^{m} w_i} \tag{7-9}$$

$$w_j = \frac{w'_{ij}}{w'_i} \tag{7-10}$$

其中，w_{ij} 为云模型求出的各二级指标云权重，w'_{ij} 为归一化后的二级指标

云权重，w_i 为云模型求出的各一级指标云权重，w'_i 为归一化后的一级指标云权重。w_j 为二级指标综合权重。

2. TOPSIS 法求解步骤

指标权重通过德尔菲法和云模型相结合而得出，TOPSIS 法作为一种有效的多目标决策分析方法，通过计算评价对象到理想解之间的距离以及相对贴进度，并对相对贴进度进行排序来实现对各评价对象的有效评估。

（1）数据预处理。把收集到的数据进行同趋势处理，即通过倒数法和插值法将负向指标转换为正向指标，随后进行无量纲处理。

（2）建立初始评估矩阵，如式（7-11）。

$$A = \begin{bmatrix} x_{11} & x_{12} & \cdots & x_{1n} \\ x_{21} & x_{22} & \cdots & x_{2n} \\ \vdots & \vdots & \vdots & \vdots \\ x_{m1} & x_{m2} & \cdots & x_{mn} \end{bmatrix} \tag{7-11}$$

式（7-11）中，n 表示评价指标，m 表示评价对象的个数，x_{mn} 表示第 m 个评价对象的第 n 个指标的原始数据，A 为初始评估矩阵；然后进行归一化处理，如式（7-12）。

$$A_{ij} = \frac{x_{ij} - \min \{x_i\}}{\max \{x_i\} - \min \{x_i\}}, \quad i = 1, 2, 3, \cdots, m, \quad j = 1, 2, 3, \cdots, n \tag{7-12}$$

式（7-12）中，x_{ij} 表示第 i 个评价对象的第 j 个指标的原始数据，A_{ij} 为标准化决策矩阵。

（3）构建加权标准化决策矩阵，如式（7-13）。

$$F_{ij} = w_j A_{ij} \tag{7-13}$$

式（7-13）中，w_j 为指标权重，A_{ij} 为标准化决策矩阵，F_{ij} 为加权标准化决策矩阵。

（4）计算正理想解与负理想解，如式（7-14）、式（7-15）。

正理想解

$$f_j^* = \begin{cases} \max\limits_i \ (f_{ij}), \ j \in J^* \\ \min\limits_i \ (f_{ij}), \ j \in J' \end{cases}, \quad j = 1, 2, \cdots, n \tag{7-14}$$

负理想解

$$f_j' = \begin{cases} \max\limits_i \ (f_{ij}) \ , \ j \in J' \\ \min\limits_i \ (f_{ij}) \ , \ j \in J^* \end{cases}, \ j = 1, \ 2, \ \cdots, \ n \qquad (7\text{--}15)$$

式中，J^*、J'分别表示效益型指标和成本型指标，f_j^*、f_j'分别为正理想解、负理想解。

（5）计算各评价对象与正理想解、负理想解的距离。求解过程如式（7-16）、式（7-17）。

$$S_i^* = \sqrt{\sum_{j=1}^{n} (f_{ij} - f_j^*)^2} \ , \ i = 1, \ 2, \ \cdots, \ m \qquad (7\text{--}16)$$

$$S_i' = \sqrt{\sum_{j=1}^{n} (f_{ij} - f_j')^2} \ , \ i = 1, \ 2, \ \cdots, \ m \qquad (7\text{--}17)$$

式中，f_j^*、f_j'分别为正理想解、负理想解，S_i^*、S_i'分别为第 i 个评价对象到正理想解、负理想解的距离。

（6）计算各评价对象的综合评价指数，如式（7-18）。

$$E_i^* = \frac{S_i'}{S_i^* + S_i'}, \ i = 1, \ 2, \ \cdots, \ m \qquad (7\text{--}18)$$

式中，S_i^*、S_i'分别为第 i 个评价对象到正理想解、负理想解的距离，E_i^*为第 i 个评价对象的综合评价指数。

（7）以 E_i^* 为依据，对各评价对象进行优劣排序。

第二节　北京市应急物流能力评价实证分析

一、北京市应急物流能力云权重确定

邀请 5 位应急管理领域的专家及 5 位应急管理局的工作人员，他们对应急物流有着深刻的了解，对自然灾害下城市的应急管理有着独特见解，能够很好地对城市自然灾害应急物流能力评价体系进行评价。专家以数字形式表达各项指标的重要性，并以相对于 C 的重要性来衡量其价值，以此来评估其重要性。一级指标 $C_i(i = 1, \ 2, \ 3, \ 4, \ 5)$ 为相对于应急物流能力 C 的重要程度，二级指标 C_{ij} 为相对于一级指标 C_i 的重要程度。本次发放专家打分表数量为 10 份，收回调查表 10 份，然后计算下层指标对于上层指标的云权重。

涉及的评价指标共有 16 个，根据专家打分与云模型的验证计算，得出各个指标权重，限于篇幅本书不一一叙述，这里以 C_1 流通经济支持能力对于北京市应急物流能力的云权重确定过程为例进行说明。第一次专家打分结果如表 7-3 所示。

表 7-3　第一次专家打分结果

专家	1	2	3	4	5	6	7	8	9	10
权重	0.91	0.90	0.90	0.91	0.89	0.90	0.91	0.91	0.90	0.91

根据提出的无确定度的逆向云发生器，运用 Python 对得到的数据进行处理，得出打分结果的云权重为（0.9040，0.0075，0.0035），再通过正向云发生器生成云图，如图 7-2 所示：云图表现出云层厚、离散度高等特征，意味着专家在本次打分过程中存在一定分歧。为消除这种模糊性，减少专家主观性，提高专家对结果认可的一致性，邀请专家对该指标进行再次打分，来修正云权重。第二次专家打分结果如表 7-4 所示。

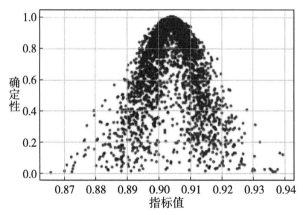

图 7-2　第一次专家打分结果云图

表 7-4　第二次专家打分结果

专家	1	2	3	4	5	6	7	8	9	10
权重	0.91	0.90	0.90	0.90	0.89	0.90	0.92	0.91	0.90	0.91

使用 Python 对收集回的数据再次进行处理，得到此次打分结果的云权重为（0.9040，0.0085，0.0029），云图如图 7-3 所示。从图中可以看出，云层

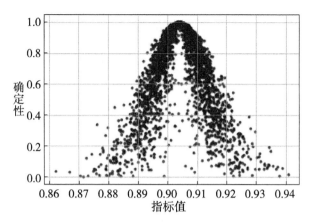

图7-3　第二次专家打分结果云图

依然比较厚，离散度同第一次云图相比有一定降低，但仍然较高，表明得出的结果相对不太合理，专家在打分过程中仍存在分歧。为了尽可能降低评分过程中专家的主观随机性，邀请专家再次进行评分。经过多次修正后，最后一次专家打分结果如表7-5所示。

表7-5　最后一次专家打分结果

专家	1	2	3	4	5	6	7	8	9	10
权重	0.91	0.90	0.90	0.90	0.89	0.90	0.90	0.91	0.90	0.91

对数据处理，得到此次打分结果的云权重为（0.9020，0.0060，0.0004），云图如图7-4所示。从图中可以看出，云层厚度明显变小，离散度也相对降低，说明得出的结果较为统一，有效降低了专家在打分过程中的主观随机性。最终得出流通经济支持能力 C_1 相对于城市应急物流能力的云权重为（0.9020，0.0060，0.0004）。

其他指标重复上述过程，最后对数据进行归一化处理，得到每个指标的权重，结果如表7-6所示。

云权重归一化处理的结果如表7-7所示。

通过对以往文献的研究，选取云权重中的期望值作为指标的权重，由此得到各二级指标相对于目标层的权重，结果如表7-8所示。

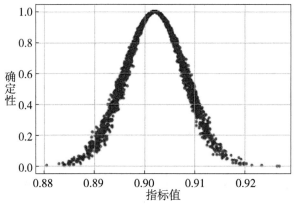

图 7-4　最后一次专家打分结果云图

表 7-6　北京市应急物流能力评价指标云权重

一级指标		二级指标	
指标	云权重	指标	云权重
城市应急物流能力评价	流通经济支持能力（C_1）	(0.9020,0.0060,0.0004)	地区生产总值（C_{11}）	(0.8089,0.0074,0.0009)
			社会消费品零售总额（C_{12}）	(0.7900,0.0075,0.0018)
			财政自给率（C_{13}）	(0.9109,0.0092,0.0017)
			物流业固定资产投资总额（C_{14}）	(0.7620,0.0085,0.0018)
			信息及信息技术固定资产投资额（C_{15}）	(0.7920,0.0060,0.0004)
	基础设施支撑能力（C_2）	(0.8869,0.0127,0.0015)	公路里程（C_{21}）	(0.6880,0.0060,0.0004)
			货车保有量（C_{22}）	(0.8400,0.0075,0.0018)
	人力资源保障能力（C_3）	(0.7790,0.0092,0.0017)	信息和信息技术行业从业人员（C_{31}）	(0.5879,0.0060,0.0004)
			物流业从业人员（C_{32}）	(0.7380,0.0060,0.0004)
	信息技术保障能力（C_4）	(0.8709,0.0092,0.0017)	信息采集、分析及反馈能力（C_{41}）	(0.7920,0.0060,0.0004)

续表

一级指标		二级指标	
指标	云权重	指标	云权重
城市应急物流能力评价			
信息技术保障能力(C_4)	$(0.9259,0.0090,0.0016)$	灾害监测及预警能力(C_{42})	$(0.8869,0.0102,0.0021)$
		应急信息发布共享的及时性(C_{43})	$(0.7319,0.0060,0.0004)$
政府指挥能力(C_5)	$(0.9259,0.0090,0.0016)$	组织应急演练活动和修订预案的频率(C_{51})	$(0.8920,0.0060,0.0004)$
		应急组织机构与职责是否健全(C_{52})	$(0.8799,0.0100,0.0007)$
		应急物流相关法律法规健全程度(C_{53})	$(0.7900,0.0100,0.0007)$
		应急物流专家队伍建设规模(C_{54})	$(0.8900,0.0075,0.0018)$

表7-7　北京市应急物流能力评价指标云权重归一化处理的结果

一级指标		二级指标	
指标	云权重	指标	云权重
城市应急物流能力评价			
流通经济支持能力(C_1)	$(0.2067,0.1302,0.0580)$	地区生产总值(C_{11})	$(0.1990,0.1917,0.1364)$
		社会消费品零售总额(C_{12})	$(0.1944,0.1943,0.2727)$
		财政自给率(C_{13})	$(0.2242,0.2383,0.2576)$
		物流业固定资产投资总额(C_{14})	$(0.1875,0.2202,0.2727)$
		信息及信息技术固定资产投资额(C_{15})	$(0.1949,0.1554,0.0606)$
基础设施支撑能力(C_2)	$(0.2032,0.2755,0.2174)$	公路里程(C_{21})	$(0.4503,0.1818,0.1818)$
		货车保有量(C_{22})	$(0.5497,0.8182,0.8182)$

	一级指标		二级指标	
	指标	云权重	指标	云权重
城市应急物流能力评价	人力资源保障能力（C_3）	(0.1785,0.1996,0.2464)	信息和信息技术行业从业人员（C_{31}）	(0.4434,0.5000,0.5000)
			物流业从业人员（C_{32}）	(0.5566,0.5000,0.5000)
	信息技术保障能力（C_4）	(0.1995,0.1996,0.2464)	信息采集、分析及反馈能力（C_{41}）	(0.3285,0.2703,0.1379)
			灾害监测及预警能力（C_{42}）	(0.3679,0.4595,0.7241)
			应急信息发布共享的及时性（C_{43}）	(0.3036,0.2703,0.1379)
	政府指挥能力（C_5）	(0.2121,0.1952,0.2319)	组织应急演练活动和修订预案的频率（C_{51}）	(0.2584,0.1791,0.1111)
			应急组织机构与职责是否健全（C_{52}）	(0.2549,0.2985,0.1944)
			应急物流相关法律法规健全程度（C_{53}）	(0.2289,0.2985,0.1944)
			应急物流专家队伍建设规模（C_{54}）	(0.2578,0.2239,0.5000)

表 7-8　北京市应急物流能力二级指标综合权重

二级指标	一级指标					二级指标综合权重
	C_1	C_2	C_3	C_4	C_5	
	0.2067	0.2032	0.1785	0.1995	0.2121	
C_{11}	0.1990	0	0	0	0	0.0411
C_{12}	0.1994	0	0	0	0	0.0412
C_{13}	0.2242	0	0	0	0	0.0463
C_{14}	0.1875	0	0	0	0	0.0388
C_{15}	0.1949	0	0	0	0	0.0403
C_{21}	0	0.4503	0	0	0	0.0915
C_{22}	0	0.5497	0	0	0	0.1117

续表

二级指标	一级指标					二级指标综合权重
	C_1	C_2	C_3	C_4	C_5	
	0.2067	0.2032	0.1785	0.1995	0.2121	
C_{31}	0	0	0.4434	0	0	0.0791
C_{32}	0	0	0.5566	0	0	0.0993
C_{41}	0	0	0	0.3285	0	0.0655
C_{42}	0	0	0	0.3679	0	0.0734
C_{43}	0	0	0	0.3036	0	0.0606
C_{51}	0	0	0	0	0.2584	0.0548
C_{52}	0	0	0	0	0.2549	0.0540
C_{53}	0	0	0	0	0.2289	0.0485
C_{54}	0	0	0	0	0.2578	0.0547

二、北京市应急物流能力 TOPSIS 评价

基于上述指标体系以及云模型得出的指标权重选择 TOPSIS 综合评价方法，以更全面准确地对 2003—2022 年北京市应急物流能力进行评价。实验结果表明，所选指标和方法能够有效对北京市应急物流能力进行评价，能够明显表示 2003—2022 年北京市应急物流的发展情况。

(一) 数据来源

本书的定量数据主要从中国统计年鉴、北京市统计年鉴、北京市应急管理局等平台获取北京市 2003—2022 年的原始数据，如表 7-9 所示，对定量数据进行特殊量化处理，结果如表 7-10 所示。本书定性指标的数据来源于调查问卷。选择具有应急物流相关背景或经验的人群作为问卷对象，充分利用专家的知识和经验，根据北京市关键年份发布的规划、政策、预案的多少等实际情况进行打分法赋值，分别按"很差""较差""适中""较好""很好"赋值为 0~1.0、1.1~2.0、2.1~3.0、3.1~4.0、4.1~5.0。本次问卷采取网络邮箱的发放方式，共选取 10 位专家进行评分，发放 10 份问卷，收回 10 份问卷。通过几轮的数据反馈，得到较为集中的评价结果，如表 7-11 所示。

表 7 - 9 定量指标原始数据

年份	地区生产总值（亿元）	社会消费品零售总额（亿元）	财政自给率（%）	物流业固定资产投资总额（亿元）	信息及信息技术固定资产投资额（亿元）	公路里程（公里）	货车保有量（万辆）	信息和信息技术行业从业人员（万人）	物流业从业人员（万人）
2003	5267.2	2492.6	80.37	139	68	14453	17.7	16	28.9
2004	6252.5	2883.6	86.31	154.06	72.74	14630	17.7	16.3	31.4
2005	7149.8	3221.4	87.47	226.20	80.29	14696	17.7	17.5	33
2006	8387	3673.3	86.44	436.76	75.83	20503	17.7	22.3	38.4
2007	10425.5	4307.4	90.63	570.85	97.90	20754	17.6	27.1	40.5
2008	11813.1	5257.5	93.93	636.04	103.02	20340	18.1	48.8	54.8
2009	12900.9	6140	88.06	727.68	140.01	20755	18.3	50.6	55.8
2010	14964	7273	86.67	733.70	143.31	21114	19.4	58.4	56.5
2011	17188.8	8334.8	92.6	698.88	112.93	21347	21.5	66.7	63.3
2012	19024.7	9440.2	89.95	734.74	165.40	21492	23.7	73.2	64.4
2013	21134.6	10382.5	87.79	681.44	209.74	21673	25.7	79.4	65.5

续表

年份	地区生产总值（亿元）	社会消费品零售总额（亿元）	财政自给率（%）	物流业固定资产投资总额（亿元）	信息及信息技术固定资产投资额（亿元）	公路里程（公里）	货车保有量（万辆）	信息和信息技术行业从业人员（万人）	物流业从业人员（万人）
2014	22926	11354	89.29	775.80	183.44	21849	28.9	84.4	66.6
2015	24779.1	12271.9	82.13	849.55	242.75	21885	30.6	92.2	66.8
2016	27041.2	13134.9	79.31	995.40	198.85	22026	33	92.9	64.1
2017	29883	13933.7	79.58	1349.58	283.87	22226	36.7	101.6	63.6
2018	33106	14422.3	77.44	1376.57	372.44	22256	40	111.5	66.3
2019	35445.1	15063.7	78.52	1164.58	323.00	22366	47.6	112.9	67.9
2020	35943.3	13716.4	77.06	1055.11	323.65	22264	51.6	130.5	61.9
2021	40269.6	14867.7	82.33	1018.18	388.38	22320	53.7	138.9	60.4
2022	41610.9	13794.2	76.51	940.8	528.19	22363	54.7	137.2	58.1

表 7 – 10 定量指标原始数据的特殊量化处理结果

年份	地区生产总值（亿元）	社会消费品零售总额（亿元）	财政自给率（%）	物流业固定资产投资总额（亿元）	信息及信息技术固定资产投资额（亿元）	公路里程（公里）	货车保有量（万辆）	信息和信息技术行业从业人员（万人）	物流业从业人员（万人）
2003	0.62	0.67	2.37	0.46	0.63	1.76	1.50	0.54	1.30
2004	0.73	0.78	2.55	0.50	0.67	1.78	1.50	0.55	1.42
2005	0.84	0.87	2.58	0.74	0.74	1.79	1.50	0.59	1.49
2006	0.99	0.99	2.55	1.43	0.70	2.49	1.50	0.75	1.73
2007	1.23	1.16	2.68	1.87	0.90	2.52	1.49	0.92	1.83
2008	1.39	1.41	2.78	2.08	0.95	2.47	1.53	1.65	2.47
2009	1.52	1.65	2.60	2.38	1.29	2.52	1.55	1.71	2.52
2010	1.76	1.96	2.56	2.40	1.32	2.57	1.64	1.98	2.55
2011	2.02	2.24	2.74	2.29	1.04	2.59	1.82	2.26	2.86
2012	2.24	2.54	2.66	2.41	1.53	2.61	2.00	2.48	2.91
2013	2.48	2.79	2.59	2.23	1.94	2.63	2.17	2.69	2.96
2014	2.69	3.05	2.64	2.54	1.69	2.66	2.44	2.85	3.00

续表

年份	地区生产总值（亿元）	社会消费品零售总额（亿元）	财政自给率（%）	物流业固定资产投资总额（亿元）	信息及信息技术固定资产投资额（亿元）	公路里程（公里）	货车保有量（万辆）	信息和信息技术行业从业人员（万人）	物流业从业人员（万人）
2015	2.91	3.30	2.43	2.78	2.24	2.66	2.58	3.12	3.01
2016	3.18	3.53	2.34	3.26	1.84	2.68	2.79	3.14	2.89
2017	3.51	3.75	2.35	4.42	2.62	2.70	3.10	3.44	2.87
2018	3.89	3.88	2.29	4.51	3.44	2.71	3.38	3.77	2.99
2019	4.16	4.05	2.32	3.81	2.98	2.72	4.02	3.82	3.06
2020	4.22	3.69	2.28	3.46	2.99	2.71	4.36	4.41	2.79
2021	4.73	4.00	2.43	3.34	3.59	2.71	4.54	4.70	2.73
2022	4.89	3.71	2.26	3.08	4.88	2.72	4.62	4.64	2.62

表 7-11　定性指标结果

年份	信息采集、分析及反馈能力	灾害监测及预警能力	应急信息发布共享的及时性	组织应急演练活动和修订预案的频率	应急组织机构与职责是否健全	应急物流相关法律法规健全程度	应急物流专家队伍建设规模
2003	1.5	1.1	2.5	0.5	2.5	0.5	0.5
2004	1.5	2.8	2.5	0.5	2.8	0.5	0.5
2005	1.5	2.8	2.5	0.5	2.8	0.5	0.5
2006	1.5	2.8	2.5	0.5	2.8	0.5	0.5
2007	2.5	3	2.8	1	3	2.5	1
2008	2.5	3	2.8	1	3	2.5	1
2009	2.5	3	2.8	1	3	2.5	1
2010	2.5	3	2.8	1	3	2.5	1
2011	2.5	3	2.8	1	3	2.5	1
2012	3	3.5	3.5	1.5	3.6	3.2	2.5
2013	3	3.5	3.5	1.5	3.6	3.2	2.5
2014	3	3.5	3.5	1.5	3.6	3.2	2.5
2015	3	3.5	3.5	1.5	3.6	3.2	2.5
2016	3	3.5	3.5	1.5	3.6	3.2	2.5
2017	3.2	3.8	3.8	3	3.8	3.5	3.2
2018	3.2	3.8	3.8	3	3.8	3.5	3.2
2019	3.2	3.8	3.8	3	3.8	3.5	3.2
2020	3.2	3.8	3.8	3	3.8	3.5	3.2
2021	3.6	4.2	4.2	4	4	3.8	4
2022	3.6	4.2	4.2	4	4	3.8	4

（二）数据处理过程

所有指标均为效益型指标，因此无须进行规范化处理。根据云模型求出的权重构建加权决策矩阵，并计算决策矩阵的正理想解、负理想解，结果如表 7-12 所示。

表 7-12　各指标的正理想解和负理想解

指标	正理想解 A+	负理想解 A-
地区生产总值（亿元）	4.890	0.620
社会消费品零售总额（亿元）	4.050	0.670
财政自给率（%）	2.780	2.260
物流业固定资产投资总额（亿元）	4.510	0.460
信息及信息技术固定资产投资额（亿元）	4.880	0.630
公路里程（公里）	2.720	1.760
货车保有量（万辆）	4.620	1.490
信息和信息技术行业从业人员（万人）	4.700	0.540
物流业从业人员（万人）	3.060	1.300
信息采集、分析及反馈能力	3.600	1.500
灾害监测及预警能力	4.200	1.100
应急信息发布共享的及时性	4.200	2.500
组织应急演练活动和修订预案的频率	4.000	0.500
应急组织机构与职责是否健全	4.000	2.500
应急物流相关法律法规健全程度	3.800	0.500
应急物流专家队伍建设规模	4.000	0.500

（三）数据分析

根据公式计算出每个年份与正、负理想解的距离及其综合评价指数，并根据计算结果进行排序，结果如表 7-13 所示。

从表 7-13 中可以看出，2003—2022 年，北京市应急物流能力的各项评价指标的综合评分逐年递增，即北京市应急物流能力逐年增强。从图 7-5 中可以发现，2003—2022 年，北京市应急物流能力发生了五次比较明显的提升。第一次提升是在 2004 年。非典暴发使我国开始重视应急物流的研究，政府开始组织专家建立国家应急系统，北京市应急物流能力受非典的影响得到了明显的提升。

第二次提升是在 2007 年。在第十个五年规划结束后，北京市应急物流能力的提升幅度小于 2003 年非典后应急物流能力的提升。全国加强自然灾害监测预警能力，逐步完善各类自然灾害的监测预警网络系统，并且在灾害监测及预警方面进行加强。北京市作为首都积极响应国家行动方针，加强自然灾害监测预警能力。

表 7-13　2003—2022 年北京市应急物流能力评价结果

年份	正理想解距离	负理想解距离	相对接近度 E_i^*	排序结果
2003	2.929	0.024	0.008	20
2004	2.797	0.473	0.145	19
2005	2.760	0.483	0.149	18
2006	2.667	0.582	0.179	17
2007	2.370	0.874	0.269	16
2008	2.205	1.012	0.315	15
2009	2.139	1.062	0.332	14
2010	2.061	1.122	0.352	13
2011	1.993	1.217	0.379	12
2012	1.649	1.557	0.486	11
2013	1.549	1.620	0.511	10
2014	1.468	1.690	0.535	9
2015	1.342	1.785	0.571	8
2016	1.302	1.833	0.585	7
2017	0.899	2.203	0.710	6
2018	0.708	2.344	0.768	5

年份	正理想解距离	负理想解距离	相对接近度 E_i^*	排序结果
2019	0.649	2.386	0.786	4
2020	0.600	2.452	0.803	3
2021	0.368	2.770	0.883	2
2022	0.339	2.818	0.893	1

第三次提升是在 2012 年。在第十一个五年规划中北京市积极开展突发地质灾害专业监测预警工作，实施《中华人民共和国突发事件应对法》，明确市和区、县人民政府及有关部门在突发事件应对工作中的职责，健全应急组织机构与职责并且在应急物流相关法律法规方面有了一定的基础。同时，北京市信息及信息技术固定资产投资额有了 46% 的增长，信息技术保障能力有了明显的提升，推动北京市应急物流能力也产生较大幅度的提升。

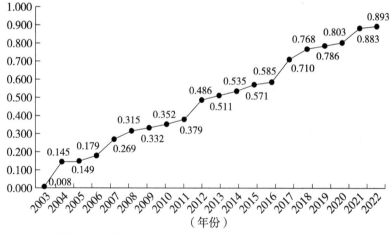

图 7-5 2003—2022 年北京市应急物流能力相对接近度

第四次提升是在 2017 年，在第十二个五年规划中北京市政府依托市气象局业务平台初步建立北京市突发事件预警信息发布系统并组建预警中心，为提高灾害监测及预警能力奠定基础。北京市在预警信息发布方面采取多项措施，通过各种手段和渠道第一时间无偿向社会公众发布。同时，北京市物流业固定资产投资总额以及信息及信息技术固定资产投资额均发生明显的增长，为应急物流能力的提升提供了良好的经济和信息的支撑。

第五次提升是在 2021 年。在第十三个五年规划中北京市气象局修订"新暴雨预警标准",提高了中雨以上降水预报准确率和暴雨预警命中率。《北京市突发事件总体应急预案(2016 年修订)》要求建立健全突发事件预警制度,信息报送应贯穿于突发事件的全过程;明确市应急委、各专项指挥部、区应急委和天安门等重点地区管委会的组织机构与职责,市应急委、各专项指挥部应分别聘请专家,成立突发事件专家顾问组。修订《北京市突发事件应急预案管理办法》规范化管理应急组织机构与职责。《北京市火灾事故应急救援预案(2018 年修订)》中也提到应急信息发布共享的重要性以及要定期组织综合性或专业性的火灾事故灭火救援应急演练。各种预案的修订为突发事件的预警、演练和应对提供了更准确的解决方案,促进应急物流能力的提升。

2019 年之后,北京市应急管理机构重组,市应急局聘任 161 名专家并构建与首都功能定位相适应的应急决策机制。推进自然灾害监测预警信息化工程,印发《北京市自然灾害监测预警信息化工程实施方案》,逐步实现全过程监测预警。建立市、区两级突发事件应急指挥体系,并明确各级机构的职责。制定《应急物资信息采集规范》,完善应急物资信息管理工作中的规范和标准。2023 年,北京市全年完成应急演练项目 33113 场,应急管理局加强专业人才储备,并且印发《北京市安全生产应急救援队伍建设管理办法》,表明北京市在增加应急演练活动、注重应急专业人才培养和完善应急物流相关法律法规等方面有了较大提升。

三、对策建议

1. 增强应急指挥功能

增大对应急物流系统的经济投入并加强专业人才的培养和引进,建设和强化市、区各专项应急指挥部;加强市区两级、京津冀三地的协调联动,实现资源共享和优势互补;各级应急办要充分发挥其统筹协调作用,利用现代信息技术整合各类资源,增强各级指挥中心的应急指挥功能,不断优化指挥调度流程,增强指挥调度能力。

2. 提升应急物资保障能力

根据北京市的灾害特性与实际需求,构建相适应的应急物资保障体系。改进应急物资的储备管理体制和机制,增强京津冀地区在应急物资保障方面的合作,实现区域内的资源共享和协调应对。在市、区、乡镇(街道)三级建立完善的应急物资储备体系，明确各级的储备职责和任务；明确各级的应急物资储备品类、规模配置原则和应急物资储备规模指标。鼓励企业、事业单位和家庭根据自身情况储备基本的应急自救物资和生活必需品。采取政府与社会合作、实物储备与产能储备相结合的方式，形成多元化的储备模式。

3. 提高应急运输能力

有效整合城市应急通道、公交快速通道和社区消防救援通道等资源，形成综合交通应急道路网络。优化运力调用和调配流程，确保应急物资和救援力量能够快速到达所需地点。加强应急物流体系建设，确保铁路、公路、航空等各种运输方式应急运力储备充足，响应快速。依托物流枢纽、基地和园区，建立能够满足平时服务和战时应急需求的物流设施体系。

4. 推进应急物流社会化

完善应急动员体系，引导社会力量积极参与应急物流活动。鼓励企业和非政府组织参与应急物资储备与管理，促进储备策略的多元性和适应性。通过市场机制对应急物资供需状况进行实时监测，并根据市场变化及时调整储备策略。培育并引导具有专业能力和良好信誉的行业协会、科研院所、行业领军企业等参与安全生产治理和应急管理工作，为政府监管和企业应急管理提供服务。探索建立多元化的激励保障机制，对参与志愿服务表现突出的组织或个人进行表彰或奖励，借助多种媒体广泛宣传先进事迹，营造有利于社会应急救援力量参与的良好氛围。

5. 推进应急物流智能化

依托市大数据平台及"一网统管"建设，集中管理和分析各相关行业部门的各类监测数据，构建应急管理数据中心。整合各行业部门的监测感知数据，提升对自然灾害的评估能力，实现快速发现、全面分析、精准定位，提高预警信息发布的及时性和准确性。运用卫星遥感、无人机、人工智能等先进技术，构建综合通信网络，形成全面的应急通信保障体系。如利用物联网技术对货物进行实时监控，通过传感器和设备互联互通，实现货物状态的实时更新和追踪；通过大数据收集和分析应急物流数据，包括货物流动、仓储状态、运输效率等，并进行需求预测，优化资源分配；通过人工智能进行需求预测、路径规划和风险评估，提高决策的准确性和响应速度。

6. 推进应急物流协同化

与中央部门合作，建立并完善首都地区的应急指挥协同机制，确保其常态化运行。积极开展针对巨灾和大灾的情景构建，通过模拟演练，提高复杂灾害情况下的协同救援能力。加强与驻京军队和武警部队在抢险救灾领域的合作，提高军地联动应急抢险救援效率，实现平时状态与应急状态之间的快速有效转换。与京津冀地区完善一体化应急协同联动机制，确保在重大突发事件中实现预警、应急准备、救援处置等方面的全面协同。

7. 完善应急预案管理体系和应急法规体系

定期更新各级应急预案，确保预案内容的时效性和适应性。针对可能的巨灾情景，编制相应的应急预案。制订并实行年度应急演练计划，鼓励开展创新高效的应急演练，推进应急演练向模拟真实情况的实战化转变，提高演练的实效性。建立具有北京市特色的应急法规框架体系，提高法规的科学性和系统性。有序推动相关法规的制定和修订工作，如《北京市突发公共卫生事件应急条例》和《北京市安全生产条例》等，组织开展特定领域的政府规章立法工作，如《北京市危险化学品安全管理办法》等，通过法规和规章的完善，为北京市的应急管理提供坚实的法制基础。

参考文献

[1]夏萍．灾害应急物流中基于需求分析的应急物资分配问题研究[D]．北京：北京交通大学，2010．

[2]何泽能,左雄,官昌贵,等．浅议突发气象灾害中应急物流的气象保障服务[J]．科技管理研究,2010,30(16):110-111．

[3]刘乃娟,刘凯．应急物流建设研究[J]．物流科技,2009(9):9-12．

[4]徐东,黄定政．自然灾害应急物流系统研究[J]．中国应急管理,2013(1):18-21．

[5]朱莉．中国宏观社会治安视野下的小城市社会治安研究[D]．上海：华东政法大学,2012．

[6]章敬东．突发公共卫生事件应急物流管理及保障机制研究[J]．商场现代化,2009(26):104-106．

[7]李靖．自然灾害应急物流问题及对策研究[J]．物流工程与管理,2012(12):78-80．

[8]程锦．国家治理视域下的社会安全事件及其应对策略[J]．理论导刊,2014(9):26-31．

[9]王丽丽．新疆应急物流组织结构设计研究[J]．合作经济与科技,2014(15):98-99．

[10]郭子琦．我国应急物流体系的构建与优化策略[J]．物流工程与管理,2023,45(3):42-45．

[11]张晶．突发性公共卫生事件下城市应急物流的协同运作机制[J]．物流技术,2020,39(5):12-16．

[12]熊笑坤,康广,王燕．基于协同运作机制的应急物流体系建设[J]．物流技术,2015(6):152-154．

[13]周凌云,张清,罗建锋．应急物流体系的建设与协同运作机制[J]．综合运输,2011(6):24-29．

［14］程琦．论自然灾害应急物流管理体系的构建［D］．武汉:武汉理工大学,2010.

［15］杨山峰．基于突发事件救援的我国应急物流保障机制构建［J］．商业经济研究,2020(17):89-92.

［16］胡文刚．基于国家大部制下企业应急物流的研究［D］．广州:华南理工大学,2010.

［17］魏耀聪,倪景玉,黄定政．加快构建政府主导的应急物流体系［J］．中国应急救援,2021(2):36-40.

［18］丁璐,颜军利,朱笑然,等．突发灾害救援应急物流现状及发展趋势研究［J］．防灾科技学院学报,2018,20(2):45-51.

［19］廖永丰．北斗综合减灾与应急典型示范项目总体布局和进展经验［J］．卫星应用,2018(4):22-25.

［20］KOVÁCS G, SPENS K. Logistics in disaster management: A U. S. perspective on best practices［J］. International Journal of Disaster Risk Reduction,2019(42):1-10.

［21］PORTE M R, VAN WASSENHOVE L N. The role of logistics in disaster relief:A U. S. perspective［J］. International Journal of Disaster Risk Reduction,2020 (48):118-129.

［22］PERRY R W,LINDELL M K. Disaster logistics:Lessons learned from Hurricane Katrina［J］. International Journal of Disaster Risk Reduction,2020(45):101-113.

［23］DAVIS D R,KRAUS R. The role of public-private partnerships in enhancing disaster logistics in the United States［J］. International Journal of Disaster Risk Reduction,2020(49):122-132.

［24］OLORUNTOBA R,KOVÁCS G. The role of logistics in disaster response in the U. S. :A systemic approach［J］. International Journal of Disaster Risk Reduction, 2020(47):80-92.

［25］MAJEWSKI E. The development of emergency logistics in Germany:A historical perspective［J］. Logistics Research,2014,7(3):163-178.

［26］BECKER J, HACHMANN J. Logistics and disaster management:The German perspective［J］. International Journal of Disaster Risk Reduction, 2020 (49):152-160.

［27］SCHMIDT M,MÜLLER M. The role of supply chain management in disaster relief operations in Germany[J]. International Journal of Disaster Risk Reduction,2020(47):210-220.

[28]KLEIN J,STÖßEL U. Evaluating emergency logistics systems in Germany:Challenges and solutions[J]. International Journal of Disaster Risk Reduction,2021(52):75-85.

[29] FISCHER T, GUTZWEILER R. Innovations in disaster logistics:Insights from Germany[J]. International Journal of Disaster Risk Reduction,2020(50):60-70.

[30]ARORA S,SINGH R. Disaster management through logistics:A case study of Japan[J]. International Journal of Disaster Risk Reduction,2020(45):212-218.

[31]SHEU J B. Disaster logistics management:A framework for analysis[J]. International Journal of Logistics Research and Applications,2016,19(2):149-166.

[32]KATO H,FUJIMOTO H. A study on the role of logistics in disaster response in Japan[J]. International Journal of Disaster Risk Reduction,2020(48):33-44.

[33]TANIGUCHI E, NAKANISHI Y. Analyzing the efficiency of logistics networks in disaster response:A case study of Japan[J]. International Journal of Disaster Risk Reduction,2020(46):157-167.

[34]李伟,张小玲. 国外应急物流体系的经验及对北京市的启示[J]. 现代物流管理,2020(4):34-39.

[35]王强,陈晓军. 应急物流的国际比较与北京市的应对策略[J]. 城市交通,2019(2):12-18.

[36]张明,李娜. 借鉴国外经验构建北京市应急物流体系的路径研究[J]. 物流技术,2021(10):45-50.

[37]刘军,王丽. 北京市应急物流体系构建中的国外经验借鉴[J]. 交通运输工程学报,2022(5):67-72.

[38]陈敏,王辉. 基于国外经验的北京市应急物流体系优化研究[J]. 管理科学,2023(1):90-95.

[39]别昊田,黄国平. 考虑洪涝灾害强度的城市应急物流配送中心选址研究[J]. 湖南工业大学学报,2024,38(5):76-83.

[40]刘思琦. 我国城市应急物流配送发展思路研究[J]. 供应链管理,2024,5(5):22-29.

[41]邵舒羽,王晴,李亚铎,等. 应急物流研究现状及其未来发展趋势[J]. 物流技术,2024,43(1):148-160.

［42］马萌．浅谈应急物流与应急物资保障体系构建［J］．中国物流与采购，2023（16）:67-68.

［43］刘梦园．基于情景分析的应急物流管理机制构建研究［J］．物流工程与管理，2023,45（3）:38-41.

［44］景少卿,王海欣．智慧应急物流研究综述［J］．价值工程．中国储运,2023,42（6）:91-94.

［45］刘雪英,王振东,赵静茹．重大突发事件下的应急物流发展路径［J］．大众标准化,2022（16）:88-90.

［46］曾望军．应急物流与应急物资保障体系建设研究［J］．现代营销（学苑版）,2021（11）:146-147.

［47］刘明洋．应急物流信息系统构建及运行机制研究［J］．物流科技,2021,44（1）:65-67.

［48］余敏．加强应急物流发展,促进我国经济平稳增长［J］．商业文化,2020（24）:24-26.

［49］梁锷．突发公共卫生事件应急物流管理制度研究［J］．中国应急管理科学,2020（7）:36-42.

［50］赵婷婷．应急物流发展的现状与战略［J］．辽宁工业大学学报（社会科学版）,2020,22（2）:38-40.

［51］霍秀秀．突发事件下应急物流配送资源优化问题研究［J］．农村经济与科技,2020,31（6）:92-93.

［52］甘曦之,张鑫．道路拥塞条件下应急物流中的优化运输问题研究［J］．商业经济,2019（3）:60-62.

［53］郭秀红．探究应急物流管理体系与信息系统构建［J］．张家口职业技术学院学报,2018,31（1）:61-63.

［54］吕建强．交通运输应急物流保障体系研究［J］．中国管理信息化,2016,19（10）:210.

［55］方智勇．提升我国自然灾害应急物流水平的对策研究［J］．科技创业月刊,2015,28（17）:9-10.

［56］白窦萍．突发性事件中快速消费品的应急物流［J］．物流工程与管理,2015,37（5）:147-149.

［57］李玉兰,陈锦耀,刘永军．应急物流供应链运输调度节点可靠性动态分析［J］．军事交通学院学报,2015,17（4）:50-54.

[58]张钧涛.我国应急物流法律保障体系的构建[J].物流技术,2014,33(23):52-54.

[59]孙君.灾害干扰影响下应急物流网络系统构建[J].铁道运输与经济,2015(8):38-43.

[60]顾雯.关于电商及生活应急物流的管理研究[J].物流科技,2023(20):38-40.

[61]张译丹.新公共管理视角下应急物流所存在的问题及对策研究[J].中国储运,2023(8):141-142.

[62]白秋颖,高岩.基于公共突发事件的区域应急物流体系优化建议[J].中国储运,2021(3):140-141.

[63]刘明,李颖祖,曹杰,等.突发疫情环境下基于服务水平的应急物流网络优化设计[J].中国管理科学,2020(3):11-20.

[64]封云,甘淑婷.医药应急物流供需适配运作模式探讨[J].合作经济与科技,2024(24):76-77.

[65]付凯,付美英,李新平,等.烟草商业应急物流标准体系的研究与应用[J].中国物流与采购,2024(1):144-145.

[66]李思瑾,王乐.应急物流研究综述[J].合作经济与科技,2024(5):163-165.

[67]李兴旺,李茜凤,李闯,等.湖南省医药应急物流体系的构建路径研究[J].中国物流与采购,2023(24):59-60.

[68]李雪娇,张军.应急物流系列讲座之七:应急物流预案与演练[J].物流技术与应用,2009(1):102-104.

[69]任雪洁,叶春明.基于模糊层次分析法的应急物流方案选择[J].物流科技,2008(10):1-3.

[70]许勤.应急物流问题研究[J].中国市场,2007(36):26-27.

[71]朱炜,胡安辉.层次分析法在应急物流方案选择中的应用[J].物流技术,2005(3):45-47.

[72]毛志勇,郭田宇,刘佳.公共卫生背景下的城市应急物流配送模式研究[J].科技促进发展,2021(4):777-785.

[73]杨永光.农产品冷链应急物流发展对策研究[J].物流科技,2021(11):133-135.

[74]邹筱,王天娇.生鲜冷链物流现状及问题分析——以江苏省为例[J].

技术与市场,2021(9):163-164.

[75]姜方桃,沈静月.疫情期间食品冷链物流应急策略研究[J].全国流通经济,2021(25):19-21.

[76]陆成云.从应对疫情反思我国大城市物流体系存在的问题[J].中国物流与采购,2022(23):41-42.

[77]赵林度.城市重大危险源应急物流网络研究[J].东南大学学报(哲学社会科学版),2007(1):27-29.

[78]陆秋琴,李艺萌.灾害应急物资云网格精细化分派优先级研究[J].中国安全科学学报,2019(5):185-190.

[79]晁孟华.基于区块链技术的广东省农产品应急物流体系构建研究[J].全国流通经济,2024(13):8-11.

[80]甘卫华,刘嘉琛.突发公共卫生事件下量子保密通信与应急物流耦合体系构建[J].物流科技,2024,47(9):63-67.

[81]邹江.公共卫生事件背景下四川省农产品应急物流响应体系构建路径分析[J].中国储运,2023(9):157.

[82]孟高飞,袁修月.饲料企业应急物流响应体系构建研究[J].中国饲料,2023(16):102-105.

[83]宋敏.应急物流标准体系构建研究[J].中国质量与标准导报,2023(1):53-55.

[84]刘津平.应急物流体系构建的路径研究[J].中国航务周刊,2022(46):61-63.

[85]吕晨睿.基于区块链的应急物流体系构建[J].中国储运,2022(8):201.

[86]马文璇.基于 AHP 的突发事件应急物流体系构建与指标探析[J].交通运输部管理干部学院学报,2022,32(2):15-19.

[87]唐仲杰,景彦梅,张彦强,等.基于 SPO 框架模型的疫情应急物流管理体系构建研究[J].中国医学装备,2022,19(6):124-128.

[88]陈端玉,黄文霞.区块链在应急物流物资保障体系构建中的应用[J].计算机时代,2022(2):55-58.

[89]邹江,沈茹芸.农产品应急物流体系构建研究[J].经济师,2022(6):155-156.

[90]张园园,余沛东,孙兆统,等.基于区块链的应急物流体系构建研究

[J].国防交通工程与技术,2021,19(6):1-4.

[91]孙宇博.基于区块链技术的应急物流供应链体系构建研究[J].商业经济研究,2021(19):119-121.

[92]朱旺朔.公共卫生事件应急物流响应体系构建及路径优化研究[D].济南:济南大学,2021.

[93]刘姗姗.新冠疫情后我国应急物流体系构建策略分析[J].中国储运,2021(4):146-147.

[94]姜旭,胡雪芹,王雅琪.社会化应急物流管理体系构建:日本经验与启示[J].物流研究,2021(1):14-20.

[95]杨倩,聂家林,蒋梦雅,等.供应链视角下淮安应急物流体系构建研究[J].营销界,2021(11):57-58.

[96]王菲,于洋.基于供应链思想的应急物流体系构建及管理[J].物流工程与管理,2020,42(5):97-99.

[97]谢龙.应急物流与应急物资保障体系构建分析[J].商讯,2019(27):163-165.

[98]王国文.中国物流将如何应急?[J].中国物流与采购,2003(23):16-17.

[99]高东椰,刘新华.浅论应急物流[J].中国物流与采购,2003(23):22-23.

[100]欧忠文,王会云,姜大立,等.应急物流[J].重庆大学学报(自然科学版),2004(3):164-167.

[101]王旭坪,傅克俊,胡祥培.应急物流系统及其快速反应机制研究[J].中国软科学,2005(6):127-131.

[102]尹传勇.浅析我国应急物流研究现状[J].法制与社会,2007(5):743-744.

[103]董雅楠,金建航.自然灾害应急物流能力评价指标体系构建分析[J].广西质量监督导报,2019(9):47.

[104]刘明菲,张银霞,程斌武.城市洪涝灾害应急物流能力演化研究[J].武汉理工大学学报(社会科学版),2017,30(5):1-7.

[105]REN X Y,WEN X,WANG S,et al. Enterprise emergency logistics capability evaluation research based on rough set and unascertained measurement model [J]. IAENG International Journal of Applied Mathematics. 2014,44(2):91-96.

［106］孙君,谭清美.基于 GF-AHP 组合模型的应急物流能力评估:以地震灾害为例[J].北京工业大学学报,2014,40(9):1354-1360.

［107］丁鹏玉.我国应急物流保障能力评价体系研究[J].物流技术,2015,34(17):140-142.

［108］杨洋,颜爱华,王国栋,等.城市应急能力评估指标体系研究及实践[J].中国应急救援,2019(6):32-35.

［109］黄飞.基于公共安全角度的城市应急能力评估指标体系建设研究[J].智能城市,2019,5(14):19-20.

［110］刘明菲,王崇悦,周凯,等.基于组合赋权云模型的农产品冷链应急物流能力评价[J].武汉理工大学学报(信息与管理工程版),2022,44(5):728-736.

［111］冀巨海,张锐芳.基于可拓物元模型的粮食应急物流系统绩效评价[J].物流技术,2014,33(1):130-133.

［112］陈恒,祁宪超,张妍.我国区域应急物流反应能力对经济增长的影响效应[J].灾害学,2024,39(3):139-147.

［113］肖遗规,李毅群.基于云模型的城市自然灾害下应急物流能力评价[J].洛阳理工学院学报(自然科学版),2024,34(1):67-71.

［114］谈晓勇,黄雪艳.基于熵权灰色综合评价法的应急物流保障能力评价[J].湘南学院学报,2021,42(2):67-72.

［115］MA X G,LIANG Y,YANG H H. The evaluation of emergency logistics capability in Beijing-Tianjin-Hebei region based on fuzzy matter-element analysis [J]. Open Journal of Social Sciences,2017,5(10):52-62.

［116］YANG Y X,GUO Z X,HE Z F. Multi-attribute decision making method based on probabilistic linguistic term sets and its application in the evaluation of e-mergency logistics capacity[J]. 2022,42(3):2157-2168.

［117］GUAN X J,QIAN L,LI M X,et al. Earthquake relief emergency logistics capacity evaluation model integrating cloud generalized information aggregation operators[J]. Journal of Intelligent & Fuzzy Systems,2017,32(3):2281-2294.

［118］LIU Y W,LI L,TU Y,et al. Fuzzy TOPSIS-EW method with multi-granularity linguistic assessment information for emergency logistics performance evaluation[J]. Symmetry,2020,12(8):1331.

［119］JIANG P,WANG Y X,LIU C,et al. Evaluating critical factors influencing the reliability of emergency logistics systems using multiple-attribute decision making [J]. Symmetry,2020,12(7):1115.

[120]SU M,LIU Y F,PARK K. Fresh agricultural products online retailer's emergency logistics capability framework during the pandemic[J]. Journal of Distribution Science,2021,19(2):65-75.

[121]李颖. 北京市应急物流能力评价研究[J]. 甘肃科学学报,2013,25(4):138-143.

[122]许可,宫华,刘慧萍,等. 应急物流保障能力评价的模糊熵模型研究[J]. 沈阳理工大学学报,2015.34(2):71-77.

[123]黄国平,雷皓翔. 基于云-TOPSIS 法的应急物流供应商综合评价[J]. 中国安全科学学报,2024,34(2):217-224.

[124]何伟军,曹东杰,袁亮,等. 基于组合赋权—云模型的海绵城市韧性水平研究[J]. 生态经济,2024,9(9):1-15.

[125]孙星,卢宏亮. 基于云模型和熵权的青岛港邮轮航行安全评价. 交通信息与安全,2018,36(2):33-38.

[126]王杰. 城市自然灾害应急物流能力评价研究[D]. 山西财经大学,2023.

[127]田小雨. 突发公共卫生事件下石家庄市应急物流能力评价研究[D]. 石家庄铁道大学,2022.